디톡스
공부법

잘못된 **공부법** 건강하게 **바로잡기**

디톡스 공부법

허승호 지음

아주 좋은 날

스스로 공부할 수 있는 자생력은
모든 문제를 풀어갈 수 있는 해답이다!

학교는 작은 우주다. 수많은 행성들이 우주 속을 떠다니고 있는 것처럼 학교에서 학생들은 독립된 개체로 움직인다. 미아가 되지 않기 위해서는 기본적으로 자립과 내비게이션(목적)이 있어야 한다. 이 기능이 작동되지 않으면 학생들은 학습에서 주체가 되지 못하고 활동에서도 소외된다. 그런데 오늘날 교육 현실은 어떤가? 자립도 내비게이션도 완전치 않거나 없는 상황이다. 주체로서 자립이 없기 때문에 내비게이션을 설정할 수 없다. 학습에 있어 자립은 최고의 선이지만 더딜 수밖에 없는 운명이다. 그러나 멀리 가고자 한다면 시행착오를 겪더라도 자립이 정립되어야 한다. 그렇지 않으면 목적지를 향해 나아갈 수가 없다. 자립과 목적지 설정을 위해 학부모들이 어떤 역할을 할 것인가는 학생들을 가르치는 일만큼이나 내게 중요한 화두였다.

학교에서 학부모들과 상담을 하다 보면 주연과 조연이 바뀐 경우를 가끔 만난다. 공부하는 주체가 아이들이어야 하는데 부모님이 아이의 공부를 좌지우지하는 것이다. 부모가 학습의 주인공이 되면 아이가 쉽게 한계에 도달하고, 그 한계점에 이르렀을 때 극복하기가 어렵다. 부모님의 뒷바라지로 우수한 성적을 보일 수는 있지만 성공하기까지는 결코 만만치 않은 여정을 걸어야 한다. 부모들의 이런 치맛바람은 1차는 중1 때, 2차는 고1 때 막을 내린다. 안타까운 것은 부모의 뒷바라지가 끝나면 자녀의 공부 생명도 종을 울린다는 점이다. 아이에게 스스로 공부할 수 있는 자생력이 만들어져 있지 않기 때문이다. 초등학교 공부에서는 어설픈 걸음을 걸었던 아이들이 중·고등학교에서 힘을 발휘하는 것은 부모들의 바람이 적절했기 때문이다. 부모가 아이 뒤에서 언제까지나 느티나무처럼 서 있을 수 없다면 해결방법을 모색해야 한다. 그 해결방법은 두말할 것도 없이 아이 스스로 공부할 수 있는 자생력을 갖게 하는 것이다. 어쩌면 모든 부모님들이 가지고 있는 바람이 아닐까?

그런데 맨땅에서 아이들이 건강한 공부법을 찾기란 쉽지 않다. 학교 현장에서 아이들과 몸으로 부대끼며 생활하고 있는 나는 성적과 공부에 대한 부담이 얼마나 큰지를 잘 알고 있다. 그 고충을 덜어주고 싶다는 마음이 이 책을 쓰게 된 결정적인 계기라고 할 수 있다. 이 책을 통해 아이들이 잘못된 공부법과 공부습관을 건강하게 바로잡을 수 있다면 좋겠다. 그러기 위해서 나는 먼저 학교에서 아이들이 어떤 학습적 특성을 드러내는지 그 민낯을 공개할 것이다. 현재의 상황과 문제점을 정확하게 알아야만 제대로 된 해결책을 찾을 수 있다고 믿기 때문이다.

이 책은 아이가 건강한 공부법을 찾아가기 위해 부모들이 어떤 자세와 마음가짐을 가져야 하는지를 중점적으로 썼다. '모든 아이들은 태어날 때 영재로 태어나지만 그것을 발견하는 부모와 발견하지 못하는 부모가 있을 뿐'이라는 말이 있다. 부모의 관찰과 자녀를 대하는 태도가 한 아이를 영재로 키울 수도 있고, 둔재로 방치할 수도 있다는 뜻이다. 헤르바르트^{Herbart}의 명언 '한 명의 현모는 백 명의 교사보다 낫다'와 일맥상통한다.

학교교육의 영향력만큼이나 가정과 사회교육의 중요성이 크게 강조되고 있다. 특히 사교육과 사회교육 환경이 잘 갖춰진 우리나라에서는 더욱 그렇다. 부모들이 학교 시스템을 정확하게 알고 미리 준비한다면 자녀들의 성적뿐만 아니라 인격 형성에도 많은 도움을 줄 수 있을 것이다.

이 책은 교사로서 아이들과 함께 한 20년 동안의 경험을 토대로 하고 있다. 그래서 학교생활에서 빚어지는 아이들의 갈등문제를 비롯하여 학습과정에서 어떤 아이들이 높은 적응력을 보이는지, 어떤 공부습관이 성적 향상에 효율적인지, 지필평가에서부터 수행평가에 이르기까지 공부 잘하는 아이들의 기본적인 자세는 어떻게 다른지, 내신 성적을 올리고 싶다면 어떤 노력을 기울여야 하는지 등 부모님들이 궁금해하는 내용을 중심으로 구체적이고 현실적인 조언을 담도록 노력했다. 특히, 해결책을 찾아가는 접근법에서는 학생들의 성적 구간대에 따라 최상위권, 상위권, 중위권, 하위권으로 분류하고 실질적인 사례를 곁들임으로써 교우관계, 생활태도, 공부습관, 사교육의 효과, 시간관리 등을 이해하는 데 도움을 주고자 했다. 미력하나마 이 책이 사녀들의 알찬 학교생활에 도움을 주고, 공교육의 붕괴를 막는 데 일조할 수 있다면 내게는 큰 보람이 될 것이다.

contents

 **부모가 바뀌면
자녀도 변한다**

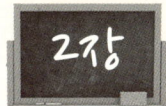

학교 성적은 평소 습관이 만든다

공부 잘하는 아이는 전략과 비법이 있다

공부 잘하는 아이들은 기본기가 다르다

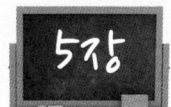

5장 숨 가쁜 아이들, 부모의 응원가가 절실하다

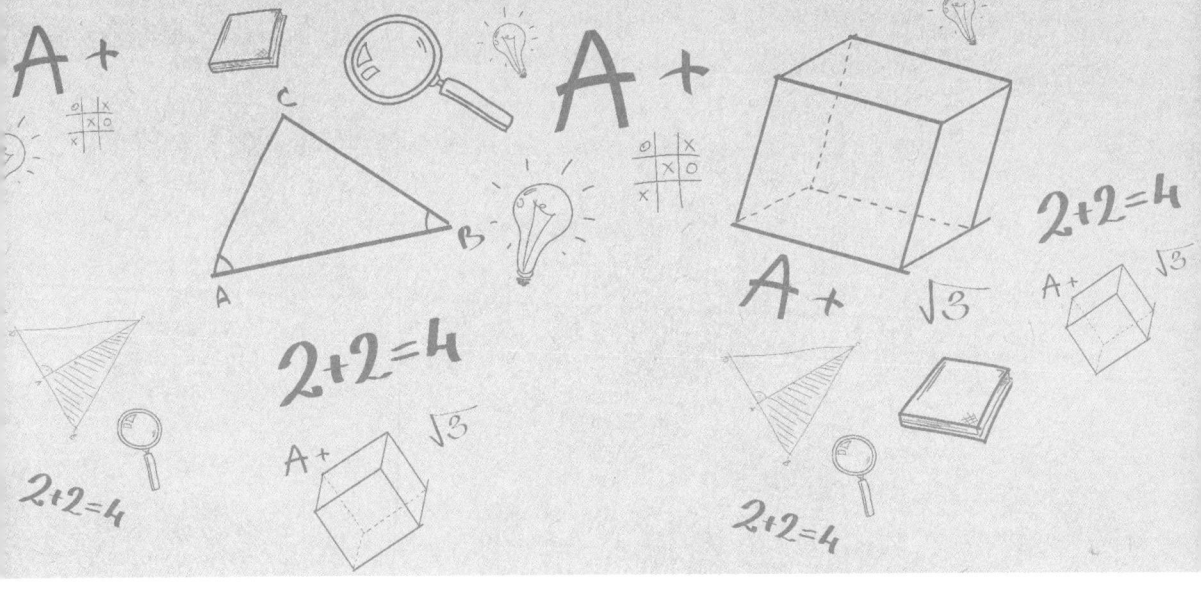

부모가 바뀌면
자녀도 변한다

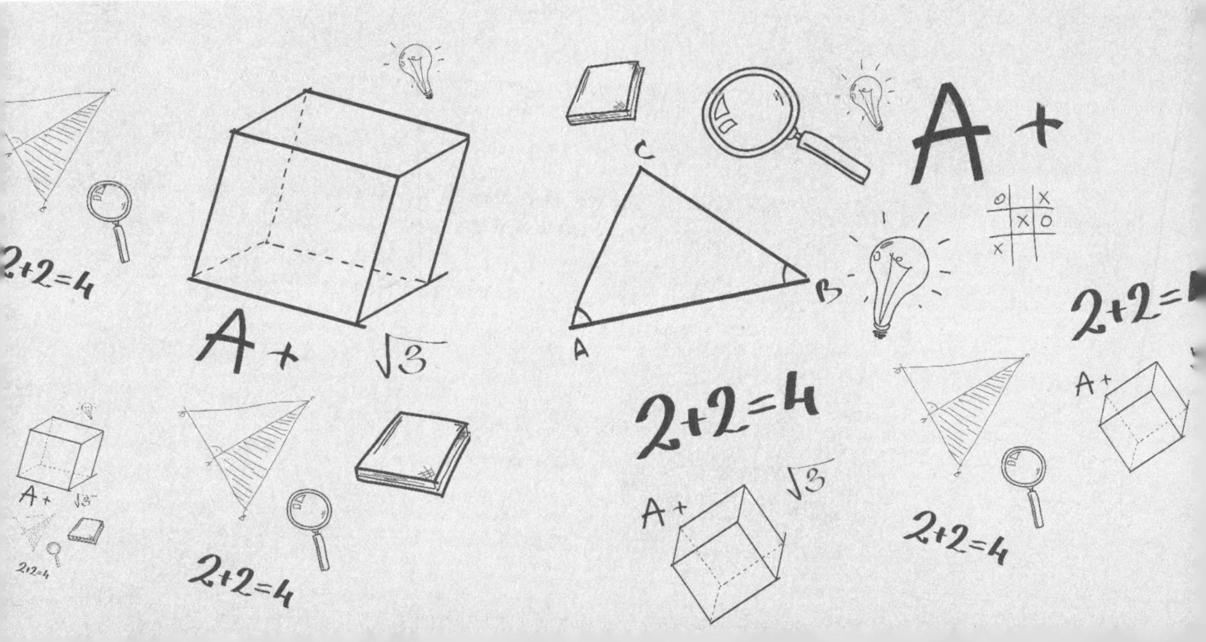

부모의 관심과 아이의 자존감은 비례한다

미국에서 가장 존경받는 대통령으로 꼽히는 링컨^{Abraham Lincoln}에게는 두 명의 어머니가 있었다. 낳아준 생모와 길러준 계모였는데, 두 사람 모두 링컨에게 경제적인 도움을 주지는 못했지만 큰 가르침을 주었다. 생모인 낸시는 세상을 떠나면서 아홉 살인 어린 링컨에게 유언처럼 성경책을 남겼다. 계모인 사라는 매를 자주 드는 아버지와 달리 사랑으로 링컨을 돌봐주었고 자상했다. 그리고 경제적으로 힘들고 어려웠지만 항상 책을 읽도록 했다. 심지어 일한 품삯으로 책을 받아와 링컨에게 책을 읽게 했다. 링컨은 훗날 "내 인생에 두 개의 인연이 없었다면, 난 지금도 도끼를 놓지 못하는 산골의 말없는 목수로 살았을 것이다. 하나는 나를 마음으로 낳아준 사라와의 인연이고, 다른 하나는 나의 꿈과 신념을 일깨워준 수많은 책들이다"라고 말했다.

다윈^{Charles Darwin}은 네 살 때부터 중학교 과학 교사였던 아버지를 따라 들과 산을 다니면서 곤충과 식물채집을 했다. 생물학과 유전에 대한 그의 관심과 재능은 이때의 경험이 싹을 틔웠다. 모차르트Mozart도 궁정 음악가였던 아버지의 영향을 받았고 네 살 때부터 작곡을 시작했다.

우수한 업적을 남긴 사람들의 멘토는 부모인 경우가 많다

자녀를 특별하게 생각할수록 아이의 자존감이 향상되어 높은 성취를 이루게 된다. 노벨상 수상자의 71퍼센트가 독자거나 맏이라는 사실을 통해서도 부모의 사랑과 관심이 얼마나 중요한가를 알 수 있다. 그중에서도 어머니의 역할이 특히 중요하다. 프로이트Sigmund Freud는 "어머니의 애정을 마음껏 받은 아이는 정복자처럼 자신만만하게 살아간다"고 했다. 어머니의 역할이 얼마나 중요한 것인가를 단적으로 드러낸 말이다. 철학자 사르트르Jean Paul Sartre는 "아버지가 아들을 위해서 할 수 있는 일 중 가장 유익한 것은 일찍 죽는 것이다"는 독설을 남기면서 아버지의 무관심이 오히려 도움이 된다고도 했다.

사람은 평생을 살아가는 동안 인생에 지대한 영향을 미치는 다섯 명의 멘토를 만나게 된다. 유아기 때는 어머니나 아버지 같은 보호자를 만나게 되고, 사춘기 때는 친구와 스승을 만나게 되고, 성인기에는 사회적 멘토를 만나게 되고, 사회적응기에는 한 사람과 소중한 인연을 맺게 된다. 이와 같이 인생의 첫 출발점에 부모가 서 있다. 아이들 교육에 부모보다 중요한 존재는 없다. 부모 자식의 관계에는 서로에 대한 믿음과 신뢰라는 관계가 설정되어 있어야 한다. 그렇지 않으면 어떤 문제에 부딪혔을 때 서로 간의 책임공방에 시달리게 된다. 행동에 책임이 없으면 동일한 문제가 계속 일어난다. 책임을 지우고 반복되지 않도록 주의를 주어야만 행동수정이 이루어질 수 있다. 아이와의 충돌을 사전에 예방하고 행동수정을 이룰 수 있는 지름길은 부모부터 변하는 것이다.

부모의 믿음은 아이에게 최고의 보약이다

부모가 변한다는 것은 부모가 어떤 역할을 할 것인가 하는 문제와 결부된다. 이때 부모가 하지 말아야 할 것들이 있다.

아이 스스로 변하기를 바라지 마라

하루에도 수십 건의 사건사고가 발생하는 것처럼 교실에서도 돌발적인 문제가 일어난다. 이는 가정에서도 마찬가지다. 성장과정에 있는 아이들은 성장통을 겪기 마련이다. 그 성장통을 적절하게 조절해 줘야 한다. 그것은 소통을 통해 가능하다. 아이의 문제행동이 사라지기를 기대하겠지만 변화를 바라지 마라. 아이의 행동 변화는 환경이란 틀을 무시할 수 없다.

엄마의 행동 변화를 보고 아이는 대응을 한다. 엄마의 행동, 습관, 말투가 변하면 아이들은 저절로 마음을 연다. 예를 들어 어머니의 목소리 톤이 솔에서 미로 낮아졌을 때, 아이는 감정을 서서히 드러낸다. 이처럼 엄마의 변화가 아이의 마음을 여는 도구가 된다. 부모는 문을 꼭 잠그고 있는 자녀의 마음을 열 수 있는 열쇠를 찾기 위해 노력해야 한다. 열쇠를 얻기 위해 어떤 방법을 동원할 것인지는 부모의 몫이다. 아이를 변화시키고 싶다면 먼저 부모가 변해야 한다.

목소리를 높이지 마라

자녀들과의 싸움은 "시작은 미약하나 나중은 창대하리라"는 성경 구절을 연상시킨다. 자녀들과의 다툼도 아주 작은 문제에서 생겨난다. 말 한 마디, 행동 하나에서 시작될 때가 많다.

특히 아이들의 심리에 가장 큰 충격을 주는 것은 부부싸움이다. 부부싸움은 어린 자녀들에게 큰 트라우마를 남긴다. 부부싸움을 줄이고 아이들과의 관계에서 감정적인 언어 사용을 자제한다면 자녀와의 갈등이나 여러 가지 문제를 줄일 수 있다.

새로운 학년이 시작되면 교사는 부모님들과 면담을 한다. 면담을 하면서 어머니의 목소리를 통해 많은 것을 느낄 수 있다. 어머니의 목소리가 날이 서고 드세면 그 자녀는 대부분 산만하고 자신감이 결여되어 있다. 반대로 맑고 깨끗한 목소리를 갖고 있으면 자녀는 차분하면서도 공부를 잘하는 경우가 많았다. 어머니의 목소리는 아이들의 성장을 돕는 에너지를 제공한다. 그러므로 아침, 저녁으로 맑고 깨끗한 목소리로 지지하고 응원해줄 수 있는 말을 함으로써 아이들의 성장을 도와야 한다.

'말이 씨가 된다'는 옛말이 있다. 이 말은 '언어에도 영혼의 힘이 있어 말한 대로 된다'는 언령사상(言靈思想)에서 기인한 것으로, 좋은 말은 좋은 결과를 가져오고 나쁜 말은 나쁜 결과를 가져오니 평소에 말을 조심해야 한다는 의미다.

이러한 언령사상에 대해 과학적으로 많은 실험이 이루어졌다. 실험 방법은 유리컵 두 개에 물을 반쯤 채워 넣고, 그 위에 동일한 크기의 양파를 올린다. A컵에는 '싫어'를, B컵에는 '좋아'라고 써서 붙인다. 하루에 10회 정도 A컵을 보며 "싫어"라고 말을 하고, B컵에는 "좋아"라고 말을 해주면 놀라운 결과를 발견할 수 있다. "싫어"라고 말한 A컵보다 "좋아"라고 말해준 B컵의 양파가 더 좋은 성장을 보인다.

또, 쥐의 실험에서도 비슷한 사례를 발견할 수 있었다. 암세포를 지닌 두 마리 쥐를 대상으로 한쪽 실험쥐에게는 "너는 살 수 있어"라는 희망적인 말을 해주고, 다른 쪽 쥐에게는 "너는 더 이상 살 수 없어"라는 부정적인 말을 해주었더니 쥐의 생명력에서 차이가 발생했다.

실험 결과와 마찬가지로 부모의 언어는 아이들의 희망을 꺾을 수도 있고, 살려낼 수도 있다. 전국 초·중·고 학생들을 대상으로 조사한 결과, 자신이 실수를 했을 때 부모님들에게 다음과 같은 말을 들었을 때 가장 기뻤다고 대답했다.

"괜찮아 엄마도 어릴 때 그런 실수를 했단다."

"엄마, 아빠는 너를 믿는단다."

"넌 이 세상 누구보다 소중하단다."

"네가 어떤 실수를 해도 엄마(아빠)는 널 사랑한단다."

이런 말을 들을 때 자녀들의 마음에는 희망의 싹들이 자란다.

"아, 나는 우리 부모님께 정당한 평가를 받고 있구나!"

"나는 소중한 사람이구나!"

"내가 무슨 일을 하든지 엄마(아빠)는 내 편이구나!"

이런 생각들은 자녀들의 자존감을 향상시켜 사회에 나가 성공의 원동력이 되고, 실패를 하더라도 자신을 지켜내는 버팀목이 된다. 부모의 믿음은 아이들에게 최고의 보약인 것이다.

아마추어적인 접근으로 아이를 피곤하게 하지 마라

모든 엄마는 아이를 지도하는 데 프로다. 엄마보다 내 아이를 더 잘 알고 행동할 수 있는 사람은 이 세상에 없다. 그런데 간혹 아마추어적인 행동으로 아이를 잘못 다루는 경우가 있다. 프로란 자기만의 지도 철학이 있고, 성공 경험을 갖고 있는 사람을 가리킨다. 프로의 세계에서 살아남고 성공하기 위해서는 자신만의 철학과 비법을 갖고 있어야 한다.

프로와 아마추어의 차이는 극명하다. 우선 아마추어는 자신이 무대 위로 올라간다. 반면에 프로는 누구를 무대 위로 올릴 것인지, 무대 밖에서 자신이 무엇을 할 것인지를 고민한다. 아마추어는 때를 기다리지 않는다. 아이가 친구와 다투거나 거짓말을 하면 혼내거나 꾸지람하기에 바쁘다. 그런데 한 번쯤은 내 아이를 믿고 의견을 존중해줄 필요가 있다. 아이는 간혹 부모가 자신의 말을 믿어주지 않을 때, 믿게 만들기 위해 거짓말을 하기도 한다. 프로는 아이가 진실을 말할 때까지 기다려준다. 그리고 아이가 이야기하면 그때의 상황으로 돌아가서 문제해결을 위해 아이가 할 수 있는 행동과 부모가 해줄 수 있는 처방을 내린다. 그런데 아마추어는 자신이 아이의 몫까지 해결하려고 한다. 학습도 마찬가지다. 아이가 무대의 주연이다. 아이가 할 수 있는 것을 최대한 할 수 있게 하고, 부족한 부분만 부모가 도와주면 된다. 이것이 가장 바람직한 교육방법이다.

아마추어는 이웃집이나 친구를 따라 하게 한다. 물론 좋은 것은 배워야 한다. 그러나 무작정 따라 해서는 성공 가능성이 낮다. 내 아이와 이웃집 아이는 외모, 성격에서부터 DNA에 이르기까지 모두 다르기 때문에 동일하게 키워서는 성공할 수 없다. 내 아이의 특징을 살려낼 수 있는 방식으로 교육해야 성공할 수 있다. 낚시꾼이 고기를 잡기 위해서는 먼저 기다리는 법부터 배워야 한다. 물고기가 입질을 하지 않는다고 낚싯대를 걷어 올리면 한 마리도 잡지 못한다. 어떤 계획을 세웠으면 그 계획이 성공할 때까지 기다릴 줄 알아야 한다.

부모의 아마추어적인 접근은 아이들을 지치게 만든다. 중·고등학생이라면 초등학생 때처럼 다루어서는 성공할 수 없다. 매체 문명을 바탕으로 성장한 청소년들은 어른들보다 더 많은 것을 알고 있다. 부모는 프로답게 행동해야 한다. 싸움에서 질 것 같으면 솔직하게 발을 빼고 후일을 도모하자. 이것이 현명한 제갈량의 전법이다.

리모델링을 하거나 집 안을 도배할 때, 기존에 묵은 때를 벗겨내지 않고 그 위에 덧칠해서는 안 된다. 아무리 좋은 벽지라도 낡은 벽지 위에 붙이면 새롭게 보이지 않고 제대로 색깔이 나지도 않으며 어딘지 모르게 칙칙해 보인다. 리모델링을 하려면 기존의 것부터 지우는 작업을 해야 한다. 그래야 새로운 것이 가치 있게 돋보인다. 자녀들의 교육도 마찬가지다. 나의 잘못된 교육법을 바로잡아야 새로운 방법을 시도할 수 있다. 새로운 방식을 기존의 방식에 조금 얹어서는 100퍼센트의 변화를 기대하기 힘들다. 새롭게 시도하기 위해서는 기존의 부족하고 서투른 방법부터 지워야 한다.

아이를
무대의 주인공으로
성장시키는
부모들

아이의 성장을 돕기 위해 부모가 해야 할 일들이 있다.

첫째, 자녀와 부모 사이에는 객관적인 거리가 필요하다.

천륜으로 맺어진 관계에서 객관적 거리를 두기란 쉽지 않다. 그래서 자녀 교육에서 실패하는 부모들이 많은 것이다. 선인들의 교육법에서도 자식 자랑은 팔불출이라고 했다. 지나친 자식 사랑은 제대로 된 습관이나 올바른 행동양식을 가르치는 데 걸림돌이 된다. 식물에 물이 모자라면 뿌리가 마르고, 거름이 지나치면 뿌리가 썩는 것과 같은 이치다.

'고슴도치도 제 새끼는 함함하다고 한다'는 말이 있다. 다른 사람이 보기에는 삐죽삐죽 가시가 돋쳐 있지만, 고슴도치 어미 눈에는 그 모습도 예뻐 보인다는 뜻이다. 부모와 자식의 관계에서 보면 당연한 말이다. 그러나 이 세상은 부모와 자식 간의 사랑만 가지고 살 수는 없다. 부모의 역할은 자식이 세

22

상으로 나가 독립적으로 살아갈 수 있도록 도와주는 것이다.

그런데 요즘 학교에서 보면 부모의 자식 사랑이 지나쳐 아이의 적응력을 떨어뜨리고, 결국엔 아이의 학교생활을 미덥지 않게 생각하는 경우가 많다. 이런 교육방식으로 성장한 아이들은 사회적응력도 떨어지고, 독립적인 생각이나 행동을 할 수 있는 능력도 떨어진다.

똑같은 아이의 행동을 두고도 어머니와 이웃집 아주머니의 입장에 따라 관점이 달라진다. 이웃집 아주머니는 객관적인 감정을 가지고 접근하지만, 어머니는 그렇지 않기 때문이다. 이웃집 철수가 기말고사에서 수학 85점을 맞았다. 내 자식 같으면 이것도 시험점수냐고 핀잔을 주고, 이래 가지고 특목고에 갈 수 있겠느냐고 야단을 칠 것이다. 하지만 아주머니 입장이 되면 "잘했다, 앞으로 더 잘할 수 있을 것이다", "수학이 어려운데 이 정도면 잘한 것이다"는 긍정적인 말들을 한다. 생활태도를 대하는 방식도 마찬가지다. 내 아이가 학교 유리창을 깼다면 "도대체 너는 학교를 왜 다니니?"부터 시작해서 "유리창 값은 네 용돈으로 해결해라"며 나무라기 바쁘다. 그러나 이웃집 아주머니라면 이성적으로 접근한다. "아이들이 클 때 유리창을 깰 수도 있지. 뭐 그런 것 가지고 야단을 치느냐", "나도 어렸을 때 이런저런 말썽을 부려서 선생님한테 혼났다"는 위로의 말을 하게 되는 것이다.

어머니와 이웃집 아주머니의 입장은 왜 이런 차이를 만들어내는 것일까? 바로 객관적 거리 때문이다. 엄마는 자식에 대해 객관적인 거리를 유지하기가 힘들다. 객관적인 거리를 유지해야 감성에서 벗어나 이성적으로 자녀를 교육시킬 수 있고, 모든 문제를 합리적으로 해결할 수 있다.

감정적인 부모는 아이의 성장을 좌절시킨다

둘째, 가슴과 머리의 거리를 존중하자.

'이 세상에서 가장 먼 거리는 가슴과 머리 사이'라는 말이 있다. '물리적인 거리보다 심리적인 거리가 멀다'는 뜻이다. 물리적인 거리는 아무리 멀어도 계속 가다 보면 도달할 수 있지만, 심리적인 거리는 길도 없고 목적지도 없기 때문에 갈 수도 없고 찾기도 힘들다. 모든 문제의 원인은 이성적인 머리가 감성적인 가슴을 품지 못한 데서 발생한다.

이성적인 머릿속에서 어머니들은 오늘은 아이들과 무엇을 어떻게 할 것인가에 대해 생각을 한다. 그러나 막상 감정적으로 아이와 부딪치게 되면 모든 것을 잊어버리고 만다. 평정심을 잃고 폭풍우가 몰아치는 바다와 같은 가슴이 된다. 폭풍이 몰아치는 바다 위에 떠 있는 배를 상상해 보라. 그 배가 목적지를 향해 가기는 힘들 것이다. 노도 닻도 잃은 그 배는 침몰할 수밖에 없다. 이처럼 부모가 감정적으로 몰아치면 아이의 성장을 좌절시키게 된다.

좋은 부모는 머리로 생각한 것을 가슴으로 실천한다. 가슴으로 실천하기 위해서는 몰아치는 비바람을 잘 다스려야 한다. 머리로 생각하는 것을 논리적인 질서 없이 가슴으로만 쏟아내려 하면 문제는 더욱 커진다. 이 시행착오를 줄일 수 있는 방법은 가슴과 머리 사이의 감정 조절이다.

아이들이 내딛는 발자국에 상처가 나지 않으면서 앞으로 나아가게 하는 방법이 바로 기록이다. 문제점을 찾고, 그 문제를 어떤 방법으로 해결할 것인가에 대해 기록하자. 부모도 알고, 자녀도 그 문제점을 알 수 있도록 말이다. 부모와 자녀가 공동으로 문제를 인식한다면 문제해결에 한 발자국 다가서게 될 것이다.

셋째, 아름다운 조연이 되어 주자.

학교에서 아이들을 상담하다 보면 주연과 조연이 바뀐 경우를 본다. 공부를 하는 주체가 아이들이어야 하는데 부모가 아이의 공부를 좌지우지하는 경우가 있다. 이런 경우는 아이가 쉽게 한계에 도달하고, 그 한계점에 이르렀을 때 난관을 극복하지 못한다. 부모가 아이의 공부를 좌우하게 되면 우수한 성적을 얻을 수는 있지만 성공하기까지는 결코 쉽지 않다. 엄마의 치맛바람은 일차적으로 중1 때 끝이 나고, 이차적으로는 고1이 되면 막을 내린다. 세상의 모든 바람은 그 끝이 있는 법이다. 길어봐야 초등학교 때까지고, 강력한 바람이라도 중학교에서 멈춘다. 중학교에서도 힘을 발휘하는 학생들은 부모의 관심이 초등학교 때 적절했기 때문이다. 부모의 치맛바람으로 초등학교 때 좋은 성적이 나온 아이는 대개 중학교 1학년 중간고사 이후에 무너진다. 부모들이 자녀들의 성적을 보고 가장 많이 놀랄 때가 중학교 1학년 중간고사 이후이다. 그래도 한 가닥 미련을 갖고 있던 부모들도 기말고사 이후에 그 기대감이 무참히 무너진다.

아이의 책임감은 대체로 6~12세 전후, 즉 초등학교 때 형성되기 시작한다. 책임감이 형성되는 이 시기에 부모의 힘이 아닌 아이 스스로 공부를 하게 하면 그 힘은 태풍으로 성장한다. 공부는 아이가 하는 것이다. 부모가 대신할 수 있는 것이 아님을 명심해야 한다.

부모가 할 일은 자녀들의 강점 지능에 바탕을 둔 구체적인 비전과 역할모델을 설정해 주는 것이다. 루스벨트^{Franklin Roosevelt}는 39세에 소아마비 재활치료를 받았다. 그때 헬렌 켈러Helen Keller를 역할모델로 삼았고, 51세에 미국 대통령이 되었다. 아이를 성장시키기 위해서는 중·고등학생이 되기 전에 역할모델을 찾을 수 있도록 도와주어야 한다.

부모가 자녀의 역할모델이 될 스승을 찾아줄 수는 없지만 아이들이 자신의 진로를 찾고 성공의 과정으로 갈 수 있도록 길을 제시해줄 수는 있다. 부모는 아이의 성공을 위한 컨설턴트가 되어야 한다.

실천은 뚜렷한 비전에서 나온다

넷째, 비전을 심어주자.

중·고등학생의 학부모들은 자녀가 사춘기에 접어들면서 공부에 흥미를 갖지 못하는 모습을 보면 고민에 빠지기 시작한다. 공부에 흥미를 잃은 아이들에게 "공부가 왜 싫으니?"라고 물어보면 십중팔구 "왜 공부를 해야 하는지 모르겠다"는 대답이 돌아온다. 그것은 뚜렷한 진로 목표가 없어서 공부할 동기를 찾지 못했기 때문이다. 실제로 청소년교육연구소가 진로진학예측검사 KMDT를 통해 전국 고교생 2만여 명을 대상으로 분석한 결과에 따르면, 진로진학지수가 '낮음'인 학생은 학습동기가 21퍼센트지만 '높음'인 학생은 81퍼센트로 4배가량 높은 것으로 나타났다.

부모가 해야 할 일은 자녀에게 비전을 심어주는 것이다. 학습동기가 부족한 아이는 '미래에 무엇이 되고 싶다'는 뚜렷한 비전이 없는 경우가 대부분이다. 진로 목표를 구체화하기 위해서는 장기적인 목표, 중기적인 목표, 단기적인 목표를 세울 필요가 있다. 먼 곳으로 여행을 갈 때 중간 휴게소에 들러 휴식을 취하고 식사를 하는 것과 같다. 너무 먼 미래의 목표에만 집중하다 보면 상대적으로 현재의 생활에 소홀해질 수 있다. 머나먼 여정을 지치지 않고 갈 수 있도록 긴장감을 유지하려면 1년 생활에 대한 단기적인 목표와 상급학교 진학과 같은 중기적인 목표를 세워 나아가는 것이 바람직하다.

실제로 학생들을 상담해 보면 막연히 무엇이 되고 싶다는 진로목표 단계에 머물러 있거나, 꿈은 있지만 정확한 진학정보가 부족해 잘못된 진학목표를 세운 학생들이 많다. 이런 경우에는 현재 자녀의 학업 성취가 어느 정도인지 객관적으로 파악해 조언해 주는 것이 중요하다. 현재의 성적 수준을 제대로 파악해야 진학 가능한 고등학교와 대학도 정할 수 있다. 자녀의 성적 수준이 진학을 원하는 상급학교에 합격하기 쉽지 않은 상황이라면 그에 맞는 학습전략을 세워야 한다. 입시제도와 다양한 입학전형 등 진학 정보도 필요하다.

진로와 관련된 내재적 동기유발도 중요하지만 노력도 무시할 수 없다. "천재는 1퍼센트의 영감과 99퍼센트의 노력에 의해 결실을 맺는다"는 에디슨의 말처럼 공부는 타고난 능력도 중요하지만 노력에 의해 결정된다. 성공한 아이들은 처음부터 확고한 신념이나 목적의식에서 출발한 경우도 있지만, 보통은 성공 경험이 축적되어 그 위치에 서게 된다.

야구에서 타자의 평균 타율이 3할 정도면 매우 잘한 것이다. 아무리 훌륭한 타자라도 10번의 타석에서 3번 정도는 성공을 하고, 7번 정도는 실패를 경험한다. 그들은 안타 성공률보다 실패율이 더 높지만 두려워하지 않는다. 이러한 것을 기개grit와 관련해 설명할 수 있다. 기개란 실패에도 불구하고 목표를 향해 나아갈 수 있는 열정과 끈기다. 비전을 세웠으면 그 비전을 책상이나 거울 앞에 붙여 놓고 항상 기억해야 한다. 머릿속에 지속적으로 비전을 각인시키는 것은 그 비전을 실천하는 데 아주 중요하다. 목표를 구체화하고, 구체적인 목표를 스스로 세뇌시키는 것은 자기 확신을 심어주는 데 매우 효과적이다.

다섯째, 든든한 후원자가 되어 주자.

나를 믿어주고 신뢰해 주는 누군가가 있다고 생각해 보자. 두려울 것이 없다. '피겨 여왕'이라 불리는 전 피겨스케이팅 선수 김연아의 뒤에도 헌신적인 부모가 있었고, 첼로리스트 장한나의 성공에도 부모의 뒷바라지가 있었다. 부모라는 든든한 배경과 아낌없는 지원이 없다면 삭막한 사회에서 성공하기란 쉽지 않다. 학교에서도 공부를 잘하는 학생들 뒤에는 과제물부터 심리적인 안정까지 보듬어주고 채워주는 부모가 있다. 개천에서 용 나는 시대는 끝났다는 말이 시사하는 바가 크다. 옛날에는 뛰어난 재능만 갖고 있으면 혼자 공부해도 성공할 수 있었지만 이제는 부모의 뒷바라지 없이는 힘들다는 말이 아닐까.

2014학년도 서울대 입시에서도 일반고나 소도시, 농산어촌 출신의 학생들 합격률이 줄고 대도시나 강남지역 학생들의 합격률은 상승했다. 이것은 가정환경과 경제적 배경이 경쟁력에서 중요한 요소가 되었다는 것을 의미한다.

여섯째, 담임선생님을 존중하자.

교사도 학생들 앞에서 실수를 할 때가 있다. 설령 자녀가 담임선생님의 실수를 이야기하더라도 부모는 아이와 같이 흉을 보아서는 안 된다.

언젠가 교실 뒤쪽의 환경 정리판에 '교사를 존중하는 만큼 성적은 비례한다'고 써 붙인 적이 있다. 지금은 이런 문구가 우스갯소리처럼 들릴지 모르겠다. 그러나 그때는 그랬다. 그 시절에는 교사가 존경의 대상이었다. 교실 붕괴니 학교 붕괴라는 말이 들어설 자리가 없을 때의 이야기다.

학급에서 학생들의 문제가 발생하는 유형을 살펴보면 첫 번째가 담임선생님에 대한 불신에서 발생한다. 기본적인 신뢰관계를 바탕으로 자녀를 맡기지 못하면 오히려 아이에게 손해다. 담임선생님을 부모가 신뢰하면 학생도 믿고 섬긴다. 담임선생님의 결점이 보이더라도 아이 앞에서만큼은 흉을 보는 것을 삼가하자.

초등학교에서는 여교사 비율이 높기 때문에 남자 선생님이 되었으면 좋겠다라는 바람을 갖는 학부모가 있고, 중3이나 고3 때에는 진로와 진학을 잘 지도해줄 수 있는 능력 있는 선생이 담임이 되었으면 하는 바람을 가진다. 부모가 원하는 대로 담임선생님을 만나면 좋겠지만, 그렇지 않더라도 "너희 담임선생님은 무엇이 부족하더라"는 식의 말은 삼가해야 한다.

일곱째, 칭찬해주자.

교우관계뿐만 아니라 수업시간에도 역동적이지 못한 아이들은 가정에서도 대체로 억눌려 있는 경우가 많다. 반대로 억압적이고 권위적인 환경으로 인해 학교에서 폭력을 행사하는 경우도 있다. 그러나 민주적인 가정환경에서 자녀를 칭찬하고 행동을 격려하면 학교에서도 가정의 에너지를 바탕으로 학교생활을 충실히 한다.

칭찬은 우리 몸의 에너지를 활성화시키는 감정의 묘약이다. 그럼에도 저자 하임 G. 기너트$^{Haim G. Ginott}$는 《부모와 아이 사이》에서 "칭찬이란 페니실린 주사처럼 함부로 놓아서는 안 된다"고 말했다. 약을 쓸 때에는 시간과 양, 부작용의 가능성을 염두에 두는 것처럼 감정에 쓰이는 약에도 비슷한 법칙이 적용된다.

칭찬할 때 가장 중요한 법칙은 성격과 인격에 대해 칭찬하지 말고, 꼭 아이의 노력과 노력하여 성취한 것에 대해 칭찬해야 한다는 것이다. 노력에 대해 칭찬받은 아이들은 어려운 과제에 더욱 끈질기게 매달리는 태도를 보인다. 가정에서도 자녀가 학습문제 해결을 위해 노력을 보인다면 결과보다 과정을 언급하면서 칭찬해 줘야 한다. 결과만 칭찬하게 되면 자칫 결과를 얻는 데만 몰두할 수 있다. 자신의 부족한 부분을 위해 노력한 땀의 대가를 존중해 주면 아이는 실패에서도 많은 것을 얻게 된다.

학습력을 갉아먹는 주범, 스마트폰

여덟째, 학습을 방해하는 요소를 차단하자.

용비어천가 2장에 '뿌리가 깊은 나무는 아무리 센 바람에도 흔들리지 않아 꽃이 좋고 열매가 많다'는 내용이 나온다. 나무도 좋은 열매를 맺기 위해서는 바람에 흔들리지 않아야 한다. 학생들의 공부도 마찬가지다. 학생들의 머릿속에는 스마트폰에서부터 컴퓨터게임까지 공부를 방해하는 요소가 암초처럼 존재하고 있다. 청소년기를 질풍노도의 시기라고 하는 이유는 충동적 호기심 때문이다. 지적 호기심으로 충만한 청소년들이 첨단기기의 마력에 빠져드는 것은 자연스런 현상이다. 다만 그 정도가 지나쳐 학습에 방해가 될 때는 심각한 문제를 야기할 수 있다.

부모가 먼저 TV, 인터넷, 스마트폰으로부터 벗어나야 한다. 아이들의 머릿속은 호기심 천국이다. 호기심으로 충만한 아이들에게 부모는 거실에서 텔레비전을 보면서 "너는 공부해라"고 한다면 아이가 공부에 전념할 마음이 생길까? 《내 아이를 지키려면 TV를 꺼라》의 저자는 텔레비전이 수면장애, 비만, 요통, 성인병 등 각종 질병의 원인으로 작용하고 있다고 말한다. 또한 아이다움이 사라지고, 소아비만의 원인이 되며, 학습부진과 지능을 떨어뜨린다고 주장한다.

미국에서는 아버지날에 유아들을 상대로 흥미로운 조사를 했다. 어린 아이들을 대상으로 '텔레비전과 아버지 중 어떤 것을 선택할 것인가?'라는 물음에 상당수의 아동들이 텔레비전을 선택했다. 큰 충격을 받은 미국 사회는 1994년부터 'Turn off TV, Turn on life(텔레비전을 끄고 인생을 켜라)'라는 구호로 '텔레비전 안 보기' 행사를 매년 4월 25일부터 5월 1일까지 실시하고 있다. 이 행사에 세계 여러 나라가 참여하고 있고, 우리나라도 숙명여대 가정아동복지학부 서영숙 교수의 주도로 동참하고 있다.

유대인 교육전문가 현용수 교수는 텔레비전의 4가지 폐해를 언급하며 텔레비전을 멀리할 것을 강조한다.

- 이른 시기에 영상화면에 노출되면 귀로 듣는 교육과 눈으로 읽는 교육을 멀리하게 된다.
- 텔레비전에 중독된 아동들은 깊이 생각하는 습관이 형성되기 어렵다.

- 자연과 대화를 멀리한다.
- 집중력이 현저하게 떨어진다.

유대인들은 자녀교육을 위해 텔레비전을 보지 않는다. 텔레비전은 판단능력을 저하시키며, 아동들에게는 심각한 중독 증상을 야기할 수 있다. 이런 유해 매체 앞에 부모 자신이 장시간 노출되어 있으면서 자녀들에게 공부하라는 말을 한다면, 자녀가 부모의 말을 신뢰하겠는가?

최근에는 스마트폰 중독자들이 급속도로 늘고 있다. 스마트폰이 학생들의 공부 시간을 빼앗고 학습에 대한 흥미까지 잃게 만들고 있다. 공부하는 자녀들을 만들고 싶다면 최소한 자녀들 앞에서만큼은 스마트폰에서 눈을 돌려야 한다. 그리고 가정이나 공부하는 장소에서 자녀들의 스마트폰 관리를 철저히 해야 한다. 아이들은 스마트폰을 손에서 놓으려고 하지 않는다. 스마트폰 없이는 한 시간도 살 수 없는 인간이 되어버렸다. 스마트폰에서 아이들을 독립시켜야 아이 스스로 자신의 학습을 하게 된다.

학생들의 학습을 방해하는 대표적인 것이 스마트폰, 컴퓨터게임, 채팅, 인터넷 만화, 무협지, 판타지 소설 등이다. 이런 것들에 빠지면 학습에 대한 흥미와 의욕을 잃고 성적은 추락하게 된다. 최근에는 컴퓨터게임이 가장 큰 원인으로 밝혀졌다. 심지어 게임에 빠진 나머지 가출을 하는 아이들도 있다. 밤새 게임을 하다 잠을 제대로 자지 못하고 학교에 온 아이들은 수업시간 내내 잠만 자다 집으로 돌아간다. 그리고 또다시 게임에 빠져든다. 이런 악순환이 계속되는 아이에게 무슨 학습능력이 있겠는가.

부모는 학습을 방해하는 요소들을 강하게 차단하는 것이 좋다. 중독에 이른 후에는 다시 바로잡기가 쉽지 않다. 단지 공부를 잘하게 만들기 위해서가 아니라 건강한 아이로 자라기를 원한다면 방해요소들을 강력하게 차단하자. 이 전쟁에서 승리하지 못한다면 자녀의 학습력을 지켜내기는 요원해진다.

아홉 번째, 원대한 꿈을 꾸게 하자.

《엄마의 말이 아이의 미래를 결정한다》의 저자 박동주는 특출한 재능을 보이지 않는 아들에게 꿈을 갖게 하여 국제적인 금융전문가로 성장시켰다. 저자의 아들은 어렸을 때 성적표에 '양', '가'만 수두룩했다. 그랬던 아이가 15살 때 영국으로 홀로 유학을 떠나 공부를 하면서 자신의 인생을 성공적으로 바꾸었다. 저자는 아이에게 미래에 대한 꿈을 갖게 하는 것이 무엇보다 중요하다고 말한다.

학년 초가 되면 학생들에게 나는 "원대한 꿈을 품어라. 꿈의 크기가 인생의 크기를 결정한다"는 말을 한다. 그리고 반드시 인생의 목표와 1년의 목표를 만들어서 책상 앞에 붙이게 한다. 미국의 예일대학교와 하버드대학교의 실험 연구에 따르면 자신의 꿈을 책상 앞에 붙여 놓고 공부한 학생들이 그렇지 않은 학생들보다 사회에서 성공한 것으로 나타났다. 공부하는 자녀들의 책상 앞에 자신의 원대한 꿈을 붙여 놓고 공부하게 하자. 매일 자신의 삶을 디자인하는 학생이 다른 사람보다 앞서서 목표를 이룰 수 있다.

인간의 성공에는 유전적 요인도 있지만 환경적인 요인도 무시할 수 없다. 유전적 요인은 인간이 아닌 신의 영역이기 때문에 어쩔 수 없다. 우리에게 주어진 역할은 지금보다 더 나은 환경을 만들어 성공에 이르게 하는 것이다.

아이들은 아버지보다 먼저 뱃속에서 엄마를 만난다. 열 달 동안 엄마 뱃속에서 세상을 그렸던 것처럼, 엄마에 의해 영향을 받고 엄마가 원하는 대로 성장을 한다. 시기의 차이가 있을 뿐이다. 그 시기를 기다리고 인내하는 것이 우리의 삶이다.

알아두면 좋은 정보들

자살 예방	한국청소년상담복지개발원 ☎ 02-730-2000 http://www.kyci.or.kr
	핼프콜 청소년전화 ☎ 1388 http://www.1388.or.kr
	한국생명의전화 ☎ 1588-9191 http://lifeline.or.kr
	한국자살예방협회 ☎ 031-228-7942 http://suicideprevention.or.kr
ADHD	손오공의 특수교육 http://speedu.cafe24.com
	심리검사 치료기관 테스피아 http://www.tespia.com
	특수교육지원센터 http://suppot.knise.kr
인터넷게임 중독 학생 상담	청소년미디어중독예방센터 http://www.mediajoongdok.com
	학부모정보감시단 http://www.cyberparents.or.kr
흡연 중독	한국금연운동협의회 http://www.kash.or.kr
	금연길라잡이 http://www.nosmokeguide.or.kr
학교 부적응 학생	대안교육연대 http://psae.or.kr
	민들레 http://mindle.org
	학생고충신고상담전화(Wee 센터) ☎ 1588-7179(친한친구)

교사들의
간접화법,
아는 만큼
들린다

한국화와 서양화를 보는 방법은 다르다. 감상법이 다를 수밖에 없는 이유는 그림을 그리는 기법에 차이가 있기 때문이다. 동양화는 화선지 위에 먹으로 농담(濃淡)을 살려 그리고, 서양화는 캔버스에 유화 물감으로 색채와 원근감, 입체감 등을 살려 그린다. 그래서 그림을 제대로 감상하려면 그림 그리는 기법을 알아야 한다.

학부모들이 교사와 면담을 할 때 교사들의 화법을 이해하고 있으면 자녀의 문제점을 제대로 찾을 수 있다. 교사들은 특별한 경우가 아니면 학부모들과 이야기를 할 때 직접화법을 사용하지 않는다. 그래서 대개의 학부모들은 '우리 담임선생님은 좋은 말씀만 하신다'든가 '우리 아이는 별 문제가 없구나'라고 생각을 한다. 간혹 '뜬구름 잡는 이야기만 한다'거나 '무엇이 문제인지 잘 모르겠다'는 반응을 보이는 경우도 있다. 교사들이 학부모와 면담할 때 이런 화법을 사용하는 이유는 무엇일까?

학생들은 자신의 행동을 교사 앞에서 제대로 드러내지 않는다. 친구들 앞에서 심한 장난을 치거나 험한 말을 하다가도 교사의 그림자만 보이면 행동을 멈추고 차렷 자세를 취한다. 파문이 가라앉고 잔잔한 물결 상태로 돌아간 학생 앞에서 교사가 관찰할 수 있는 것은 파도의 흔적뿐이다. 파도의 흔적을 보고 바다가 얼마나 흔들렸고, 얼마나 거센 폭풍이 몰아쳤는가를 추측하기란 쉽지 않다.

또 큰 사건이 아닌 한 학생들이 사건의 관계인이고 주변인이다 보니 혼자의 잘못보다는 다른 친구들과의 관계에서 빚어지는 일이 다반사다. 그런 시점에서 누구를 원망하겠는가? 문제의 소지를 안고 있는 일부 학생들을 제외하고는 그렇게 큰 문제가 없다. 학생들의 행동이 시시각각으로 변화하기 때문에 앞으로 일어날 일을 예측해서 말하는 것은 점쟁이라도 불가능하다.

그래서 교사들은 이전에 있었던 일도 특별한 일이 아니면 확정짓지 않는다. 앞으로 일어날 일에 대해서도 가능성을 열어둔 상태에서 말하는 간접화법을 구사한다. 학부모 입장에서는 이러한 교사의 태도에 난감할 수 있다. 그러나 교사의 직접화법보다 화를 키우지 않고 아이나 부모에게 상처를 주지 않는다는 점에서 간접화법이 더 낫지 않을까 싶다.

에둘러 말하는 교사의 화법 이해하기

간접화법 중에 '물 타기 화법'이 있다. 가령, 성적이 조금 처지는 아이들에게는 인성적인 측면에서 긍정적인 면을 강조해서 이야기하는 식이다. 그러면 부모는 자녀의 학업 성적을 어떻게 올릴 수 있는지에 대한 방법을 물어보아야 한다. 그리고 수업시간에 아이에게 문제는 없는지 등 학교생활에서의 태도를 꼼꼼하게 체크해야 한다.

반대로 성적은 좋은데 인성이 문제라면 아이의 행동이나 태도를 어떻게 개선할 수 있는지를 생각해야 한다. 교사의 말을 듣고 교우관계까지 들여다볼 수 있어야 한다. 교사가 학생을 판단하는 기준은 학업성적이 아니라 그 학생의 능력과 태도이다. 그리고 현재의 성적으로 앞으로 얼마만큼 발전가능성이 있는가를 중심으로 이야기하는 경우가 많다. 성적 이외에 자녀의 학교생활을 파악하고 싶다면 교사의 말 속에서 핵심을 찾아내야 한다. 교사들이 성적으로 학생들을 바라보고 학부모에게 코칭하는 시대는 이미 지나갔다. 한 가지 유의해야 할 점은 담임선생님과 면담을 원한다면 사전에 상의를 하고 찾아가야 한다는 것이다. 학교 행사에 참여했을 때도 마찬가지다. 갑자기 불쑥 찾아가 면담을 요청하면 교사가 제대로 준비하지 못해 부모는 원하는 만큼의 정보를 얻을 수 없다.

예고 없이 학부모가 면담을 하러 온 경우라면 교사는 일반적인 내용만 두서없이 이야기하게 된다. 그런데 사전에 면담을 신청하고 온 경우에는 각종 데이터와 자료를 컴퓨터에서 끄집어내고 관찰한 내용을 기록했던 수첩을 바탕으로 면담에 임하게 된다. 심지어 시간이 넉넉한 경우에는 다른 교과목 선생님들에게도 학생의 평소 수업태도가 어떤지 묻기도 한다.

교사들은 학생들이 어떻게 변화할지 모르기 때문에 사범대학에서 수도 없이 배웠던 교육학 지식에서 출발하여 에둘러 말하는 화법을 사용한다. 그래서 학부모 입장에서 정형외과 의사들처럼 팔이 부러졌으니 깁스를 하고 6주 후면 완치가 가능하다는 식의 시원스런 답변을 듣지 못하는 것이다. 심지어 반에서 꼴찌를 한 학생의 면담에서도 "아직은 희망이 있습니다", "인성적인 면에서 너무 착합니다" 등 가장 긍정적인 면을 내세워 학부모를 위로한다. 이런 화법을 사용하는 이유는 딱 하나다. 아이가 성장과정에 있고, 성장기에 누가 어떻게 변화할지 아무도 모르고 공부가 삶의 유일한 길은 아니기 때문이다.

학부모통신란 제대로 이해하기

교사들이 지극히 제한적으로 직접화법을 구사하는 경우는 학생에게 문제가 발생했을 때다. 이때도 대부분의 교사들은 성장과정에서 누구나 한 번쯤 겪는 성장통으로 이야기를 한다.

여기서 1학기를 마친 후 가정으로 보내는 성적표의 학부모통신란에 기록한 내용을 예로 들어보겠다. 한 학기 동안 학생들의 행동을 면밀하게 관찰하고 난 후의 구체적 기록이기보다는 격려성의 간접화법의 글이 대부분이다. 심지어 우리 반에서 성적이 가장 낮은 학생에게 보낸 통신문조차도 비교적 기분 나쁘지 않게 기술되어 있다. 학부모의 감정을 상하게 해서 얻을 것이 무엇이겠는가? 교육학에서는 교사의 기대효과가 학생들을 변화시킨다는 로젠탈과 야콥슨 효과가 있다. 교사들은 언어에서 간접화법만을 사용하는 것이 아니라 칭찬하는 데도 인색하지 않다.

다음은 1학기 성적표의 학부모통신란 중에서 4명의 학생들에게 보낸 내용이다.

"A는 파이팅을 먹고 삽니다"

교사의 의견

A는 활달한 여학생이었다. 어머니는 활달한 것이 못마땅해 하셨다. 그러나 교사는 학생의 활달한 면이 좋았다. 기성세대들은 여자들은 조신해야 한다는 고정관념이 있지만 현대사회는 여성들의 당당함이 무기로 통용되고 있다. 나는 이 여학생의 리더십과 당당함을 개발시켜 다른 능력까지 키우면 좋겠다고 생각해서 학부모통신란을 기록했다.

학부모통신란의 내용

얼굴도 브이라인, 마음도 에스라인 모든 것이 샤방샤방입니다. A는 자신의 생각을 뚜렷하게 밝힐 줄 아는 몇 안 되는 학생입니다. 자신의 개성을 남 앞에서 당당하게 드러낸다는 것이 얼마나 좋은지 모릅니다. 저는 지나치지만 않다면 A가 좀 더 당당하게 자신의 생각을 나타냈으면 좋겠습니다. 이런 사람이 사회에서 성공하는 리더가 됩니다. 지금까지 보여주었던 A의 끼와 열정, 모든 것에 박수를 보냅니다. 그리고 A의 예쁜 비타민이 있어 학급의 하루하루가 즐겁고 행복합니다. 행동에서 샤방샤방하면 성적에서는 뒤처질 수도 있는데 성적도 좋아 금상첨화입니다. 2학기가 더 기대되는 A에게 파이팅을 외칩니다. 집에서도 매일 A에게 파이팅을 외쳐주세요. 2학년 들어 성적도 많이 향상되었습니다. A는 파이팅을 먹고 삽니다.

"B가 흔들림 없이 자신의 길을 가기를 바랍니다"

교사의 의견

1등으로 진급한 학생이었는데 성적이 조금 떨어졌다. 그렇다고 공부를 게을리한 것은 아니었다. 담임으로서 미안했다. 전화면담을 할 때, 어머니의 목소리가 가을처럼 차분하셨다. B도 어머니의 목소리처럼 항상 차분했고, 담임선생님과 1년 동안 눈을 마주치는 것조차 부끄러워하는 학생이었다.

학부모통신란의 내용

B는 요즘 아이답지 않게 아주 차분합니다. 차분한 것이 좋을 수도 있지만 리더로 성장하는 데는 더딜 수 있습니다. 우리 사회 환경은 자신의 개성과 당당함을 남 앞에 떳떳하게 드러내는 시대가 되었습니다. B는 우리 반의 보배입니다. 기말고사 성적에 연연하지 않았으면 좋겠습니다. 좀 더 큰 사람이 되기 위해서는 저 바다같이 흔들리지 않아야 합니다. 흔들림 없이 자신의 길을 찾아가는 B가 되길 바랍니다. 방학기간 동안 좀 더 활달한 활동을 할 수 있는 프로그램에 참여시키고, 자신의 생각을 당당하게 표현할 수 있는 기회를 만들었으면 좋겠습니다.

"지금 C는 성적과 시간관리의 도움이 필요합니다"

교사의 의견

C는 성적이 하위권이고, 맞벌이로 인해 혼자 있는 시간이 많은 학생이었다. 여학생 친구도 사귀고 있었다. 시간이 지날수록 문제점이 하나둘씩 드러나고 있어 누군가의 손길이 꼭 필요한 시점이었다.

C는 행동이나 인성에서 전혀 문제가 없습니다. 그런데 지금 C에게는 C를 관리해줄 사람과 시간관리 능력이 필요합니다. C는 스스로 시간관리를 할 수 있는 능력이 부족합니다. 누군가 관리를 해주어야 성적이 향상될 수 있습니다. 과학 같은 과목에서 14점이 나온다면, 그리고 현재 C의 성적이 계속된다면 인문계 고등학교 진학이 어려울 수도 있습니다. C가 차분하게 공부할 수 있도록 누군가가 손길을 주어야 합니다. 틈틈이 대화를 하십시오. 대화를 통해 소통을 하면 C에게 나타난 문제점도 해결되고 성적도 향상될 수 있을 것입니다.

추신 : 여학생을 계속 만나는 것도 혼자 있는 외로움을 잊기 위해서가 아닌가 생각됩니다.

"D가 삶의 목적지를 분명하게 결정하는 방학이 되기를 바랍니다"

D는 하위권이고 진로 결정이 아직 안 된 학생이었다. 태도나 인성에는 문제가 없었지만 학업에서 기초학습능력 미달자였다. 학기 초에 지각을 자주 했고, 수업에 대한 열정이 거의 없었다. 그럼에도 담임선생인 나를 좋아했다.

학기 초보다 활발해지고 시키는 일을 성실하게 실천하는 D로 변화되고 있어 즐겁습니다. 다만 이러한 변화가 학교 공부로 이어져야 하는데 그 점이 안타깝습니다. 진로를 좀 더 명확하게 할 필요가 있습니다. 자신의 진로나 목표가 확실하게 정해져야 공부에 열정을 갖고 노력을 하게 되지 않을까 생각합니다. 가장 중요한 것은 자신의 진로와 관련된 고등학교 선택과 장래 진로에 대한 결정입니다. 학습보다는 삶의 목적지를 분명하게 결정하는 방학이 되었으면 좋겠습니다. 진로가 명확해져서 내적 동기 유발이 된다면 스스로 공부할 수 있는 아이로 변화될 것입니다.

　담임으로서 한 학기를 마치고 학부모들에게 가정통신문을 작성해 보낸다는 것이 쉽지 않다. 학생의 성적이 떨어지면 담임선생도, 학생도, 학부모도 한 학기를 잘못 보냈다는 죄책감이 들면서 심적 고통이 심하다. 이런 마음에 설상가상 격으로 불을 질러서는 안 된다. 학교에서의 생활만 가지고는 성적이 떨어지고 오르지 않는다. 오히려 성적의 오르내림은 가정에서 출발한다. 학습의 토대를 쌓아 올라간 가정에서 문제점을 찾고 해결하려고 노력해야 다음 학기에 더 발전할 수 있다. 교사들은 마술사도 아니고 발명가도 아니다. 학교 교사들이 다 알아서 해주겠지 하는 생각은 버려야 한다.

2장

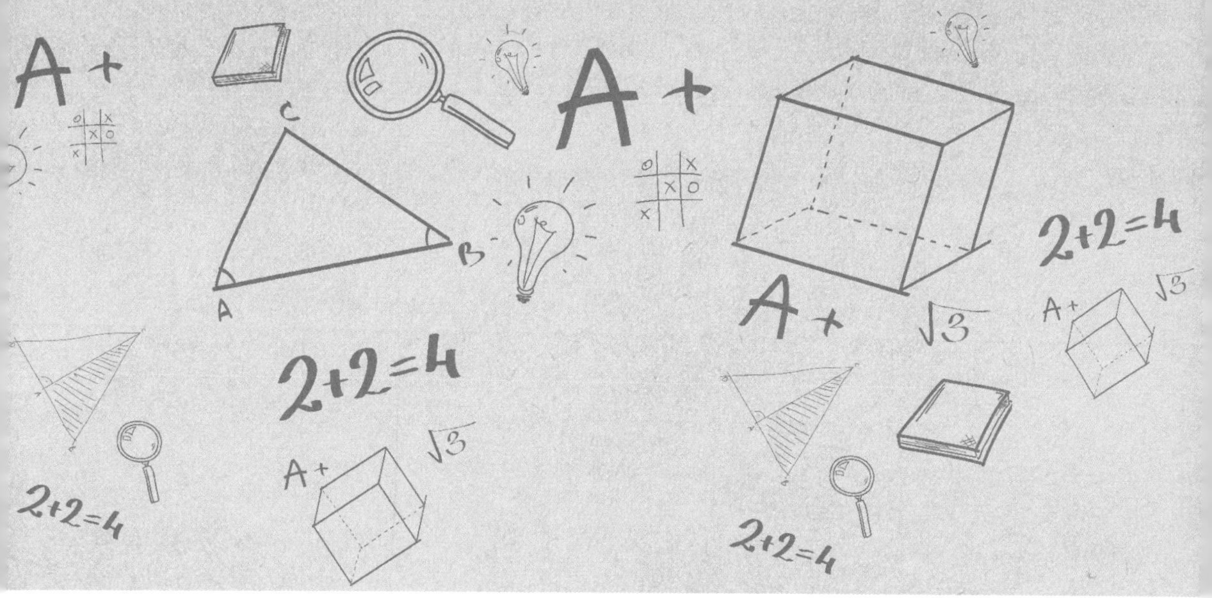

학교 성적은
평소 습관이 만든다

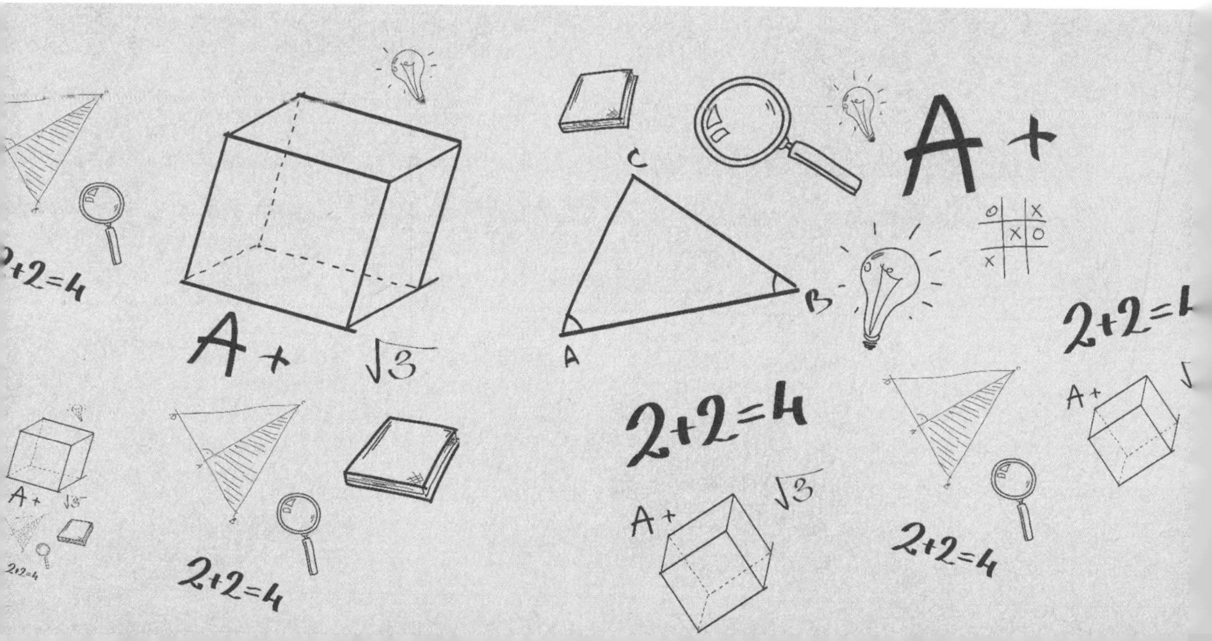

시간관리 능력은
꿈을 이루는
무기가 된다

학기 초 아이들과 첫 만남에서 꼭 했던 말 중 하나가 "꿈의 크기가 인생의 크기를 결정한다. 가슴 속에 큰 꿈을 품어라"다. 그러나 아직 미성 숙한 학생들은 선생님이 무슨 뜻으로 이런 말을 하는지 잘 모른다. 학생들은 자신의 꿈을 막연하게 갖고 있어 꿈을 위해 내가 당장 무엇을 해야 할 것인 가 하는 목적의식이 부족하다.

실패를 두려워해서는 안 된다. 실패가 꿈을 이루기 위한 단단한 힘이 되기 때문이다. 전설적인 록그룹 비틀즈^{The Beatles}는 레코드 회사 간부들 앞에서 오 디션을 보다가 "당신들이 내는 소리가 마음에 안 들어요"라는 말을 들었지만 주눅 들지 않았다. 발명왕 토마스 에디슨^{Thomas Alva Edison}은 전구를 발명했을 때 2,000번의 실험을 했다. 에디슨에게 실패했을 때의 기분이 어땠느냐고 물 었더니 "실패라니요? 난 2,000번의 단계를 거쳐 전구를 발명했을 뿐입니다"

라고 대답했다. 그들의 성공은 실패와 좌절을 이겨내서 피워 올린 꽃이다. 실패를 두려워한다는 것은 성공을 향한 문을 열고 싶은 마음이 없다는 것이다.

성공과 실패는 시간관리 능력이 결정한다

꿈은 시간이 만들어 놓은 꽃이다. 꿈을 이루기 위해서는 먼저 시간에 대한 인식이 필요하다. 몽테뉴는 "돈을 아끼듯이 시간을 아낄 줄 안다면 그 사람은 분명히 성공할 것"이라고 말했다. 그래서 성공한 사람들이 강조하는 첫 계명이 시간관리다. 시간관리에 성공한 사람만이 자신이 하고자 하는 꿈을 이룰 수 있기 때문이다.

1965년 노벨문학상을 수상한 파인먼Feynman은 "물리학자들은 매일 시간에 대해 연구합니다. 그러나 내게 시간이 무엇이냐고 묻지 마십시오. 그것은 생각조차 어려운 문제니까요"라며, 시간 사용법에 대한 어려움을 토로했다. 한 사람의 하루를 움직이는 틀인 시간을 어떻게 관리하느냐에 따라 성공과 실패가 갈린다.

그리스어에는 시간을 나타내는 대표적인 단어가 있다. 크로노스(Χρόνος, 물리적 시간)와 카이로스(καιρός, 논리적 시간)가 그것이다. 크로노스가 시계나 달력으로 표시되는 공식적이며 객관적 실체의 시간이라면, 카이로스는 의식적이고 주관적이며 순간의 선택이 인생을 좌우하는 기회의 시간이며, 결단의 시간이다. 똑같은 24시간을 살더라도 각자가 느끼는 24시간의 속도와 체감은 다르다. 더 없이 행복한 순간이든, 너무나 힘들고 고통스러운 순간이든 일상적으로 흐르는 시간을 벗어나 특별한 의미를 가지는 순간, 그 시간은 카이로스가 된다.

시간의 중요성을 인식하지 못하는 학생들은 계획표를 작성하라고 하면 고민하지 않고 대충 작성하는 경우가 많다. 그러나 하루를 알차게 보내려면 시간계획을 구체적으로 세울 필요가 있다.

시간관리를 철저히 하기 위해서는 버려지는 시간(자투리 시간)을 확인하는 것이 먼저다. 내가 하고자 하는 일의 목적과 상관없이 낭비하는 시간을 점검하고 활용할 수 있는 방법을 찾아야 한다.

예를 들어 등·하교 시간에는 무엇을 할 것인가? 학교 점심시간에는? 학교를 마치고 학원에 가기까지 시간이 남는다면? 학원이나 학교에서 쉬는 시간 등과 같은 자투리 시간에는? 이런 시간을 모아 보면 상당한 시간이 만들어진다. 그런데 대부분의 학생들은 이 시간을 그냥 흘려 보낸다.

학교에서 수업 중간중간 쉬는 시간은 10분씩이다. 학교에서 보통 7교시의 수업을 실시하기 때문에 쉬는 시간은 10분이 아니라 70분이다. 10분으로 생각하는 학생은 그냥 흘려보내겠지만 70분으로 생각하는 학생은 그 시간을 자신의 복습시간으로 활용한다. 그리고 또 점심시간이 있다. 점심시간까지 더하면 학교에서의 자투리 시간은 2시간이 훌쩍 넘는다. 이처럼 의미 없이 소비되는 시간을 계획적인 시간으로 활용할 수 있어야 한다. 이외에도 드라마, 게임 등에 소비하는 시간을 철저하게 관리해 학습에 필요한 경제적인 시간으로 사용해야 한다.

공부 에너지의 핵심은 학습시간

완전학습 이론에 의하면 학습은 시간에 비례한다. 아무리 천재라고 해도 한 번에 모든 것을 알 수는 없다. 수천 번의 반복학습을 통해 천재가 되는 것이다. 천재도 노력의 결과인 셈이다.

사람은 누구나 자신의 노력으로 성공에 이를 수 있게 창조되었다. 그 성공에 이를 수 있도록 누구에게나 시간이라는 기회가 주어져 있다. 이 시간을 잘 관리하면 본인이 원하는 미래를 만들고 비전을 성취할 수 있다. 목표 성취는 시간을 정돈하고 관리하는 일에서부터 시작된다.

먼저 자신이 사용할 수 있는 하루 시간의 총량을 정확하게 파악할 필요가 있다. 하루 시간의 총량을 파악하려면 하루 중 내가 주체적으로 사용할 수 없는 고정시간은 제외해야 한다. 그리고 가용시간과 자투리 시간을 확보해야 한다. 학교에서 쉬는 시간에 단어나 과제, 복습을 하면 내 시간이 될 수 있지만 그냥 흘려보낸다면 쓸모없는 시간이 되고 만다. 다음에 제시한 두 개의 표는 이러한 시간을 관리하고 쓸 수 있는 방법이다.

시간 총량 계산법

구 분	내 용	관 리
고정 시간	학교 수업, 학원 수업	×
가용 시간	자기주도적 학습시간, 주로 가정에서의 시간	○
자투리 시간	쉬는 시간, 점심시간, 청소시간	○

학교에서 시간관리 짜는 방법

구 분	일과 시간	자투리 시간	활 용
아침시간	30분	30분	예습
수업시간	1~4교시		
쉬는 시간	1~4교시	40분	단어
점심시간	60분	40분	복습
수업시간	5~7교시		
쉬는 시간	5~7교시	30분	과제
청소시간	30분	10분	단어
합계		150분	

상위권과 중위권은 시간 활용이 다르다

대부분의 학생들은 시간의 중요성을 제대로 인식하고 있지 않다. 특히 중위권 학생들에게 나타나는 특징 중 하나가 시간 활용의 차이다. 상위권 학생들을 제외하고는 학교에서 무엇을 어떻게 해야 할지 몰라 그냥 학교에 나왔다가 가는 경우가 종종 있다. 반면에 우등생들은 시간을 활용하는 차원을 넘어 철저하게 관리한다. 시간관리를 위해 타인과의 학습도 줄인다. 다른 학생들과 함께 공부하면 친구에게 빼앗긴 시간이 아깝기 때문이다. 시험기간의 경우, 우등생들은 자신이 몰입해서 공부한 시간만 시험공부한 시간이라고 생각한다. 하지만 하위권 학생들은 그냥 책상에 앉아있는 시간도 공부한 시간이라고 말한다. 친구들과 잡담을 한 시간과 공부에 몰입하지 않은 시간도 공부한 양으로 포함시키는 것이다.

시험공부를 한 시간을 비교해 보면 우등생과 보통의 학생들 간에 차이가 있다. 오히려 보통의 학생들이 우등생보다 더 많은 공부를 한 것처럼 보이기도 한다. 우등생과 보통 학생들과의 성적 차이는 시간관리와 시간에 대한 개념 인식 차이에서 발생하는 것이다. 성적은 책상에 앉아있는 시간에 비례하는 것이 아니라 몰입해서 공부한 시간에 비례한다.

시간을 효율적으로 사용하기 위해서는 하루 계획을 구체적으로 짜야 한다. 오늘 내가 무엇을 언제 어떻게 할 것인가에 대해 구체적으로 생각해야 한다. 해야 할 일이 정해졌으면 오늘 할 일을 내일로 미루지 않아야 한다. 성공한 사람들은 남에게는 관대했지만 자신에게는 바늘 끝만큼의 여유도 주지 않았다. 오늘 할 일을 적당히 타협해서 내일 하면 된다고 생각하는 순간, 비오는 날 저수지 둑이 터지듯이 계획은 한순간에 무너져버린다. 오늘은 내일을 준비하는 시간이다. 그저 내일이 되기 위한 하루로 생각해서는 안 된다.

성공할 수밖에
없는
계획 세우기

1953년 미국의 예일대학교에서는 재미있는 실험을 했다. 졸업생을 대상으로 자기 인생에 얼마나 확실한 비전을 가지고 있는지를 조사했는데, 조사 대상자 가운데 '아무런 목표가 없다'에 해당되는 학생이 27퍼센트, '막연한 목표가 있다'는 학생이 70퍼센트, '구체적인 목표를 생각하고 글로 책상 앞에 기록하고 있다'고 답한 학생이 3퍼센트였다. 이런 학생들이 20년이 지난 후 어떻게 살고 있는지를 조사했더니 충격적인 결과가 나왔다.

꿈을 기록으로 남긴 3퍼센트의 학생들이 사회적 지위뿐만 아니라 경제적 위치에서 97퍼센트의 학생들과 비교했을 때 월등한 결과를 보였다. 그 이유는 3퍼센트의 학생들은 자신의 꿈을 기록하고 목표를 뚜렷이 했지만, 나머지 학생들은 꿈은 갖고 있었지만 구체적인 실천을 하지 않았기 때문이다. 자신의 목표를 기록하고 타인 앞에 공개한다는 것은 책임을 지겠다는 무언의 약속이며, 행동하겠다는 마음의 각오를 드러낸 것이다. 3퍼센트의 학생들은 단 몇 줄로 자신의 꿈을 기록하면서 많은 상상을 통해 성공의 그림을 그렸을 것이다. 그런 그림들이 자신의 목표를 향한 행동화로 결의가 굳어진 것이다.

꿈은 구체적이고 명확하게 기록한다

꿈을 꾸었다면 그것을 기록해야 한다. 단 몇 줄의 문서화된 글이 목표를 명확히 하고, 그 목표는 행동을 유발하고, 그 행동은 성공으로 이끌어줄 것이다. 꿈은 구체적이고 명확할 때 성공할 수 있다.

학기 초가 되면 학생들에게 자신의 목표나 다짐을 써 오게 한다. 방법은 어렵지 않다. A4 용지 3/4 정도로 자신의 장기적인 목표와 관련된 다짐이나 각오를 기록하고, 나머지 1/4에는 부모님이 격려 글을 쓰게 한다. 그것을 코팅해서 제출하면 보관하고 있다가 매월 아침 조회시간에 2~3번 다시 읽게 한다. 또 다짐을 쓴 글의 내용을 바탕으로 명함을 만들게 한다. 명함의 앞면은 10년이나 20년 후 나의 모습을 멋지게 도안하고, 뒷면은 올해 꼭 하고 싶은 일, 목표하는 고등학교나 대학을 기록하고, 마지막 부분은 자신의 각오를 쓴 다음 코팅해 1년 내내 갖고 다니게 한다.

오늘날 개인의 목표를 가장 극적으로 성취한 사람이 존 고다드[John Goddard]다. 그는 15살 때 127가지 목표를 썼고, 1980년에 우주비행사가 되어 달에 감으로써 115번째 목표를 달성했다. 또 그는 탐사할 10개의 강과 등산할 17개의 산의 목록을 작성하여 의사로서 세계 여러 나라를 방문했다. 자신의 목표를 이루기 위해 비행기 조종법을 배웠으며, 브리태니커 백과사전을 다 읽었다고 한다. 그의 목표가 실현될 수 있었던 것은 구체적인 목표가 있었기 때문이다.

또, 그레그 S. 레이드Greg S. Reid는 "꿈을 날짜와 함께 기록하면 목표가 되고, 목표를 잘게 나누면 계획이 된다. 그리고 계획을 실행에 옮기면 꿈이 실현된다"고 했다. 자녀들의 목표를 이루게 하고 싶거든 자녀들의 꿈을 구체적인 기록으로 남기도록 도와주어야 한다.

학습의 장·중·단기 계획을 모두 세운다

만약 자동차로 서울에서 부산까지 가려고 한다고 치자. 최종 목적지는 같지만 사람마다 가는 경로가 다를 것이다. 최종 목적지까지 가는 동안 다른 도시를 방문할 수도 있다. 마찬가지로 과학자가 꿈이라면 과학자가 되는 방법에는 여러 가지 길이 있을 수 있다. 따라서 자신의 목표를 계획할 때는 단기적인 목표와 장기적인 목표를 세워야 한다.

인생의 장기적인 목표가 설정되면, 이를 실행하기 위해 1년 단위로, 3년이나 4년 단위로 목표를 세분화해야 한다. 3~4년 단위로 목표를 세분화하는 이유는 고등학교나 대학교 진학과 관련되어 있다. 고등학교나 대학교에서 학생들을 선발할 때 입학사정관전형(고등학교에서는 자기주도적 전형)을 실시하는데, 이때 반드시 자신의 진로와 관련하여 학업계획을 세우게 한다. 학업계획은 장기적인 목표와 단기적인 목표를 설계하는 것이다. 그런데 학생들은 자신의 장기적인 목표를 고등학교나 대학교 진학으로 설정하는 학생들이 있다. 장기적인 목표는 생을 통해 자신이 간절히 이루고자 하는 최종 목표를 말한다. 단기적인 목표는 장기적인 목표를 실현하기 위해서 단계적으로 실행해야 할 고등학교나 대학교의 1년이나 한 달간의 목표가 될 수 있다.

학교생활을 잘하기 위해서도 장기적인 목표와 단기적인 목표를 잘 계획해야 한다. 학년 단위로 구분한다면 학교에서 장기적인 목표는 해당 연도가 된다. 학교 목표를 수립할 때에 우선 고려해야 할 것은 학교 행사가 꼼꼼하게 기록된 연간 학사력이다. 학교는 학사력을 중심으로 운영된다. 학사력에는 각종 평가에서부터 체육대회와 같은 행사, 경시대회 등 모든 일들이 기록되어 있는 내비게이션과 같은 것이다. 학사력을 중심으로 연간·월간·주간 계획, 시험 일정이나 각종 경시대회 출전 등을 효과적으로 배열해야 한다.

학교 학사력이 기본적인 도로망이 되고 그 도로망 위에 자신의 월간, 주간, 하루의 계획을 수립한다. 길을 잃지 않으려면 목적지가 보이는 월간 계획표를 세우고, 실천 계획으로 주간 계획을 세운다. 그리고 자신이 어느 정도의 속도로 가고 있는지 점검하고, 무엇이 부족한지 중간지점을 지날 때마다 체크해야 한다.

1년간의 학습계획은 본인의 학업목표와 수준, 활용가능 시간 등을 고려해 구체적으로 수립한다. 계획을 수립할 때에는 가장 먼저 도달하고자 하는 목표 성적이나 등위를 정하고, 이를 달성하기 위한 장·중·단기 계획을 세운다.

예를 들어 영어 내신성적이 3등급인 학생이 영어영문학과를 진학하기 위해 내신을 관리하려고 한다. 이때 먼저 성적 향상을 위한 1년 계획을 세울 수 있다. 중기 계획은 한두 달 단위로 진도나 점수를, 단기 계획은 한 주나 하루 동안의 시간활용 방안을 설정하면 된다. 이 과정을 반복하면 자신에게 맞는 계획법을 찾게 된다.

단, 자신이 소화할 수 없는 과도한 계획을 세우면 안 된다. 현실적으로 공부할 수 있는 시간이 3시간임에도 불구하고 욕심을 부려 5시간으로 학습량을 설정하는 학생들이 있다. 처음에는 쉬는 시간을 활용해서라도 공부계획을 실행하지만 시간이 지나면 실천 가능성이 점점 떨어진다. 계획 달성률이 하락하면 결국 공부는 '못하는 것', '하고 싶지 않은 것'이 되고 만다. 공부시간을 제대로 확보하려면 일주일 중 하루 정도는 최소한의 계획만 세우는 게 좋다. 이를테면 토요일이나 일요일은 반나절 정도 비워서 주중에 못한 공부를 하는 것이다.

계획표를 구성하는 방법

계획표를 구성할 때 어떤 방법이 효율적인지 살펴보자. 이번 달에 국어 문제집 한 권을 끝내려고 한다. 이때 먼저 해야 할 것은 문제집이 어떻게 구성되어 있는지를 분석하는 것이다. 그래서 페이지로 나누는 것이 적절한지, 단원별로 나누는 것이 적절한지를 판단한다. 페이지로 나누면 연계성이나 흐름이 끊어질 우려가 있고, 단원별로 나누면 공부하는 분량이 많아서 어려움이 있을 수 있다. 시험기간이 아니라면 하루나 이틀에 1개의 대단원을 끝낸다는 것이 쉽지 않다. 이런 문제점을 해결할 수 있는 가장 효과적인 방법이 소단원별로 계획을 세우는 것이다. 이때 국어 문제집 한 권을 한 달에 다 끝낸다는 것이 장기 목표가 되고, 이틀에 소단원 1개씩을 끝낸다는 것은 단기 목표가 될 수 있다. 이처럼 목표가 구체적이면 시간을 허비하지 않게 된다.

계획 세우기와 관련하여 스티븐 코비Stephen Covey의 말은 시사하는 바가 크다. 그는 "항아리를 채우기 위해서 먼저 큰 돌을 넣고, 다음에는 작은 자갈을 넣습니다. 그리고 마지막으로 모래를 넣고, 물을 붓습니다. 만약 어떤 사람이 항아리 속에 모래를 먼저 넣고 돌을 채워 넣으려고 한다면, 그 사람은 효과적인 방법을 찾아내지 못한 것입니다. 이런 사람은 시간을 제대로 관리하거나 활용하지 못하는 사람입니다"라고 했다. 이 말의 의미는 어떤 일을 하든지 우선순위를 제대로 파악한 후에 실천해 나가라는 뜻이다.

항아리 속에 넣은 큰 돌이 장기적인 목표라면 이 장기적인 목표를 단단하게 받쳐줄 수 있는 자갈이 필요하다. 단기적인 목표에 해당하는 자갈과 하루하루의 실천계획인 모래가 없다면 항아리는 쓸모없는 것을 담는 그릇이 되고 말 것이다. 어떤 일을 이루기 위해서는 체계적인 목표가 필요하다는 것을 보여주는 실험이다.

제시하고 있는 표를 참고해 자녀가 목표를 세워 보게 하자.

목표 세우기의 구체적 사례

구분	장기적인 목표	중간 시기의 목표	단기적인 실행 목표	비고
성공 경험	UN사무총장	국제고 또는 외고 진학, 영문학과 (정치외교학과) 진학, 국제기구 입사	매일 신문 보기, 한 달에 5권의 독서, 중 3학년 전교 5등 이내 진입하기, 중간고사 평균 2점 올리기, 국영수 매일 문제집 풀기	목표가 구체적이고 실현 가능함, 자신의 노력으로 꿈을 이룰 수 있음
실패 경험	변호사	일류 고등학교 가기, 일류 대학 가기	영어공부 열심히 하기, 중간고사 잘 보기, 책 많이 읽기	목표가 구체적이지 못함, 하루의 세밀한 계획을 세우기가 힘듦

상위권은 내용중심의 계획을 세운다

학생들에게 시험계획이나 방학계획을 세우게 하면 크게 두 가지 유형으로 나뉜다. 바로 실패하는 계획과 성공하는 계획이다. 계획을 제대로 세우지 않으면 목표를 이룰 수 없다. 학생들이 계획을 세울 때 흔히 범하는 실수가 시간에 따라 추상적인 목표를 세우는 것이다. 예를 들어 7~8시까지는 수학, 8~9시까지는 영어, 9~10시까지는 과제 등으로 계획표를 짜는 경우가 많다. 이러한 계획표는 실패한다. 판매원이 상품을 팔겠다는 목표는 목표가 아니다. 상품을 판다는 것은 판매원이 당연히 해야 할 일이지, 목표가 될 수 없다. 판매원에게는 두 시간 안에 몇 개의 상품을 팔 것인지, 그리고 어느 정도의 실적을 올릴 것인지가 목표가 되어야 한다.

학생들도 시간계획을 세울 때 7~8시까지 수학 공부라는 것은 목표가 될 수 없다. 7~8시까지 수학 공부라고 쓴 학생과 수학 문제집 20~30쪽이라고 구체적으로 설정한 학생 사이에는 어떤 차이점이 있을까? 시간계획으로 목표를 설정하면 자신이 목표한 것을 도달할 수 없고, 체계적인 학습을 하지 못한다. 과업중심으로 계획을 세우면 자신이 세운 목표에 도달하기 위해 최선을 다하게 된다. 시간이 부족하면 1분 1초를 아껴가면서 한 문제라도 더 풀기 위해 시간관리를 하게 된다. 이런 차이가 성공하는 계획과 실패하는 계획을 구분하는 척도가 된다.

나름대로 목표를 가지고 있다 할지라도 계획을 세우지 않고 공부하는 학생들이 많다. 계획을 세우지 않는 학생들에게 그 이유를 물으면 "계획을 세우면 뭐해요? 계획대로 안 되는데요"라고 말한다. 왜 그럴까? 그것은 애초에 실패할 계획을 세웠기 때문이다. 계획을 세울 때, 무작정 세우면 실패한다. 또 시간에 따른 계획을 세워도 실패한다.

계획을 세울 때는 시간에 구속되어서는 안 된다. 내용을 중심으로 시간을 안배하는 것이 중요하다. 그래야 시간을 효율적으로 사용할 수 있다. 수학 과목을 공부하려 한다면 언제 공부를 하면 좋을 것인가를 생각해 봐야 한다. 그리고 영어 단어를 공부한다면 언제 어떻게 할 것인지 등 구체적인 실천방법을 생각해야 한다.

상위권 학생들은 내용중심으로 계획을 세우기 때문에 쉬는 시간 등의 자투리 시간을 활용해서 공부를 한다. 반면에 보통의 학생들은 시간을 중심으로 계획을 세우기 때문에 계획한 그 시간이 확보되어야만 공부를 한다.

두 그룹을 비교해 보자. 상위권 학생은 내용중심의 시간계획을 세웠고, 보통의 학생들은 시간중심으로 계획을 세웠다. 그렇다 보니 보통의 학생들은 시간이 확보되어야만 공부를 한다. 상위권 학생은 내용중심으로 시간계획을 세웠기 때문에 시간과 장소에 상관없이 능동적으로 시간을 마련하여 공부를 한다.

자, 이제 공부계획을 세울 때는 내용중심으로 계획을 세우자. 공부는 시간으로 하는 것이 아니다. 내가 모르는 것을 얼마나 알고 채워 나가느냐가 중요하다. 학습계획을 세우는 것은 모르는 것을 효율적으로 받아들이기 위한 로드맵이다.

실패할 수밖에 없는 계획 vs. 성공 가능성이 높은 계획

계획표를 잘 세웠다고 해서 모두 다 성공할 수 있는 것은 아니다. 외관만 멋진 건축물이 실생활에 도움이 되지 못한다면 아무 소용이 없는 것처럼, 계획표의 형식도 중요하지만 내용도 중요하다. 아주 작고 사소한 내용이라도 어떻게 하면 효율적으로 실행할 수 있는지를 고려해야 한다. 제시한 '실패하는 계획과 성공하는 계획의 비교'를 살펴보자. 큰 비전을 지녔어도 실천은 작은 것부터 차근차근 해나가는 것이 지혜로운 사람이다.

계획을 실천하지 못했을 경우에는 원인이 무엇인지 파악해야 한다. 그리고 다음 계획을 작성할 때 반영해야 한다. 어떤 생각이 습관으로 자리 잡으려면 뇌 속의 대뇌피질에서 뇌간까지 전달되어야 하는데, 이때 약 3주가 소요된다고 한다. 계획을 습관화하려면 적어도 3주의 시간이 필요한 셈이다.

99℃까지 열심히 온도를 올려놓아도 마지막 1℃를 넘기지 못하면 물은 끓지 않는다. 물을 끓이기 위해 마지막 1℃를 올려야 하는 것처럼, 계획을 실천할 때는 포기하고 싶은 그 1분을 참아내야 한다. 그 순간을 넘어야 다음 문이 열린다.

실패하는 계획과 성공하는 계획의 비교

사례	계획한 방법	내용의 예	가능성
1	복잡하고 무리한 계획	세계 명작 50권 방학 동안 다 읽기	실패
	단순하고 실현 가능한 계획	내게 맞는 권장도서 중 한 달에 최소 한 권 읽기	성공
2	시간 단위 계획	하루에 수학 한 시간씩 공부하기	실패
	과제중심 계획	하루에 수학 문제 10개씩 풀기	성공
3	미래형 계획	내일부터 실천하기	실패
	현재형 계획	지금부터 실천하기	성공
4	은밀한 계획	자신의 목표를 자신만 알고 있음	실패
	공개적인 계획	자신의 목표를 가까운 사람들이 모두 알고 있음	성공
5	부정적 용어	살을 빼겠다. 꼴등을 면하겠다.	실패
	긍정적 용어	건강을 위해 알맞은 몸매를 만들겠다. 우리 반 평균이 되겠다.	성공
6	비구체적	나는 과학자가 되겠다. 나는 착한 사람이 되겠다.	실패
	구체적	스스로 움직이는 로봇을 만들겠다. 다른 사람에게 도움이 되는 일을 하루에 한 가지씩 하겠다.	성공
7	측정할 수 없는 것	운동을 열심히 하겠다.	실패
	측정할 수 있는 것	줄넘기를 하루 30분씩 하겠다. 윗몸 일으키기를 하루 30개씩 하겠다.	성공
8	기한 설정이 안 되어 있는 것	언젠가 세계일주 여행을 하겠다.	실패
	기한 설정이 되어 있는 것	대학생이 되면 유럽 배낭여행을 하겠다.	성공

아이는
결정적 시기에
비상한다

우리 반 학생들의 축구 실력이 형편없다고 생각하고 있을 때 갑자기 나타난 스타 덕분에 위기에서 벗어난 적이 있다. 공부도 마찬가지다. 보이지는 않지만 언젠가는 스타로 자랄 학생들이 있다. 다만 아직 결정적시기를 못 만난 것뿐이다. 이 결정적 시기를 잘 활용해야 한다. 결정적 시기는 항상 있는 것이 아니지만 준비된 자에게는 언젠가 찾아온다.

결정적 시기란 특별한 심리적 특성이나 행동의 획득이 이루어지는 시기를 가리킨다. 이 시기를 놓치면 지속적으로 자극을 해도 심리적인 특성이나 행동의 출현이 어렵기 때문에 이때를 놓치지 말아야 한다.

심리학자들은 조류의 각인(刻印) 효과를 통해 결정적 시기의 중요성을 설명한다. 오리는 태어나서 처음 본 움직이는 대상을 부모라고 믿고 따르는 성질을 갖고 있다. 그것이 사람이든 공이든 졸졸 쫓아다닌다. 연어의 모천

회귀의 습성도 마찬가지다. 연어는 치어 시절을 보냈던 강을 기억하고 있다가 태평양을 돌아다니다가 산란기가 되면 기억에 의지해서 모천으로 돌아온다.

인간 발달과정에서도 결정적인 시기가 존재한다. 이 시기를 어떻게 보냈느냐에 따라 결과는 완전히 달라진다. 어린아이들은 한두 살 때 부모로부터 언어를 배운다. 이때 부모가 아이에게 얼마나 많은 자극을 주느냐에 따라 언어를 습득하는 데 차이가 발생한다. 개인차가 존재하겠지만 어린아이가 엄마라는 단어를 배우기 위해서는 3,000번 정도의 지속적인 반복이 있어야 가능하다. 만약 이때 부모가 언어적 자극을 제공하지 않으면 아이는 언어장애를 겪게 될 수도 있다.

19세기 초 프랑스의 시골마을에서 빅터라는 열두 살 소년이 발견되었다. 동물처럼 행동하고 말도 하지 못하는 빅터는 백치로 판명되어 동물과 같은 취급을 받았다. 빅터는 이후 행동치료 전문가인 이타드 박사에게 맡겨졌다. 이타드 박사는 빅터가 백치가 아니라는 확신으로 언어훈련을 시작했다. 매일 집중적인 훈련을 통해 빅터는 조금씩 나아지는 기미가 보였지만, 끝내 언어를 익히지는 못했다. 그 이유는 언어를 배우는 결정적 시기를 놓쳤기 때문이다.

언어능력은 생애 첫 3년부터 폭발적으로 증가한다. 보통 아이들은 생후 12개월 정도 되면 100개 단어를 이해하고, 만 1~2세가 되면 단어 단위에서 벗어나 구나 절 단위로 말을 한다. 그리고 만 2~3세가 되면 문장 단위로 말을 한다. 학자들에 따라 견해차가 있지만 언어습득의 결정적 시기는 3~7세에 가장 왕성하게 일어나고, 12~13세가 되면 그 기능이 저하된다.

언어뿐만 아니라 뇌 발달도 마찬가지다. 뇌는 12세 이후부터는 시각 기능을 담당하는 후두엽이 발달한다. 그래서 자신의 주변을 살펴보면서 자신과 타인의 차이를 인식하게 된다. 이 시기의 소녀들이 외모를 꾸미는 데 열심이고, 화려하고 멋진 연예계 스타나 스포츠맨들에 열광하는 것도 시각적인 기능이 발달하는 뇌 발달의 특징과 관련이 있다.

결정적 시기가 언제 올지는 아무도 모른다

이런 다양한 예에서 알 수 있듯이 인간의 행동에는 결정적 시기가 있다. 이전이나 이후에 발달이 불가능한 것은 아니지만, 발달의 가능성은 매우 낮다. 그런 점에서 어른들이 "좋은 때다"라고 하는 말은 농담이 아니라 일종의 교훈이다. 그것은 인간의 발달은 어느 시기에나 가능한 것이 아니라 가장 쉽게 이루어지는 최적의 시기가 있다는 뜻이다.

학교에서 학생들을 보면 성적의 향상 시기나 비행이 나타나는 결정적인 시기가 있다. 중학교 2학년은 감정 변화가 격하고 종잡을 수 없다는 것 말고도 학업성적 변화에서도 중요한 시기다. 학생들의 성적 변화는 언제 어떻게 찾아올지 모른다. 부모 입장에서 그 시점을 안다면 자녀들에게 도움을 주어서 우등생으로 만들고 싶을 것이다. 그러나 그 정확한 시점은 아무도 모른다. 다만 계속 들여다보고 관찰하는 수밖에 없다.

한자성어에 줄탁동시(啐啄同時)라는 말이 있다. 줄(啐, 떠들다)은 알에서 부화하려 할 때 나는 소리이고, 탁(啄, 두드리다)은 어미 닭이 그 소리를 듣고 바로 껍질을 쪼아 깨뜨리는 것을 말한다. 이 한자성어는 세상의 모든 생물에게 해당되는 말이다. 어미 새는 새끼들이 태어나기 위해 부리로 껍질을 쪼는 시기가 언제인지 알 수 없다. 새끼들이 태어날 시기를 알고 있다면 어미 새는 고픈 배를 움켜쥐고 알을 품지 않을 것이다. 어미 새들은 밤낮으로 알들을 관찰하며 그 시기를 기다린다. 그리고 어느 날 어미 새와 새끼들의 교감이 이루어지는 순간, 서로 힘을 합쳐 껍질을 깨어 세상에 나오도록 돕는다. 그럼으로써 새끼들은 푸른 하늘로 자신의 꿈을 갖고 비상할 수 있게 된다.

우리 아이에게도 언제 이러한 시기가 찾아올지 모른다. 다만 부모는 그 시기를 기다려주어야 한다. 빨리 성장하라고 다그치면 이러한 시기는 영영 오지 않을 수도 있다. 알 속에서 세상으로 나올 시간을 기다려야 혼자 일어설 수 있는 힘을 갖게 된다.

학생들 중에 다리를 떨거나, 손톱을 물어뜯거나, 반복적인 이상행동을 하는 틱 장애를 보이는 경우가 있다. 이런 학생들의 부모와 면담을 해보면 공통점을 발견할 수 있다. 기다리는 데 인색하다는 점이다. 맛있는 밥을 만들기 위해서는 센 불에서 펄펄 끓게만 해서는 안 된다. 어느 정도 뜸을 들여야 맛있는 밥이 만들어진다. 자녀들의 행동이나 공부도 기다려줘야 잘 익은 열매를 수확할 수 있다. 부모의 조바심이 자녀가 꽃 피우는 것을 방해할 수 있다는 점을 명심하자.

내 아이의 결정적 시기는 언제 어떻게 찾아올까?

학생들이 학업과 관련하여 결정적 시기를 맞는 경우는 대체적으로 사소한 계기에서 비롯되는 경우가 많다. 예를 들어 담임선생님에게 칭찬을 듣고 나서 공부에 흥미를 갖게 되었다는 학생도 있고, 교내에서 실시한 경시대회에서 상을 받고 나서 공부를 시작했다는 학생도 있다.

결정적 시기를 만들기 위해 자녀가 학교에서 상을 받아오면 집에서 작은 파티를 열어주는 부모가 있었다. 사소한 대회에서 상을 받아오더라도 가족들이 모두 둘러앉아 자녀를 축하해 주었다. 그러자 아이의 변화가 시작되었다고 한다.

이런 일은 부모 입장에서 보면 결코 손해 보는 일이 아니다. 자녀와 어떤 결과에 대해 약속을 하고 실천해 보자. 나는 사소한 문제를 보이는 학생들의 부모를 만나면 케이크를 사준다. 그리고 집으로 돌아가 아이에게 작은 이벤트를 열어주라고 권한다. 이런 작은 행동이 자녀에게는 놀라운 변화를 이끌어낼 수 있다.

결정적인 시기는 누구에게나 찾아온다. 다만 그 시기를 기다리는 자세가 중요하다. 업그레이드할 기회를 마련하기 위해서는 꾸준함이 전제되어야 한다. 중국 고사에 우공이산(愚公移山)이라는 고사성어가 있다. 그 뜻은 우직하게 한 우물을 파는 사람이 큰 성과를 거둔다는 뜻이다.

《열자(列子)》 탕문편(湯問篇)에 나온 이야기다. 태항산(太行山)은 사방 둘레가 7백 리나 되고, 높이가 만 길이나 되는 산이었다. 원래는 기주(冀州) 남쪽, 하양(河陽) 북쪽에 있었다. 그런데 북산(北山)의 우공(愚公)이라는 사람이 나이는 아흔이 가까운데, 이 두 산을 앞에 놓고 살고 있었다. 산 북쪽은 길이 막혀 있어 드나들 때마다 멀리 돌아서 다녀야만 했다. 영감은 그것이 몹시 불

편하게 생각되어 가족들과 상의하여 산을 옮기기로 했다.

"나는 너희들과 함께 힘을 다해 높은 산을 평평하게 만들고 예주(豫州) 남쪽으로 길을 내 한수 남쪽까지 갈 수 있게 할까 하는데 너희들 생각은 어떠냐?"

모두가 찬성을 했다. 그러나 우공의 아내만은 반대를 했다.

"당신 힘으로는 작은 언덕도 허물 수가 없을 텐데, 그런 큰 산을 어떻게 한단 말입니까. 그리고 허물어 낸 흙과 돌을 어디로 치운단 말입니까?"

부인의 부정적인 말에 대해 마을 사람들은 "발해(勃海) 구석이나 은토(隱土) 북쪽에라도 버리면 되겠지요"라고 우공을 두둔하고 나섰다. 그래서 우공은 아들, 손자들을 거느리고 산을 허물기 시작했다. 짐을 지는 사람은 세 사람, 돌을 깨고 흙을 파서 그것을 삼태기와 거적에 담아 발해로 운반했다. 우공의 이웃에 사는 경성씨(京城氏) 집 과부에게 이제 겨우 칠팔 세 되는 아들이 하나 있었는데, 이 아이가 또 열심히 산을 옮기는 일을 도왔다. 그러나 일 년에 두 차례 겨우 흙과 돌을 버리고 돌아오는 정도였다. 그러자 하곡(河曲)에 있는 지수(智叟)라는 영감이 이 광경을 보고 웃으며 이렇게 말렸다.

"이 사람아, 어쩌면 그렇게도 어리석은가. 다 죽어가는 자네 힘으로는 풀 한 포기도 제대로 뜯지 못할 터인데 그 흙과 돌을 어떻게 할 작정인가?"

그러자 우공은 한숨을 내쉬며 말했다. "자네의 그 좁은 소견에는 정말 놀라지 않을 수 없네. 자네는 저 과부의 어린아이 지혜만도 못하지 않은가. 내가 죽더라도 자식이 있지 않은가. 그 자식에 손자가 또 생기고 그 손자에 또 자식이 생기지 않겠는가. 이렇게 사람은 자자손손 대를 이어 한이 없지만 산은 불어나는 일이 없지 않은가. 그러니 언젠가는 평평해질 날이 오지 않겠나?"

그 말을 듣고 지수는 말문이 막혀 잠자코 있었다.

두 손에 뱀을 들고 있다는 산신령이 이 말을 듣자 산을 허무는 인간의 노력이 끝없이 계속될까 겁이 났다. 그래서 옥황상제에게 이를 말려주도록 호소했다. 그러나 옥황상제는 우공의 정성에 감동하여 힘이 세기로 유명한 과아씨(夸娥氏)의 아들을 시켜 두 산을 들어 옮겨, 하나는 삭동(朔東)에 두고 하나는 옹남(雍南)에 두게 했다.

이리하여 기주 남쪽에서 한수 남쪽에 이르기까지는 산이 없게 되었다. 우공이산의 교훈은 쉬지 않고 꾸준히 노력하면 성공할 수 있다는 이야기다.

결정적 시기에 기회를 잡고 일을 해낸다고 해도 하루아침에 이뤄지는 것이 아니다. 그 꾸준함이 있을 때, 옥황상제가 과이씨를 시켜 산을 옮겼듯이 어느 순간에 찾아온다. 그 결정적 시기를 자신의 성공과 업그레이시킬 계기로 만들기 위해서는 꾸준함이 있어야 한다.

복습만한
성적 향상 비책은
없다

학기 초가 되면 선생님들은 학생들과 눈치 싸움을 시작한다. 어떻게 하면 학생들과 마찰 없이 잘 지내고 효율적인 학습관리를 할 수 있을까? 그래서 담임선생님들은 학급 규칙을 학생들과 함께 만들기도 하고, 기본적인 학습습관에서부터 노트 정리방법, 학습방법들을 안내한다. 담임선생님들마다 학습력 신장을 위한 특별한 방법이 있는데, 나의 경우는 복습을 특히 강조한다. 그리고 이것만은 학생들과 함께 1년 내내 반드시 실천한다. 처음 시작할 때는 학생들의 반발이 만만치 않다. 지금껏 한 번도 해보지 않은 학습방법이고, 학원 등을 다니게 되면 복습장을 쓸 시간이 없다며 불평이 많다. 하지만 어느 정도 시간이 지나면 복습의 효과를 알게 된다.

다른 학교도 마찬가지겠지만 우리 학교 학생들도 수업이 끝나면 학원이나 과외를 받으러 썰물처럼 빠져나간다. 학교를 벗어나도 경쟁의 현실은 녹록

치 않다. 자신의 하루 일과를 뒤돌아보고 부족한 부분을 채웠으면 좋겠지만 오늘날 학생들에게는 요원한 일이 되어버렸다. 국가에서 인위적으로 사교육을 잡기 위해 학원 과외시간을 제한하는 법을 두어도 마찬가지다.

'학(學)'은 교사의 몫, '습(習)'은 학생의 몫

공자의 『논어』 '학이(學而)' 편에서 '학이시습지(學而時習之) 불역열호(不亦說乎)'라고 했다. '배운 것을 익혔을 때 기쁘다'는 말이다. 배움이 기쁜 것은 익힘이 있기 때문이지, 배움 그 자체 때문은 아니다. 그런데 오늘날 학생들은 익힘 없이 배움만을 하기 때문에 공부가 즐겁지 않은 것이다.

학습과 같은 말로 흔히 쓰이는 공부라는 단어도 익힘을 강조한다. 한자로 공부는 '工夫' 또는 '功夫'라 쓴다. 이 말은 '힘쓰다', '애쓰다', '노력하다'라는 의미다. 부(夫)자는 하늘(天)의 이치(理致)를 꿰뚫을 수 있어야 한다는 의미를 더하기 위해 하늘 천에 한 획(夫)을 얹었다.

학습이 이루어지는 과정을 살펴보면, 학습에서 학(學)은 교사의 몫이고 습(習)은 학생의 몫이다. 학이 교사의 몫이라는 것은 교사의 가르침을 중시한다는 뜻이다. 훌륭한 스승 밑에서 뛰어난 제자가 태어난다는 말도 학을 중시한 것이다. 『논어 집주』에서도 습(習)은 "어린 새가 날갯짓을 반복하는 것이니, 본받기(學)를 그치지 않는 것이 마치 어린 새가 날갯짓을 반복하는 것처럼 한다는 것이다. 이미 배운 다음 늘 익히면 배운 것이 익숙해져 내면에 희열이 생기고, 학문이 진보하여 자연히 중단할 수 없는 경지에 이른다"라고 밝히고 있다.

습(習)의 자획을 풀면 우(羽)와 백(白)으로 나눌 수 있다. 어린 새가 하늘을 날기 위해서는 수천 번 연습을 해야 한다는 의미를 나타낸다. 그런데 아이들은 학(學)에만 치중하고 있다. 담임선생님 입장에서는 학원이나 과외의 보충 학습을 통해 성적이 일정하게 유지되고, 다른 반과의 경쟁에서 뒤처지지만 않는다면 더할 나위 없다.

그런데 나는 학생들에게 공부란 무엇이고, 어떤 공부가 진짜 공부인지를 알려주고 싶었다. 그래서 선택한 방법이 매일 복습장을 기록하는 것이다. 처음에는 부정적이었던 아이들도 왜 복습장을 써야 하는가의 원리를 설명하고 지도하면 잘 따라주었다. 일 년을 하루도 빠짐없이 점검하고 나면 학생들도 복습이 얼마나 중요한 공부인지를 깨달았다.

단기기억을 장기기억으로 만드는 반복학습

복습에도 일정한 원칙이 있다. 복습의 원칙에 대한 방향을 제시하고 있는 것은 독일의 심리학자 헤르만 에빙하우스Herman Ebbinghaus의 망각곡선이다. 에빙하우스는 실험을 통해 구체적으로 인간의 망각 성향을 증명하는 획기적인 업적을 이루었다. 그에 따르면 인간은 학습이 이루어진 후 불과 몇 분이 지나면 망각이 시작된다. 학습이 이루어진 후 20분이 지나면 42퍼센트의 기억이 사라지고, 한 시간 후에는 56퍼센트 이상을 잊게 되며, 하루가 지나면 66퍼센트, 한 달 후에는 80~90퍼센트 이상을 잊어버리게 된다.

그는 새로운 단어를 장기기억으로 만들기 위해서는 15회 정도의 반복이 이루어져야 한다는 것도 밝혀냈다. 에빙하우스는 새로운 내용을 학습한 지 1

시간이 지나면 절반 이상 잊기 시작하므로 이때 다시 복습을 하면 하루 동안 기억이 지속된다고 했다. 그리고 하루 후 다시 복습을 하면 일주일이 지속되고, 일주일 후에 다시 복습을 하면 한 달이 지속되고, 한 달 후에 다시 복습을 하면 6개월이 지속된다고 했다. 이렇게 기억을 지속시키면 장기기억 상태로 저장된다는 것이다.

그러므로 수업내용을 장기기억으로 만들기 위해서는 그것을 일정기간 반복학습을 해야 한다. 인간의 기억은 감각과 인지하는 방법에 따라 지속되는 면에서 차이가 있다. 죽음이나 사고와 같은 것을 경험하면 수개월에서 길게는 평생 동안 의식 속에 유지하는 기억작용이 있는가 하면, 저장 기간에 따라 수초 동안만 기억되는 즉각적인 기억(단기기억), 며칠 정도 지속되는 최신 기억 등이 있다. 그런데 안타깝게도 학습과 관련된 기억은 주로 단기기억이다. 그래서 학습에서는 반드시 복습이 이루어져야 한다.

인간이 인식한 지식이 기억으로 저장되는 과정은 측두엽 → 해마 → 측두엽(장기기억), 측두엽 → 해마 → 폐기(단기기억)로 이루어진다. 학생들이 수업시간에 접하는 새로운 정보는 뇌의 측두엽에서 해마로 보내진다. 해마에서는 정보를 일시적으로 기억할 것인지, 장기간 기억할 것인지에 대한 분류 작업을 한다. 단기기억이 장기기억으로 치환되기 위해서는 해마 단계에서 반복학습이 이루어져야 한다. '시험을 잘 보았다'는 의미를 기억과 관련해 해석해보자. 시험을 잘 본 학생은 배운 내용을 잘 암기하고, 암기한 내용을 바탕으로 재구성을 통해 장기기억으로 치환하였다가 그것을 잘 활용했다고 해석할 수 있다. 학습한 내용을 단기기억에서 장기기억으로 치환하기 위해서는 오늘 학교에서 배운 내용을 복습하여 나의 지식으로 만드는 일차적 과정이 필요하다. 이러한 과정을 스스로 터득할 수 있는 가장 좋은 방법이 바로 복습장이다. 복습장을 활용하는 학생들은 공부의 요령과 방법을 터득하고 성적도 향상된다는 것을 깨닫는다. 1년간 그 효과를 경험한 학생들은 새로운 학년이 되었을 때 복습장에 대한 효과를 자랑하기도 한다. 그리고 성적이 떨어지면 다시 복습장을 써야겠다고 각오를 다지기도 한다.

성적을 끌어올리는 복습법

매년 학생들과 실시했던 복습의 원리에 대해 살펴보도록 하자. 이 원칙을 가정에서도 실시하면 자녀의 성적 향상에 큰 도움이 될 것이다.

복습은 시간과의 싸움이다

나는 학생들에게 쉬는 시간에 전 시간에 배운 내용을 복습하지 못한 경우에는 집에 가서 교복을 벗기 전에 복습을 하라고 강조한다. 망각곡선의 그래프를 통해 알 수 있듯이 인간은 시간이 흐르면 흐를수록 망각률이 커진다. 따라서 배운 지식을 빨리 복습할수록 기억력은 높아지게 된다. 복습이 시간과의 싸움인 이유가 여기에 있다.

통합 복습장을 활용한다

간혹 과목별로 복습장을 준비하는 학생들이 있다. 그런데 여러 과목의 복습장을 준비하는 것보다 하나의 통합 복습장을 활용하는 것이 효율적이다. 성적이 뛰어난 학생들은 이 통합 복습장 하나로 시험 준비를 한다. 시험을 앞두고 핵심 내용을 다시 요약할 필요가 없다. 통합 복습장을 활용하면 자신이 공부했던 내용을 과목별로 다시 반복학습을 할 수 있어 효과가 높다.

망각곡선을 설명하는 학자들은 4회 주기적인 반복학습을 강조한다. 10분 후, 1일 후, 1주 후, 1달 후 주기로 복습하면 장기기억으로 치환되어 오래 기억할 수 있다.

주기적인 반복의 중요성이 잘 나타난 장르가 시조다. 고려 중엽에 발생한 것으로 추정되는 시조는 우리나라 시가 가운데 생명력이 가장 긴 장르다. 이렇게 오랜 생명력을 유지할 수 있었던 이유로 시조의 형식적인 면을 무시할 수 없다.

형식이 반복적으로 구성되어 있는 시조는 인간의 기억을 극대화할 수 있는 3음절과 4음절의 구조로 되어 있다. 우리가 흔히 쓰고 있는 집 전화번호, 휴대전화 번호, 차량번호도 3~4자의 패턴을 갖고 있다. 그래서 다른 단어보

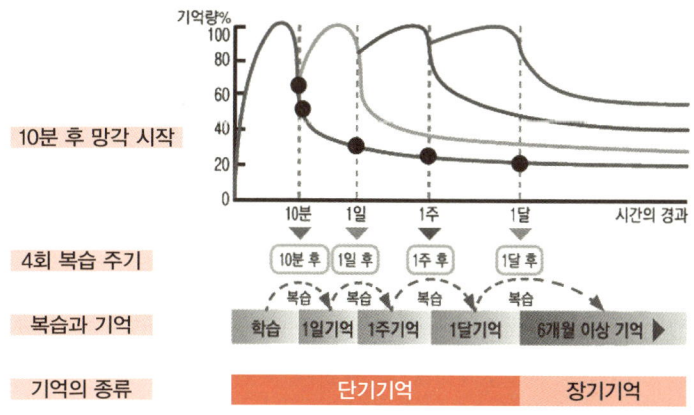

에빙하우스의 망각곡선에 따른 복습의 효과

다 한 번 들으면 뇌가 인지하기 쉬운 것이다.

　복습도 마찬가지다. 1회에 그쳐서는 안 된다. 3~4회에 걸쳐 반복적인 복습을 해야 장기기억으로 치환된다는 것을 명심하자.

장기기억으로 저장할 수 있는 나만의 노하우를 개발하라

복습을 하면서 중요한 곳에 색 볼펜을 사용하는 것도 효과적인 기억 방법이다. 색 볼펜을 사용하는 이유는 시각화를 통해 장기기억으로 전이시키기 위해서다. 홍보 전단지나 텔레비전의 상품 광고를 보면 전달하려는 핵심 내용은 다른 색의 글자를 사용한다. 시각을 통해 기억력을 최대화하기 위한 방법인 것이다.

　과목별로 특징이 있겠지만 자신만의 비법으로 장기기억으로 전이시킬 수 있는 방법을 찾아야 한다. 복잡한 개념을 다시 분석해서 도표화하거나 에피소드 형식으로 기억하는 방법을 생각해볼 수 있다. 이미지화하는 것은 단기기억에서 장기기억으로 전환하는 데 가장 큰 도움이 되는 방법이다. 이미지화하라는 말은 배운 내용을 구체적인 장면으로 만들어 하나의 스토리로 생각하는 것이다. 하나의 스토리로 만들어 놓으면 쉽게 잊지 않는다.

　국어시간에 학생들에게 음운현상을 설명하면서 'ㄹ'탈락 현상을 '나, 도, 살, 자'라고 외우게 했다. '나, 도, 살, 자'는 'ㄴ, ㄷ, ㅅ, ㅈ'의 자음 앞에서 탈락하는 현상을 쉽게 외우는 방법이다(예 : 아들+님→아드님, 불+삽→부삽, 바늘+질→바느질, 열+닫이→여닫이). 또 국사시간에 조선왕조 왕의 순서를 '태-정-태-세/문-단-세/예-성-연-중/인-명-선'으로 외웠던 것도 장기기억으로 전이

시키기 위한 하나의 방법이다. 그렇기 때문에 꽤 많은 시간이 흐른 뒤에도 입과 기억에 살아있는 것이다. 외우기 쉬운 3자, 4자의 패턴이었고, 가락을 입히는 방법을 적극 활용하면 암기하는 데 도움이 된다.

과목별 복습 방법을 마련하라

모든 과목을 동일한 방법으로 복습할 필요는 없다. 과목별로 복습하는 방법은 다를 수 있다. 그날 배운 내용을 정리하면서 하는 복습과 배웠음에도 이해가 되지 않았던 부분을 체크하면서 복습하는 방법이 있다.

중·고등학교에서 배우는 과목들을 크게 범주화하면 수리과학과 인문사회로 나눌 수 있다. 수리과학 분야에서 수학 과목은 개념과 문제풀이 과정을 연계하면서 복습을 해야 한다. 인문사회 분야의 과목들은 내용전개 과정과 흐름을 중시하면서 복습하되, 핵심 개념을 정확하게 정리하는 방법이 좋다.

복습장을 활용하는 방법은 다음과 같다.

1. 학기 초에 줄이 없는 공책을 마련한다.
2. 그날 학교에서 배운 내용 가운데 핵심만 요약한다.
3. 배운 부분 가운데 보충이 필요한 부분은 다시 정리한다.
4. 복습장을 기록할 때, 하루 전과 일주일 전에는 무슨 공부를 했는지 살펴본다.
5. 매일 복습장을 쓴다. 학교에서 배운 내용에서부터 학원이나 인강에서 배운 내용까지 모두 복습장을 이용해서 쓴다.
6. 반드시 부모님으로부터 점검을 받는다. 이때 부모님이 칭찬 메시지를

전해주면 효과는 만점이다.

7. 복습을 어떤 방법으로 하느냐에 따라 결과가 달라진다. 그림 〈복습 방법에 따른 효과의 비교〉를 참고하기 바란다.

학습의 완성과정인 복습장의 활용 예

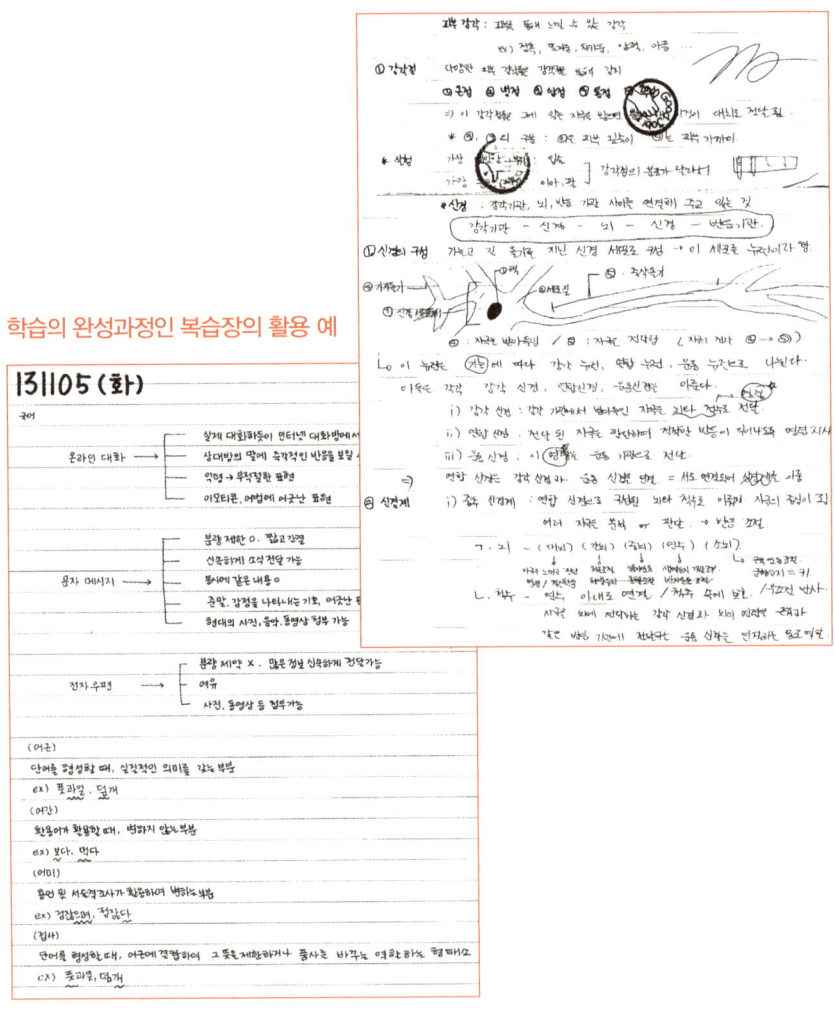

더 잘 재생시키는
기억법
찾기

우리나라 학생들은 세계에서도 공부를 잘하기로 손꼽힌다. 부모의 교육열도 높고, 학생들도 열심히 공부한다. 미국에서는 신년 교육부 업무보고에서 한국 교육 본받기가 화두가 되기도 했다.

한국교육과정평가원이 2013년 12월에 발표한 '국제학업성취도 평가^{PISA}' 자료에 따르면, 2012년 세계 65개국 51만 명을 대상으로 진행한 국제학업성취도평가에서 한국 학생들의 수학 평균점수는 554점으로 경제협력개발기구^{OECD} 회원국 중 가장 높았다. 하물며 2위인 일본보다 18점이나 앞섰다. 읽기에서도 OECD 국가 중 1~2위, 과학은 2~4위로 최상위권을 기록했다.

그러나 학업성취도와 달리 '수학 수업시간이 기다려지는지'를 묻는 내적 동기지수는 OECD 평균을 '0'으로 봤을 때 -0.2로 65개국 중 58위였다. 수학이 학습·직업에 유용할 것이라는 도구적 동기지수도 -0.39로 62위, 스스로의 수학적 능력에 대한 믿음은 63위, 수학을 더 공부하거나 수학 관련 직업을 가질 계획인가 하는 항목에서는 59위였다.

우리나라 학생들은 학습에 흥미나 공부 의욕은 없지만 시험은 잘 본다. 그래서 우리나라에서 공부를 잘한다는 것은 학습을 하고 싶은 욕망이나 열정이 아니라 시험을 잘 본다는 것, 그것도 아주 잘 본다는 것과 같은 의미다. 주입식 교육이 주를 이루는 현행 입시체제에서 시험을 잘 본다는 것은 자신이 공부한 내용을 잘 기억하고 있고, 그것을 재생시켜 문제를 잘 해결한다는 의미일 것이다.

어떻게 하면 잘 기억할 수 있을까?

그러면 어떻게 하면 배운 내용을 잘 기억하고 재생시킬 수 있을까?

우리가 흔히 가는 마트를 예로 들어보자. 마트에 가면 진열장에 물건들이 잘 정리되어 구매 욕구를 자극한다. 소비자들이 필요한 물건을 찾기 쉽게 배열하는 것도 이런 이유 때문이다. 학생들이 공부하는 과정도 마찬가지다. 책상을 정리하듯이, 학교에서 배운 학습내용을 자신의 두뇌 속에 체계적으로 정리해 저장해야 한다. 정리가 안 된 상태에서 학습내용을 저장하면, 필요할 때 재생하기가 힘들다. 뿐만 아니라 재생시키는 데 많은 시간이 소비된다. 학습내용을 잘 정리해 놓으면 힌트만 듣고도 고구마 줄기처럼 머릿속에 넣어둔 학습된 기억들을 꺼낼 수 있다.

공부를 잘하기 위해서는 배운 내용을 정리할 수 있어야 한다. 성적이 부진한 학생들의 노트 정리 상태를 살펴보면 체계도 없고, 과목별 순서도 없이 기록하고 싶은 대로 정리되어 있다. 이렇게 정리해서는 필요할 때 꺼내 쓸 수 없다. 인간의 인지구조 과정을 좀 더 들여다보면 다음과 같은 정보처리 과정의 단계를 거친다.

컴퓨터의 정보처리 과정에 기초하여 인간의 인지과정을 밝힌 학자는 애킨슨과 쉬프린Atkinson & Shiffrin이다. 인간의 인지과정도 컴퓨터의 처리과정처럼 여러 단계를 거쳐서 저장되고 활성화된다는 내용이다. 다음에 제시한 모형을 중심으로 용어들의 의미를 살펴보자.

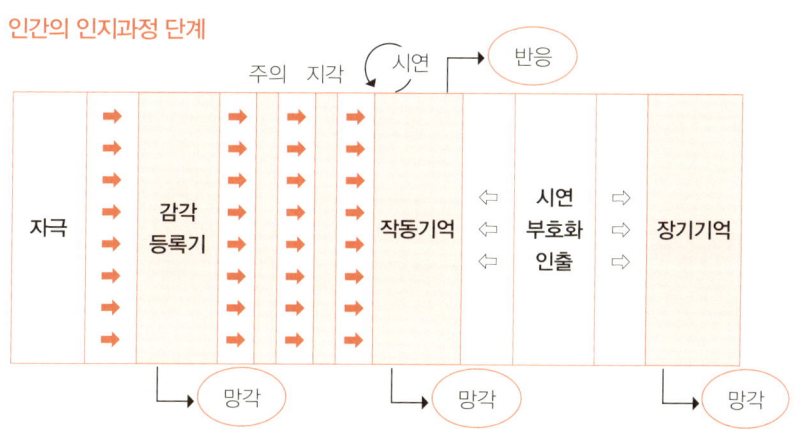

인간의 인지과정 단계

※ 〈2013년도 중등학습전략 중등교사 직무연수〉 자료에서 재인용

1단계 : 감각등록기

감각등록기는 환경으로부터 들어온 각종 자극이나 정보를 원래의 형태 그대로 짧은 시간 동안 보존하거나 저장하는 감각 저장소다. 시각 정보는 약 1초, 청각 정보는 약 4초 동안 원래의 형태 그대로 보존한다. 날아가는 새를 보았다면 그 새를 눈으로 인지하는 정도다. 그 새가 어떤 새인지, 어떤 모양인지,

어느 방향으로 날아가는지 자세하게 생각하지 않는다.

　감각등록기에서 기억의 단계인 작동기억으로 넘어가기 위해서는 주의와 지각의 과정을 거쳐야 한다. 감각기억에 파지된 정보에 주의를 기울이면 다음 단계인 작동기억으로 넘어간다. 하지만 주의를 기울이지 않으면 즉시 기억에서 사라져버린다. 감각등록기에서 작동기억으로 넘어가는 단계에서 특정 자극에만 신경을 쓰고 관심을 기울이는 과정을 '주의'라 하고, 과거 경험이나 지식 등을 토대로 자극을 해석하거나 의미를 부여하는 과정을 '지각'이라 한다. 수업시간에 학생들이 교사의 언어에 감각을 보이지만 주의를 하지 않으면 학습내용을 인지 못하는 경우가 해당된다. 반면에 주의를 하게 되면 지각의 단계를 거쳐 작동기억으로 넘어간다.

2단계 : 작동기억

작동기억이란 새로운 정보를 조작, 저장하거나 행동적인 반응을 하는 곳이다. 기억 전략을 쓰지 않을 경우 저장 정보는 10~20초 동안 유지되다가 사라져버린다. 그래서 장기기억으로 보존하기 위해서는 시연이나 부호화의 단계를 거쳐야 한다.

　시연은 작동기억에 들어온 정보를 지속적으로 반복 처리함으로써 정보를 보유하는 과정이고, 부호화는 새로운 정보를 상징적인 형태로 전환하여 장기기억에 저장하는 과정이다. 감각등록기에서 날아갔던 새를 자신의 사고와 관련해 활동을 하는 곳이다. '저 새는 왜 날고 있지?', '어디로 가고 있지?', '이름이 뭐지?' 등의 사고를 통해 새에 대한 구체적 활동을 하는 것이다. 수업활동과 관련하여 예를 들면 학생들이 수업시간에 이차함수의 정의에 대해 배웠다면 그것을 활용하여 문제를 푸는 것은 장기기억으로 치환하는 과정의 하나로 시연이라고 할 수 있다. 따라서 장기기억으로 전환하기 위해서는 반복적으로 문제를 풀어야 한다.

3단계 : 장기기억

장기기억은 정보가 최종적으로 저장되는 곳이다. 장기기억으로 한 번 저장되면 항구적이고, 저장용량도 무제한에 가깝다.

애킨스과 쉬프린의 기억 모형에서 눈여겨보아야 할 부분이 작동기억이다. 학습과정을 중심으로 살펴보자. 수업시간에 배운 내용을 자극이라 하면 주의와 지각을 통해 작동기억으로 전달된다. 작동기억에 들어온 학습내용들이 장기기억으로 치환되기 위해서는 학습자의 시연이나 부호화의 과정을 거쳐야 한다. 이러한 과정이 없으면 망각되고 만다. 따라서 학생들은 학습내용을 중심으로 장기기억으로 치환시키기 위해 복습을 철저히 해야 한다.

복습을 할 때는 학습자의 배경지식을 활용하여 학습내용을 유의미하게 구조화시켜야 한다. 그리고 망각이 이루어지지 않도록 다양한 방법을 활용해야 한다. 수업시간에 이루어지는 활동들은 대부분 학습자가 경험하지 못한 것으로 감각등록기를 거쳐 단기기억으로 저장된다. 수업시간에 배운 학습요소들이 단기기억과 관계를 맺고 있기 때문에 공부를 잘하기 위해서는 단기기억을 장기기억으로 치환하는 능력을 길러야 한다. 단기기억을 장기기억으로 치환하는 방법은 학습자의 학습법에 따라 달라진다.

더 잘 재생시킬 수 있는 기억법

먼저 기억을 재생하기 위한 효과적인 저장 방법을 생각해 보아야 한다. 옷을 옷장 속에 넣을 때 계절별로 구분하거나 상·하의 별로 구분하는 이유는 무엇일까? 옷을 찾을 때 불필요한 시간을 줄이기 위해서다. 컴퓨터에 작업한 정보를 저장할 때 폴더를 만들고 구분하는 것도 이러한 이유에서다.

하지만 자신의 정보를 저장하기만 해서는 안 된다. 저장된 정보를 잘 찾아 다시 재생시킬 수 있어야 한다. 그러려면 자신이 기억해야 할 정보를 적재적소에 정확하게 저장해야 한다.

정보를 저장하는 방법부터 남들과 달라야 한다. 교과서를 읽다가 중요한 부분이나 꼭 기억해야 할 부분이 나오면 밑줄을 긋거나 형광펜을 사용하는 이유도 효과적인 인지정보를 위해서다.

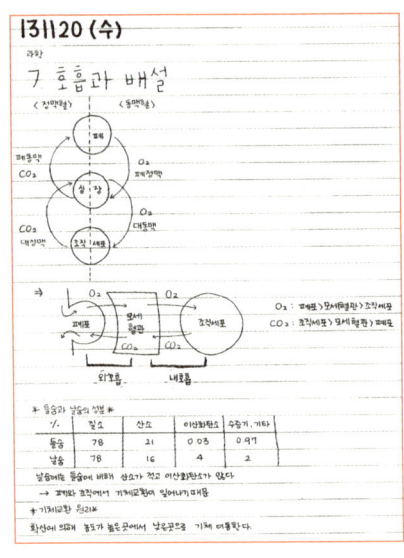

장기기억을 위해 범주화하는 기법의 예

정보를 쉽게 찾을 수 있도록 저장하는 방법 중 스토리 저장 방법도 좋은 예가 될 수 있다. 예를 들어 동학혁명의 흐름을 모른다면 민의의 대변 장소였던 집강소나 황토현 전투를 기억할 수 없다. 동학혁명의 전체적인 흐름을 이해한 후에 이러한 개념이나 장소를 기억하면 시험을 볼 때 쉽게 재생시킬 수 있다.

스토리와 비슷한 방법으로 범주화 기법이 있다. 관련된 사건이나 사물들의 유사점과 차이점을 파악하여 하나의 범주로 묶어서 외우는 것이다. 예를 들어 연필, 노트, 아카시아, 퍼즐, 상추, 레드, 진달래, 개나리, 블루, 수선화 등이 있다면 학용품(연필, 노트), 색깔(레드, 블루), 꽃(진달래, 개나리, 아카시아), 채소(상추) 등으로 유목화하면 쉽게 외울 수 있다. 이외에도 기억할 내용의 이미지를 그려보는 심상법과 첫 글자만 외우는 방법이 있다.

프린스턴대학교의 인지심리학자인 조지 아미지티 밀러George Armitage Miller는 마법의 수에서 '7±2 이론'을 정립했다. '7±2'란 인간의 뇌는 기억의 한계가 있어, 적게는 5개에서 많아야 9개 정도의 단위 지식을 기억할 수 있다는 것이다. 그러나 공부하는 학생들은 이 7±2의 범위를 넘어서 기억하는 개수를 늘릴 수 있는 방법을 생각해야 한다. 이는 단기기억에 저장될 7±2의 지식은 그 안에 담긴 지식의 양에 따라 큰 차이가 날 수 있기 때문이다. 과학에서 원소주기율표 외우기나 조선시대 왕들의 순서를 외운다고 할 때 '태정태세문단세'는 7개의 단어가 함축되어 있다. 이렇게 외우는 것이 사실은 뇌의 과학성을 응용한 방법이다.

이와 같이 학습을 한다는 것은 어떤 자극에서 발생하는 1차 단기기억을 2차 장기기억으로 치환해 항구적으로 저장하고, 필요할 때 인출해 사용할 수 있게 하는 것이다. 이런 순환적 구조를 잘 활용하기 위해서는 자신만의 독창적이고 체계적인 기억 방법과 그것을 재생해 활용할 수 있는 방법이 있어야 한다.

학습 무력감은
자신감이 생겨야
이겨낸다

배 갑판을 닦고 있던 한 사람이 커다란 냉동 창고에 들어가 일을 하게 되었다. 작업을 막 시작하려 할 때 갑자기 창고 문이 닫히고 말았다. 그는 있는 힘을 다해 문을 열어 보려고 했지만 끝내 열리지 않았다. 이젠 꼼짝없이 얼어 죽게 되었다고 생각한 그는 냉동 창고 안을 돌아다니다가 쇳조각 하나를 발견했다. 그는 그것으로 창고 벽면에 '나의 몸은 점점 차가워지고 있다. 죽음이 다가오고 있다'고 새겨 넣었다. 이틀이 지난 후 사람들은 냉동 창고에서 죽어 있는 그를 발견했다.

사람들은 그의 죽음을 이해할 수 없었고, 벽면에 새겨진 글도 이해할 수 없었다. 그 냉동 창고 안의 온도계는 영상 10℃를 가리키고 있었기 때문이다. 냉동 창고는 고장이 나서 며칠째 가동되지 않았고, 그 안에는 산소도 충분했다.

이 이야기를 통해 알 수 있는 사실은 극적인 상황에서의 마음가짐이다. 인간은 감정의 동물이기 때문에 어떤 상황에 직면했을 때 무의식적으로 본능에 가까운 행동들을 보인다. 때로는 이성이 감성에 짓눌리고, 판단능력을 잃기도 한다. 문제는 그렇게 판단력을 잃게 되면 현명하게 대처하지 못한다는 것이다.

성적이 하위권인 학생들의 가장 큰 특징은 아주 작고 사소한 일에도 "나는 못해요"라고 자신감이 결여된 모습을 보인다. 자신감 결여가 누적되면 무력감으로 나타난다. 그리고 무력감에서 벗어나지 못하면 학습력 향상을 기대하기 힘들다.

무기력은 후천적으로 학습된다

학습된 무기력이란 개념을 만든 사람은 마틴 셀리그만^{Martin E. P. Seligman}이다. 그는 긍정 심리학의 창시자로서 프로이드 이후에 가장 주목 받는 심리학자다. 그는 동물들의 '학습된 무기력'을 실험하던 도중 이 원리가 인간의 무기력증이나 우울증에도 적용된다는 사실을 발견했다.

그의 이론에 따르면 무기력은 선천적으로 타고나는 것이 아니라 후천적으로 학습된다. 마틴 셀리그만은 개를 이용해 공포 실험을 진행했다.

1단계 실험

개 몇 마리를 실험용 방에 가둬 놓고 바닥에 전기를 흘려 보냈다. 처음에 개들은 충격을 피하려고 이리 뛰고 저리 뛰었다. 그러나 얼마의 시간이 지난 뒤에는 전기 충격이 오든 말든 피하려는 시도를 하지 않고, 그 자리에서 충격을 고스란히 받았다. 전기 충격을 피할 방법이 없다는 것을 알고 그저 무기력하게 고통이 지나가기만을 기다릴 뿐이었다.

2단계 실험

다른 개들을 1단계 실험의 개들과 같은 방에 넣고 다시 전기 충격을 주었다. 이번에는 1단계 실험과 달리 뛰어넘을 정도의 칸막이를 만들어 다른 방으로 넘어갈 수 있게 만들었다. 전기 충격을 받은 적이 없는 새로 들어온 개들은 처음 몇 번 전기 충격을 받을 때 아주 괴로워했지만 곧 다른 방으로 가는 길을 찾아내어 뛰어넘어갔다. 그러나 전기 충격을 피할 수 없었던 1단계의 개들은 행동이 아주 달랐다. 이미 무기력을 학습한 그 개들은 처음 몇 번의 충격에 주저앉아서 다른 방으로 뛰어넘어가려는 시도조차 하지 않았다.

1단계 실험에서 전기 충격을 피할 수 없었던 개들은 피할 수 있는 조건에서도 1단계에서와 마찬가지로 무기력하게 행동했다. 무기력을 학습한 개들은 고통스러운 자극을 피해 보려는 '동기'도 없었고, 효과적으로 대처할 수 있는 다른 방법을 시도할 '능력'도 상실하고 없었다. 여기서 문제는 고통이 아니라 상황에 대한 '무력감'이다. 사람 역시 환경에 대한 통제력을 상실하면 무력감을 느끼는데, 무력감은 사람을 비관적으로 만들고 우울하게 만든다.

이 실험을 통해 알 수 있는 점은 아이들에게 되도록이면 성공을 경험할 수 있는 기회를 많이 주고, 무기력이 학습되지 않도록 칭찬과 격려를 아끼지 않아야 한다는 것이다.

셀리그만은 사람들이 계속적으로 부정적인 상황에 처하게 되면 자기 스스로는 어떻게 할 수 없다는 자포자기 상태가 되는데, 이것을 '학습된 무력감'이라고 명명했다. 학습된 무력감이 무서운 것은 한 번 몸에 배면 좀처럼 떨쳐내기가 쉽지 않다는 것이다. 당연히 기대하고 요구해야 할 것도 당연하지 않은 것으로 여기게 되고, 아무리 부당한 대우를 받아도 감내하게 된다. 그러다 끝내는 죽음을 택하기도 한다. 빈발하는 비관 자살도 이러한 예이다.

학습된 무력감은 성공 경험으로 깨뜨려라

학습된 무력감에서 벗어나기 위해서는 성공 경험이 쌓여야 한다. 아무리 작고 하찮은 성공이라도 그 경험은 아주 소중하다. 성공 경험을 위해 부모들은 적절한 자극과 보상으로 도와야 한다.

상위권 학생들에게 외적 보상은 별로 중요하지 않다. 그러나 하위권 학생들에게 외적 보상이나 동기 유발은 상당히 중요하다. 이런 학생들은 수업 중에도 문제를 해결하면 무엇을 해줄 것인지를 요구하는 경우가 있다. 문제를 해결하면 사탕을 주거나 재미난 동영상을 보여준다면 문제해결에 적극적으로 참여한다.

학습된 무력감을 보이는 대표적인 학생이 있었다. 학교생활에 충실했지만 교과목 평균점수가 10~20점을 넘지 않았다. 수업에 집중한다는 것은 생각할 수 없는 학생이었다. 그저 수업시간이면 선생님 얼굴을 열심히 바라보고만 있었다.

그런데 그 학생이 학급 다독행사 프로그램으로 이루어진 모둠별 퀴즈게임에서 적극적으로 참여하였다. 적극적인 모습이 너무 신기해서 나는 그 학생을 위해 퀴즈게임을 한두 가지 더 진행했다. 반 학생들도 대단히 놀라워했다. 그 일이 있은 후에 나는 공부에 대한 이야기는 자제하면서 다른 부분에 대해 칭찬을 해주었다. 그때부터 차츰 나와 대화가 이루어지기 시작했다. 나는 청소 시간이나 쉬는 시간에 넌지시 공부도 그렇게 차근차근 하면 된다고 이야기해 주었다. 그러자 그 학생은 "지금 공부를 해도 늦지 않나요?", "어떻게 공부를 해야 할까요?"라고 물어왔다.

나는 당장 공부하는 방법을 알려주는 대신 가장 재미있는 과목이 무엇인지를 물었다. 뜻밖에도 수학 과목이 가장 재미있다고 했다. 나는 학생과 교감 형성이 끝날 때쯤 수학 과목에서만이라도 자신감을 갖고 공부를 하라고 말해 주었다. 그 결과 중간고사 수학 과목에서 50점이라는 놀라운 점수를 받았다. 학습된 무력감 때문에 자신이 해야 할 공부에서 손을 놓았던 학생이 보통의 학생들도 어려워하는 수학 과목에서 자신감을 얻게 된 것이다.

아이의 자존감은 칭찬이 만든다

자라나는 아이에게 가장 중요한 것은 자신감을 잃지 않도록 격려하는 것이다. 자신감은 뇌에 긍정적인 회로를 활성화시켜 두뇌 작동을 좋게 한다. 하지만 스트레스나 분노, 실망감은 뇌에 부정적인 영향을 미쳐 뇌 회로를 엉키게 만든다. 그로 인해 정상적인 방법으로 자신의 감정이나 욕구를 표현하는 데 어려움을 겪게 한다.

캐나다 맥길대학교의 소니아 루피엥^{Sonia Lupien} 박사는 2012년 영국 런던에서 열린 왕립학회학술회의에서 뇌와 자신감에 관련된 연구 보고서를 발표했다. 노인 92명을 대상으로 15년에 걸쳐 뇌 조영과 뇌 기능 테스트를 실시한 결과 자신감이 결여된 사람들이 자부심이 강한 사람들에 비해 뇌의 크기가 약 20퍼센트 작고, 기억과 학습 기능도 현저히 떨어진다는 내용이었다. 그러나 부정적인 생각을 지닌 사람이라도 심리치료를 통해 생각하는 방식을 바꾸면 저하된 뇌 기능을 회복할 수 있다고 했다.

이 연구 결과에 대해 케임브리지 대학교의 펠리시아 후퍼트^{Felicia Huppert} 박사는 일상생활에서 긍정적인 것들에만 신경을 쓰고, 어려운 일이 있을 때도 작은 즐거움을 찾아 즐기는 것이 중요하다고 강조했다. 칭찬은 두뇌를 활성화시키는 가장 좋은 자극이다. 칭찬을 받게 되면 뇌에서 도파민이라는 쾌감 호르몬이 분비되어 더 잘하려는 의욕이 자연스럽게 생겨나기 때문이다.

칭찬도 배워야 하는 기술이다. 항상 가까이에서 보는 사람을 칭찬하는 일은 쉽지 않다. 그리고 칭찬도 원칙과 기준을 정해 놓고 해야 행동 변화를 이끌어낼 수 있다. 그러려면 행동을 중심으로 구체적으로 칭찬하되, 표정과 어감에 신경을 써야 한다.

아이들에게 어떤 칭찬 방법을 활용할 수 있을까? 쪽지 메모를 통해 칭찬을 하는 것은 어떨까? 아이가 학교에 가고 없을 때 고마웠던 일, 칭찬하고 싶은 일, 힘내라고 응원하는 내용을 메모로 써서 책상 앞에 붙여 놓자. 문자메시지를 보내는 것도 좋은 방법이다.

칭찬 나무를 활용하는 방법도 있다. 전지를 반으로 잘라 나무 모양으로 기본 그림을 그린다. 그리고 그 위에 칭찬하고 싶은 내용을 하나씩 붙여 나가면서 풍성한 사과나무가 되게 하는 것이다. 흔히들 칭찬할 때는 결과보다는 과정을, 구체적인 행동을 칭찬하라고 말한다. 내 아이의 행동 가운데 가장 구체적이고 행동수정이 필요한 것부터 칭찬해 보자.

학습부진을 겪고 있는 아이들을 보면 대부분 자존감이 낮다. 자존감이 낮다 보니 열정도 없다. 이런 아이들에게 부모님들은 "너는 왜 그러니?", "그래 가지고 도대체 뭐가 되겠니?", "넌 왜 그렇게 바보 같니?"라는 말을 하기도 하는데, 이런 말을 자주 들은 아이는 부모에게 적대감을 갖게 된다. 심지어 부모에게 폭력을 휘두르는 경우도 종종 있다.

아이의 자존감을 키우기 위해 사용해야 할 말은 "정말 좋은 아이디어구나!", "멋진 시도였어", "네 엄마 아빠라서 자랑스럽구나", "널 믿는다", "네가 해낼 줄 알았어"와 같은 응원하는 말이다.

긍정이 네 번이면 기적이 일어난다

요즘 학생들은 웃음을 잃었다. 공부에 찌들고 성적에 치여 웃으려 해도 웃을 수가 없다. 학교에서도 학생들은 그렇게 많이 웃지 못한다.

18년간 웃음의 의학적 효과에 대해 연구해 온 미국의 리버트 박사는 웃는 사람의 혈액을 채취해 분석한 결과, 암을 일으키는 종양세포를 공격하는 킬러세포[Killer cell]가 많이 생성되었다고 밝혔다. 사람이 한 번 웃을 때의 운동 효과는 에어로빅 5분의 운동량과 같다고 한다. 미국 스탠포드대학교의 윌리엄 프라이[William Fry] 박사는 사람이 한바탕 크게 웃을 때 몸속의 650개 근육 중

231개의 근육이 움직여 많은 에너지를 소모한다고 설명했다. 아이가 무력감에 빠져 있다면 에너지를 찾을 수 있도록 웃게 만들어야 한다.

"긍정이 네 번이면 기적이 일어난다"는 말이 있다. 긍정적인 사고의 중요성을 강조한 말이다. 무력감에 빠져 있는 학생들은 긍정적인 생각보다는 '난 안 돼', '난 할 수 없어'와 같은 비관적인 생각을 많이 한다. 자신감이 없다 보니 무슨 일에서든 자신을 소외시킨다. 학습에서의 소외뿐만 아니라 학교생활이나 친구들과의 관계에서도 스스로 자신을 소외시킨다. 타인에 의한 소외가 아니라, 스스로 공동의 공간에서 이탈을 하는 것이다.

비관적인 학생들은 나쁜 일이 일어났을 때 자기 탓으로 돌리는 경향이 있다. 스스로 무력한 존재라고 느끼고 우울증에 빠져들기도 한다. 반면에 낙관적인 사람들은 실패는 일시적인 시련이나 어려움일 뿐이고, 그로 인해 자신이 무너지는 일은 없다고 믿는다. 지금 우리 아이들에게는 그 어느 때보다 이런 자신감과 긍정적인 마인드가 필요하다.

사소한 것들이
성적을
크게 좌우한다

나무가 튼실해야 좋은 열매를 맺는 것처럼 공부도 마찬가지다. 공부에 근력을 키워야 산정을 지키는 주목나무처럼 비바람에도 꿋꿋이 흔들리지 않고, 자신의 성적을 지켜낼 수 있다. 그래서 습관만큼 중요한 것이 없다. 습관 형성이 안 되어 있으면 벽 앞에서 고개를 숙이게 된다.

학생들의 공부법은 달라도 평가라는 그물망을 피해 갈 수는 없다. 학생들의 잘못된 생각 중 하나가 공부를 게을리해놓고도 성적은 괜찮게 나오겠지 하는 기대심리다. 100미터달리기 선수가 최선을 다하지 않고 기록이 잘 나오기를 바라는 것과 다를 바 없다. 성적은 노력한 만큼 나온다. 수업시간에 학생들에게 항상 하는 말이다. 성적은 자신의 노력을 배신하지 않는다. 그런데 가끔 노력은 많이 하지 않는 것 같은데 성적이 잘 나오는 경우도 있고, 노력을 아무리 해도 성적이 나오지 않은 경우도 있다. 학교에서 학생들의 성적 변화추이를 살펴보면 몇 가지 특징이 있다.

성적은 주식시장처럼 요동친다

주식시장이 내·외부적인 요인으로 요동을 치는 것처럼 학생들의 성적도 요동을 치는 경우가 있다. 주가가 어떤 원인에 의해 널뛰기 장세를 지속하다가가 안정 국면에 접어드는 것처럼, 성적도 중1, 고1 때에 요동을 친다. 요동치는 주가를 잡기 위해 여러 가지 대책을 마련하는 것처럼 성적이 요동을 칠때는 대책을 세워야 한다. 그렇지 않으면 자녀들의 성적은 폭락해버린다. 주식시장의 대책이 단기처방과 장기대책이 있듯이, 과목별로 요인을 분석해보고 단기처방을 내리고 장기대책을 세워야 한다.

다음에 제시하는 표는 2013년도에 우리 반 학생들 가운데 성적변화 추이를 살펴보기 위해 구간대별 성적을 무작위로 추출한 자료다. 최상위층 학생과 최하위층 학생들의 성적은 큰 변동이 없다. 다만 상위권이나 중하위권 성적대는 시험을 볼 때마다 증감의 폭이 크다. 중하위권의 성적은 학습환경과 성적 간에 유의미한 상관관계가 있음을 엿볼 수 있다. 이중에서 선생님들이 주목하는 부분은 숭위권 학생들이다. 이 그룹의 학생들은 노력하는 만큼 성적 결과가 나타나기 때문이다. 1학기 중간고사가 끝난 다음에 D학생과 E학생에게 기말고사 때 성적이 떨어지지 않도록 하는 것이 올리려고 하는 것보다 더 중요하다고 당부했다. 그런데도 두 학생 모두 중간고사 성적보다 10등정도 다시 떨어져 학년 초의 반편성 등수로 회귀하고 말았다.

이와 같이 학생들의 성적은 시소게임을 통해 성적이 향상된다. 이때 누가 자신의 향상된 성적을 지키느냐가 관건이 된다. 다행히 E학생은 2학기 때 반전에 성공했다. E학생은 앞으로도 자신감을 가지고 학습에 임하고, 자신의 성적을 더 발전시키기 위해 노력할 것이다. 그러나 반전에 성공하지 못한 D학생은 다음 해에도 어려움이 많을 것이다.

중간그룹에서는 이런 학생들이 매년 발견된다. 학부모들은 이럴 때 더 가속을 할 수 있도록 다양한 방법들을 세워야 한다. 새로운 방법들이 계기가 된다면 성적은 향상될 수 있다.

D와 E 두 학생은 첫 출발점인 반편성 고사에서는 비슷한 성적으로 출발했다. 그런데 한 학생은 성적이 2학기까지 내내 하락했지만 E학생은 첫 중간고사 성적을 2학기에 지켜냈다. 가정에서 어떤 변화가 있었는지 잘 모르겠지만 면담과정에서 느낀 점과 이전 학년 때의 성적 분석을 통해 원인을 찾아보았다.

학부모 면담과정을 통해 알 수 있었던 것은 두 학생이 공통적으로 사교육

2013년도 시험 성적 등수(학생 D와 E의 비교)

학생	반편성 등수	1학기		2학기		구간 (33명)
		중간 등수	기말 등수	중간 등수	기말 등수	
A	1	1	1	2	3	최상위권
B	5	3	4	6	2	상위권
C	8	2	7	4	5	상위권
D	21	9	19	16	26	중하위권
E	24	11	18	21	11	중하위권
F	26	26	26	25	20	하위권
G	29	32	29	31	29	하위권

을 받고 있다는 것이었다. D학생은 영, 수 과목을, E학생은 영, 수 과목과 과학을 받고 있었다. E학생의 부모님은 자녀를 독립적으로 키우고 있어 학원 이외에 집에서 공부하는 것에 일일이 관여를 하지 않았다. 맞벌이 부부인 부모님은 모두 정시에 퇴근하기 힘든 직장을 다니고 있어 밤늦게 들어오는 경우가 많았다. 그래서 E학생이 어렸을 때부터 혼자 스스로 공부하는 유형이라고 했다. 이에 비해 D학생은 부모님이 공부하라고 해야 하는 수동적인 타입이었다. 학교에서는 늘 피곤한 표정이었고, 간혹 졸고 있는 모습도 보였다. 또 사춘기를 겪고 있어 어머니와 마찰도 있었다.

학습자의 의지가 중요하다

1학기 기말고사에서 성적이 떨어진 다음, 면담이 있었는데 두 학생의 태도가 극명하게 달랐다. D학생은 공부를 해도 성적 올리기가 쉽지 않을 것 같다고 걱정을 했지만, E학생은 공부를 하면 성적은 언제든지 올릴 수 있다며 자신감을 내보였다. 반신반의 하면서 나는 E학생을 지켜보았다. 아니나 다를까, E학생은 평소에 집중력 있게 학습에 임했다.

두 학생의 1년간의 교과 성적을 살펴보면 주요 교과에서의 성적은 큰 변화가 없다. 다만 주요 교과가 아닌 과목에서 두 학생간의 유의미한 차이가 발견된다. 학원을 통해 공부하시 못한 과목에서 성적 차이가 뚜렷했다. 이것은 자기주도적 학습력이 있는 학생과 부족한 학생들의 차이라고 할 수 있다.

D학생의 1년간 교과별 성적 현황

과목		국어	도덕	역사	수학	과학	기가	영어	평균	반석차
1학기	중간	69	87	72	92	77	68	92	79.57	9
	기말	63	54	39	83	93	63	95	70.00	19
2학기	중간	69	76	72	83	89	69	83	77.29	16
	기말	47	70	56	85	89	63	90	71.43	26
평균		62	71.75	59.75	85.75	87	65.75	90		

E학생의 1년간 교과별 성적 현황

과목		국어	도덕	역사	수학	과학	기가	영어	평균	반석차
1학기	중간	74	80	68	86	79	68	84	77.00	11
	기말	78	61	45	82	70	77	97	72.86	18
2학기	중간	56	32	73	86	78	69	94	69.71	21
	기말	83	94	87	92	78	80	88	86.00	11
평균		72.75	66.75	68.25	86.5	76.25	73.5	90.75		

사교육을 받지 않은 과목을 다시 살펴보면 두 학생의 차이가 명확해진다.

사교육을 받지 않은 과목

과목	수학	과학	영어	총점	평균
D	85.75	87	90	262.75	87.3
E	86.5	76.25	90.75	253.5	84.3

사교육을 받은 과목

과목	국어	도덕	역사	기가	총점	평균
D	62	71.75	59.75	65.75	259.25	64.8
E	72.75	66.75	68.25	73.5	281.25	70.3

제시한 표는 D학생과 E학생 모두 사교육을 받지 않은 과목의 4차례의 평균을 비교한 것이다. D학생은 E학생에 비해 평균 5.5점 정도 낮다. 이에 반해 두 학생 모두가 사교육을 받은 수학, 영어 과목에서는 큰 차이가 없다. 다만 D학생이 사교육을 받은 과학 과목에서 약 11점 정도 높게 나타나고 있다. 결과적으로 사교육을 받은 과목에서는 차이가 나지 않지만 사교육을 받지 않은 과목에서는 차이가 난다. 자기 스스로 학습할 수 있는 능력의 차이에 따라 학생들의 성적이 좌우된다는 것을 알 수 있다. 사교육을 받는 것도 좋지만 학생 스스로 학습할 수 있는 분위기 조성과 내적 동기 유발이 학업 성취를 향상시키는 데 중요한 요인이 된다는 것을 알 수 있다.

한 번 흐름을 잡으면 멈출 수 없다

중학교 1학년 때 성적 결과는 어떠했는지 두 학생의 성적을 다시 비교해 보았다.

1학년 학기 초에는 D학생이 E학생에 비해 더 나은 성적(+3.5)으로 출발했는데 2학기 기말고사(-1.2)에서 뒤처졌다. 특이한 점은 과학 교과의 성적이

		국어	도덕	사회	수학	과학	영어	한문	평균
1학기	D학생	70	66		84	71	91	75	76.1
	E학생	61	59		80	85	94	57	72.6
		국어		사회	수학	과학	영어	한문	
2학기	D학생	66		73	87	50	84	68	71.3
	E학생	64		61	72	73	94	71	72.5

다. D학생은 E학생에 비해 영어와 과학 교과를 제외하고 우수한데, 과학 교과에서는 아주 큰 차이를 나타내고 있다. 그래서 부진한 과학 교과를 회복하기 위해 2학년 때 사교육을 받았고, 그 결과 과학 교과에서 사교육을 받지 않은 E학생에 비해 우수한 성적을 거둔 것으로 볼 수 있다. 그러나 자신의 직접적인 노력에 의해 얻은 점수가 아니기 때문에 다른 과목까지 전이시키거나 학습능력을 배양시키지는 못했다.

부진한 과목을 보충하면 효과는 나타난다

최상위권 학생들도 한두 과목은 부진한 과목이 있다. 학생 스스로가 더 많은 노력을 통해 부진을 탈출해 보지만 쉽지 않다. 이런 경우 학부모님들 입장에서는 어떻게 하면 상대적으로 부족한 교과를 만회할 수 있을까 하는 고민이 생긴다. 이때 가장 손쉬운 방법으로 과외나 학원을 찾거나 인강을 선택한다. 그리고 입소문을 통하거나 이웃집 누가 어디에 다녀서 효과를 봤다는 소문을 듣고 우리 아이도 효험이 있겠지 생각하고 따라 가는 식이다. 이런 선택이 과연 올바른가를 생각해볼 필요가 있다. 애초에 기본이 다른 이웃집 아이와 내 아이의 성적 향상이 같을 수는 없다. 학원이나 과외를 선택할 때 좀 더 신중해야 한다는 말이다.

사교육을 통해 언제까지 보충하는 것이 좋은지도 생각해 보아야 한다. 교육학자들은 학습의 주체인 학생 스스로 공부에 대한 열정이 없으면 성공하지 못한다고 말한다. 사교육은 자기 스스로 설 수 있는 방법을 찾기 위한 하나의 수단이 되어야 한다. 요즘은 자기주도적 학습법에 대한 개념을 확대 해석하는 경우가 있다. 자기주도적 학습이라고 하면 예전에는 학습자 본인이 스스로 학습하는 것으로 좁게 해석했다. 그런데 최근에는 학습자만의 학습법이 아니라 부족한 부분을 보충하되, 자신이 주체적으로 학습하는 방법이라고 넓게 해석한다. 따라서 부족한 부분을 어떻게 보충할 것인가를 잘 생각해 다양한 방법을 고려해 보는 것도 좋은 방법이 될 수 있다.

학생들의 성적은 순탄치 않다. 바람에 흔들리는 나무처럼 때론 춤을 추듯이 성적이 떨어지기도 한다. 또 한두 과목의 성적이 향상되어도 반등에 성공하지 못하는 경우도 있다. 중요한 것은 학원을 다녀서 보충하든 안 하든 스스로 공부해서 성적을 올려야겠다는 내적 동기가 중요하다. 이러한 동기 유발없이 행해지는 공부는 한계가 있다. 성적이 떨어졌다고 다그칠 것이 아니라 자녀를 믿고 기다리면서 든든한 후원과 지지를 하는 것이 성적 향상을 위한 가장 좋은 방법이다.

3장

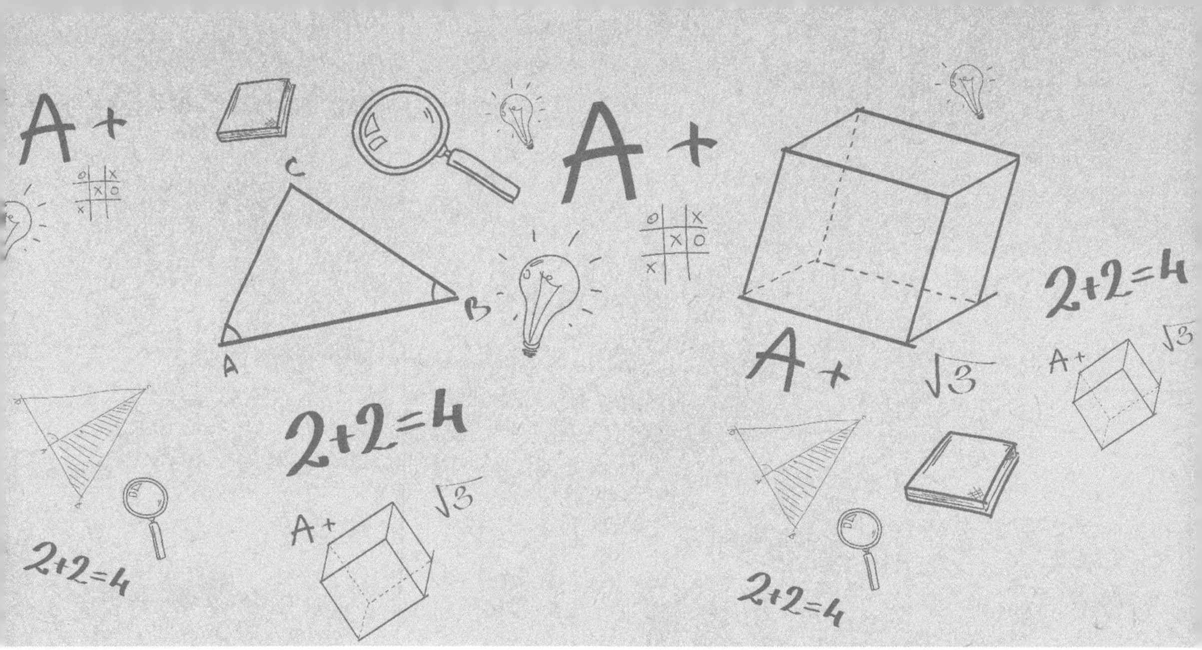

공부 잘하는 아이는
전략과 비법이 있다

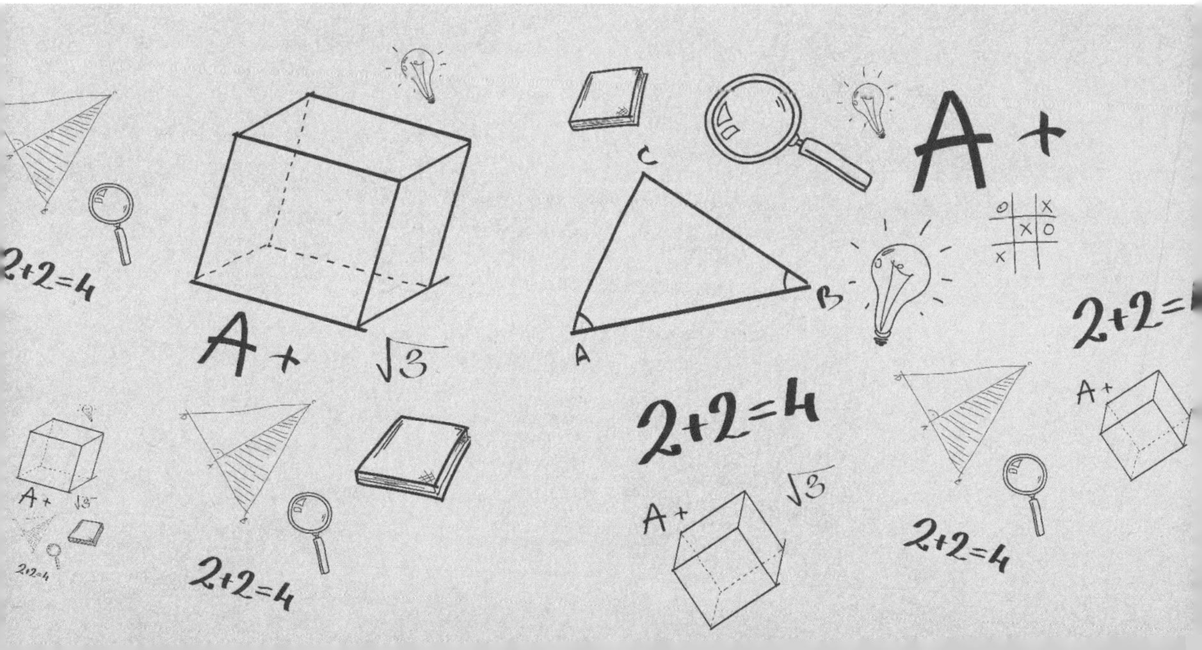

꾸준히
공부하는 습관이
중요하다

어떤 아이들이 공부를 잘할까? 공부 잘하는 아이들은 모범 답안 같은 행동습관을 갖고 있을까? 유전적인 요인과 후천적인 요인 중 어느 쪽의 영향을 많이 받을까? 모든 아이들을 뛰어난 학생으로 키울 수 있을까? 매우 궁금한 일이다. 답은 다양하게 나올 수 있다. 학교에서 지켜본 바에 의하면 공부 잘하는 학생들은 일정한 유형이 있다. 동일한 현상으로 표출되지 않을 뿐이다.

남학생들은 두뇌 회전이 빠르고 자신이 맡은 일에 책임감을 가지며, 성실하다. 여학생들은 차분하고 선생님의 말을 잘 들으며 집중력이 뛰어나다. 평균적으로 이런 유형의 학생들이 공부를 잘한다. 그런데 이런 유형을 뛰어넘는 우수한 학생이 바로 습관이 잘 형성된 학생이다.

중·고등학교 성적은 공부습관이 좌우한다

우수한 능력을 가졌더라도 학습습관이 형성되어 있지 않으면 공염불이다. 공부는 고도의 훈련된 습관이 필요하다. 미국의 심리학자 윌리엄 제임스 William James는 "인간은 습관들의 묶음으로 이루어진 존재"라고 했다. 습관이란 한 사람의 사고체계를 형성하는 밑바탕이다. 이런 습관은 부단한 훈련과정을 통해 형성된다. 초등학생이나 중학생 때는 머리가 좋고 집중력이 높은 학생이 좋은 성적을 나타내는 경우가 많다. 그러나 이런 학생들도 공부습관이 형성되지 않으면 상급 학교에 진학하면서 위기가 찾아온다. 아무리 머리가 좋고 집중력이 뛰어나도 공부습관이 형성되어 있지 않으면 장기간의 경쟁에서 버틸 수 없다.

부모님들과 면담을 하다 보면 중학교나 초등학교 때는 공부를 잘했는데 고등학교에 진학한 후에 성적이 떨어졌다는 말을 자주 듣는다. 초등학교나 중학교 때는 학습량이 많지 않기 때문에 순간적인 집중력이 좋거나 머리가 뛰어난 학생이 공부를 잘할 수 있다. 하지만 고등학교에 올라가면 꾸준히 공부하는 습관이 절대적인 역할을 한다.

《1만 시간의 법칙》이란 책이 베스트셀러가 된 적이 있었다. 어떤 사람이든지 노력에 의해 성공할 수 있고, 성공하기 위해서는 1만 시간이 필요하다는 내용이었다. 1만 시간은 어떤 분야에 숙달되기 위해 필요한 절대시간이다. 자기계발을 위해 하루 3시간씩, 10년을 꼬박 보내야 1만 시간이 만들어진다. 빌 게이츠Bill Gates, 워런 버핏Warren Buffett, 오프라 윈프리Oprah Winfrey 등 성공한 기업가에서부터 예술인, 운동선수, 작가, 방송인을 비롯하여 자신의 분야에서 성공한 사람들은 모두 1만 시간 이상 자신의 일을 꾸준히 해온 사람들이다.

한 가지 일을 1만 시간 동안 꾸준히 한다면 그 분야의 대가가 된다는 '1만 시간의 법칙', 하루 중 깨어있는 18시간 동안 자신의 일에 몰입한다면 반드시 성공할 수 있다는 '18시간 몰입의 법칙', 어떤 분야에서 성공하려면 최소 10년의 준비기간이 필요하다는 '10년의 법칙' 등 성공을 이룰 수 있는 다양한 법칙들이 있다. 이러한 법칙의 공통점은 성공을 위해서는 최소한의 시간과 준비조건이 필요하다는 것이다.

학생들의 학습태도를 보면 기계처럼 성실한 학생들이 있다. 한 점 바람에도 흔들리지 않는 학생들의 태도를 보면 로봇 같다는 생각이 들 정도로. 이런 학생의 부모는 공부는 열심히 하는데 성적이 올라가지 않는다고 하소연을 한다. 그런데 자세히 관찰해 보면 그 학생은 책상에 기계적으로 앉아있을 뿐, 공부를 적극적으로 해야 한다는 목적의식이 부족한 경우가 많다. 기계처럼 앉아있는 것은 공부하는 것이라고 할 수 없다. 자신이 어디를 향해 가고 있는지, 현재 어디만큼 왔는지 매일 점검을 해야 한다. 꿈의 크기가 인생을 결정한다고 했다. '인류를 위해 무엇을 할 것인가?'라는 큰 꿈을 꾸면서 공부하는 학생과 중간고사에서 등수 몇 등 올리는 데 급급해 공부하는 학생 간에는 큰 차이가 존재한다.

공부를 잘하는 학생들은 사소한 일에 흔들리지 않는다. 바다를 항해하는 선박이 파도를 넘어야만 목적지에 도달할 수 있는 것처럼 학생들도 목적지를 향해 갈 때 수많은 난관에 부딪힌다. 보통의 학생들이 파도를 피해야 할 두려운 것으로 생각할 때, 우등생들은 파도는 이겨내야 하는 것으로 생각한다. 두려움의 대상으로 생각하는 사람은 파도가 몰아칠 때마다 피해갈 방법을 모색할 것이다. 그러나 파도를 다스리고 이겨내야 하는 대상으로 생각하는 사람은 도전정신과 자신감을 가지고 상대한다.

공부를 잘하는 아이 & 공부를 잘할 아이

용어가 생소하게 들리겠지만, 공부를 잘할 학생이란 앞으로의 발전 가능성이 높은 학생이고 공부를 잘하는 학생이란 상위권 학생들을 지칭한다. 두 용어의 차이를 구분하는 중요한 요소는 현재가 아니라 미래다. 교육이란 현재보다는 미래를 중시한다. 이런 측면에서 교사들은 공부를 잘할 아이에게 호의적이다. 시험기간이 되면 공부를 잘할 학생과 공부를 잘하는 학생 간의 질문에서 그 생각의 차이를 읽을 수 있다.

공부를 잘할 학생들은 아주 큰 테두리에서 광범위하게 질문을 한다. 하나하나 구체적인 내용은 이미 점검이 끝난 상태이기 때문이다. 반면에 공부를 잘하는 학생들은 전체적인 내용보다는 아주 사소한 것, 즉 중요한 것과 덜 중요한 것의 구분에 대한 개념이 아직 정립되지 않은 상태의 질문을 한다. 여기서 차이가 발생한다. 공부를 할 때나 대상을 바라볼 때, 사람마다 관점에 차이가 있다. 너무 고지식한 이야기일지 모르지만 공부를 잘할 학생들은 작고 하찮은 일에 곁눈을 주지 않는다.

공부 잘하는
아이들의
특별한
공부습관

우리 학교 학생들의 학업 수준은 전국에서 둘째 가라면 서러울 정도로 뛰어나다. 하지만 고등학교에 진학한 후의 성적이나 대학교에 진학한 후의 결과는 중학교 때만큼 좋지 않은 것 같다. 왜 그럴까 생각해 보니 초등학교나 중학교 때 너무 많은 열매를 따먹어버렸기 때문이 아닐까 싶다. 아이들이 갖고 있는 역량이 완전한 열매가 될 때까지 기다리지 못하고 너무 일찍 수확해버린 것이다. 어렸을 때 나무의 뿌리와 가지를 탄탄히 키워 먼 훗날 알찬 열매를 맺도록 기다릴 줄 알아야 하는데, 당장의 욕심을 위해 열매가 맺히자마자 따버린 것이다.

부모들은 지금 당장의 치열한 경쟁에서 우위를 차지하는 데만 몰두한다. 그러다 보니 우리 아이는 발전 가능성이 있고 앞으로도 잘할 것이라는 기대심리를 가지고 있으면서도 자기주도적 학습보다는 사교육의 늪 속으로 빠져든다.

반대로 초·중학교 때 사교육이나 학원교육을 덜 받고 성적이 더디 나타나더라도 자신의 역량으로 공부한 학생들은 고등학교에 진학한 후에 뛰어난 학습 역량을 발휘한다. 따라서 초·중학교 때는 너무 조급해 하지 말고 아이가 역량을 발휘할 수 있도록 기다리고 도와주어야 한다.

그렇다면 우등생들은 무엇이 다를까? 2005년 명문대 250명의 학생들을 면접 조사한 김민숙의 『대한민국 우등생』에 의하면 우등생들은 공부하는 과정에서 예습보다 복습을 철저히 했다. 그리고 자기평가에 냉정했으며, 높은 점수에 만족하기보다는 한 문제라도 틀리지 않기 위해 자신을 갈고 닦았다. 그리고 조령모개식으로 변화하는 입시에서 살아남을 수 있었던 가장 큰 원인은 어린 시절부터 많은 책을 읽었다는 것이다. 책을 많이 읽음으로써 스스로 사고할 수 있도록 훈련된 아이들은 입시제도의 변화와 관계없이 좋은 성적을 거두게 된다.

실제 학교 현장에서 우등생들의 습관이나 행동 특성을 살펴보면 몇 가지 공통점이 있다.

우등생들은 눈빛이 살아있다

성적이 상위권을 유지하더라도 눈빛이 살아있지 않은 학생들은 시험 때마다 성적의 증감 폭이 크다. 눈빛이 살아있다는 것은 수업시간에 충실하다는 의미다. 눈빛이 살아있다는 것은 선생님이 전달하는 메시지를 충분히 받아들일 준비가 되어 있다는 신호이고, 문제를 적극적으로 해결하겠다는 각오이다. 반면에 눈빛은 살아있지 않지만 성적이 좋은 학생들이 있다. 말할 것도 없이 과외나 학원 수업을 통해 선수학습을 받은 학생들이다.

선행을 하지 않는 학생들과 선행을 맛본 학생들은 학습문제를 대하는 태도에서 차이가 드러난다. 선행을 하지 않은 학생들은 수업내용 자체를 호기심으로 받아들인다. 하지만 선행을 경험한 학생들은 수업내용이 이미 수차례 접한 내용이기 때문에 수업태도에 신바람이 없다. 그래서 수업 집중도에서 차이가 발생한다. 선행을 하지 않은 학생들은 관심과 의문을 갖고 수업에 참여하지만, 선행을 한 학생들은 설익게라도 미리 배웠기 때문에 수업시간에 집중하지 않고 대충 넘어가는 경우가 다반사다.

수업의 집중도에 대해 교육학자들은 '학습자가 혼자 3시간 학습에 투자한 학습시간과 교사와 한 시간 공부한 수업내용이 같다'라는 견해를 내놓는다. 이런 점에서 수업시간에 집중하는 것은 학생들의 공부 효율성과도 관계가 깊다. 공부는 잘하는데 수업시간에 딴짓을 하는 학생들은 상위권 성적을 유지하기가 어렵다.

우등생들이 앉는 자리는 대체로 정해져 있다. 선생님과 눈이 잘 마주칠 수 있는 2분단이나 3분단의 2번째 자리다. 교사들도 인간인지라 자신의 말에 끊임없이 수긍의 눈빛을 보내는 학생들에게 한 번이라도 더 질문을 하고, 답변을 해주려고 한다. 수업시간에 교사의 답변에 '예, 아니오'로 대답하는 경우는 많지 않다. 대부분의 학생들은 고개를 끄덕이거나 몸동작의 추임새로 교사와 교감한다. 그중에서도 눈빛은 말로 주고받을 수 있는 정보보다 더 많은 것을 교감하게 된다.

시간관리에 철저하다

학습의 반은 시간관리라고 해도 과언이 아니다. 집을 지을 때도 먼저 집 지을 땅이 확보되어야 하듯이 공부도 물리적 시간이 확보되어야 한다. 우등생들은 시간관리를 철저히 하기 위해 시간을 쪼개 쓴다. 쉬는 시간이나 자투리 시간, 집에서 보내는 시간, 학원 시간, 주말 시간, 방학 시간, 수면 시간 등 공부할 수 있는 시간을 확보한다. 그러고 나서 학습할 내용에 맞게 시간관리를 하고 1분 1초를 아낀다.

시간관리를 철저히 할 수 있는 지킴이가 플래너다. 요즘 학생들은 대부분 플래너를 사용한다. 그런데 성적권에 따라 플래너를 활용하는 방법에서 차이가 있다.

우등생들은 수업시간에 수행평가 준비물을 제시하면 어디서 꺼냈는지 모르게 메모장을 꺼내 기록을 한다. 그러나 보통의 학생들은 메모장을 갖고 다니기는 하지만 가방 어디쯤에 있는지도 모르고, 꺼내기도 귀찮아서 손바닥에 쓰거나 연습장에 메모를 한다. 전달 내용을 손바닥에 쓴 학생들은 화장실을 다녀온 뒤에 사라지고, 연습장에 기록한 학생들은 교실에 두고 가는 경우가 허다하다. 그래서 다음날 전달 내용을 점검해 보면 지키지 못한 경우가 많다.

반면에 자신만의 메모장이나 플래너에 기록한 우등생들은 기록으로 끝나지 않는다. 기록과 동시에 자신의 일정에서 무엇을 어떻게 더하고 빼야 하는지를 체크한다. 수행평가라면 언제, 어디서, 누구와 함께 해결하고, 과제라면 그것을 학교에서 해결할 것인지, 집에서 해결할 것인지를 계산해서 시간 배분을 하는 것이다.

학생들의 일과를 보면 공간적인 면에서 크게 세 곳이다. 기본이 학교와 가정이고, 나머지는 사교육 장소다. 학교에서는 수업이 주가 되기는 하지만 수업만 하는 것은 아니다. 그래서 자투리 시간이 많다. 쉬는 시간만 해도 중학교의 경우에는 70분, 고등학교에서는 80~90분, 자율학습 시간, 청소 시간, 점심, 저녁 시간까지 합하면 3~4시간이 자유시간이다. 이 자유시간을 우등생들은 그냥 흘려보내지 않는다. 짬짬이 시간을 내어 과제나 영어단어 암기, 복습 등을 해결하는 것이다.

우등생들의 손에는 학습과 관련된 메모장이 그림자처럼 따라 다닌다. 점심시간에는 순서를 기다리면서 메모장의 단어를 반복해서 암기하고, 식사시간에도 친구와 이야기하는 귀는 열어두지만 눈은 메모장에 두고 있다. 점심시간 1시간을 사용하는 데서도 차이가 있다. 이 시간을 자기 시간으로 보내는 우등생과 친구들과 잡담으로 보내는 보통 학생들의 1년 시간을 계산하면 그 차이가 엄청나다.

투자한 만큼 학습력은 향상된다. 우등생들이 학교에서 자투리 시간을 이용해 해결한 과제들을 보통의 학생들은 집에 가서 해결한다. 집에서 과제를 해결하기에도 시간이 빠듯한데, 공부할 시간이 있을까? 심지어 수업시간에 학원 숙제를 해결하는 학생들도 있다. 이런 웃지 못할 일들이 일어나는 원인은 시간 활용을 잘못했기 때문이다. 그냥 버려지는 자투리 시간을 찾아내 물리적인 24시간을 경제적인 25시간으로 활용하도록 도와주자. 물리적인 시간이 하드웨어라면 시간관리는 소프트웨어다. 누가 소프트웨어를 풍부하게 사용하느냐가 경쟁력이다.

고집이 세다

'고집이 세다'는 의미를 교육학 용어로 각색한다면 지적 지구력, 과제해결력이 뛰어나다는 의미다. 보통 학생들은 어려운 문제가 나타나면 답지를 들춰본다든지, 상위권 학생에게 달려간다든지, 선생님에게 물어본다. 그런데 우등생들은 문제를 스스로 해결하려고 하는 기본적인 생각이 밑바탕에 깔려있다. 그래서 어려운 문제가 나타나도 심리적으로 위축되지 않고, 자습서나 교과서를 보면서 문제에 접근한다. 이러한 고집은 학습력 이외의 생활에서도 도드라지게 나타난다. 수업시간뿐만 아니라 쉬는 시간에도 친구들과 어울리지 않고 공부를 한다는 것은 굉장히 어려운 일이다. 잠깐 눈을 돌리면 스마트폰에서부터 인터넷, 텔레비전이 봄꽃처럼 유혹하는데 그것을 참고 견디는 것은 대단한 인내력이다.

　성격이 좋은 학생들은 친구들의 유혹에 시간을 팔고, 영상에 시간을 빼앗긴다. 부모들은 담임선생님의 '아이 성격이 아주 좋아요'라는 말을 의심해 봐야 한다. 친구들과 잘 어울린다는 뜻은 공부에 소홀하다는 이야기일 수 있다. 친구들과 어울리기를 좋아하면서 공부를 잘하기란 쉽지 않다. 우등생이 되려면 친구들의 놀이 유혹과 멀티미디어를 멀리할 수 있는 독한 고집이 필요하다.

시험 결과에 일희일비하지 않는다

시험 성적이 나오면 학생들은 웃는 그룹과 웃지 못하는 두 그룹으로 나뉜다. 웃는 그룹의 학생들은 노력한 결과가 나왔다는 안도감에서 웃고, 웃지 못하는 그룹은 노력한 만큼 결과가 나오지 않아서 웃지 못한다. 그런데 최상위권 학생들은 자신의 성적이 조금 떨어져도 아주 쿨하다. 쿨한 이유는 여러 가지가 있겠지만, 그 기본은 언제든지 성적을 만회할 수 있다는 자신감이다.

이런 자신감은 학교에서 길러지는 것이 아니라 생활 속에서 길러진다. 평소의 성공 경험이 이러한 자신감의 바탕이 된다. 높은 산을 올라가본 사람은 집 앞에 있는 산을 보고 놀라지 않는다. 야트막한 산을 보고 놀라는 사람은 대부분 산행 초보자들이다. 가정에서, 교우관계 속에서, 그 외 활동을 통해 성공 경험을 심어주자. 성공 경험이 밑바탕이 되면 학생들은 자신의 성적에서도 일희일비하지 않고 먼 바다로 나아간다. 작은 시냇물처럼 소란스럽지도 않고 비가 많이 내려도 흘러넘치지 않는다.

먼저 학부모부터 대범해질 필요가 있다. 학부모가 흔들리면 자녀는 두말할 것도 없다. 간혹 아이의 성적이 너무 많이 떨어졌다고 엄살을 부리는 학부모가 있다. 학생들의 3년간 성적 변동 추이를 살펴보면 일정한 성적을 유지하는 경우는 흔치 않다.

최상위권 성적의 학부모들도 자녀들의 성적이 궁금하여 물어볼 때가 있다. 그에 대한 나의 대답은 한결같다. "아주 잘하고 있다"가 그것이다. '반이나 학년 전체에서 몇 등의 성적이다'라는 대답 대신에 '아주 잘하고 있다'고만 한다. 학부모 입장에서 이런 말을 들으면 조금 아쉬울 수 있겠지만, 더 이상의 말은 필요 없다. 학부모에게 이보다 유용한 대답은 없다고 생각한다. 1 등이라고 하면 자만할 것이고, 2등이라고 하면 1등에 대한 미련이 남을 것이고, 3등이라고 하면 1, 2등은 하기 힘든 것인가라고 생각할 것이다. 1, 2, 3위 라는 말 대신에 정말 잘하고 있다는 의미는 때에 따라서 1, 2, 3 등이 될 수도 있고, 흔들리지 않고 공부하라는 의미도 될 수 있다.

　시험 결과에만 매몰되면 꿈에 도달할 수 없다. 길을 걷다 보면 오르막과 내리막, 흙탕물길과 물길을 건너기도 한다. 이때 오르막이라고 그만두고, 흙 탕물길이라고 가던 길을 되돌릴 수는 없다. 먼 길, 큰 길을 가는 사람은 조그 마한 것에 흔들리지 않는다.

공부 잘하는
아이들은
학습태도가
다르다

학부모들의 공통 관심사는 '어떻게 하면 내 아이가 다른 아이들에 비해 공부를 잘할 수 있을까요?'다. 공부 잘하는 방법을 몰라서 묻는 것이 아니다. 하도 답답하니까 이렇게 묻는 것이다. 환자가 의사에게 "건강하게 오래 살려면 어떻게 해야 하나요?"라고 묻는다면 의사들은 "평소에 운동을 꾸준히 하고, 음식을 통해 영양분을 골고루 섭취하세요"라고 말할 것이다. 공부도 마찬가지다. 공부를 잘하기 위해서는 특별한 비법이 있는 것이 아니다. 수업시간에 충실히 임하면 된다. 우등생이 되기 위한 방법으로 이보다 더 좋은 방법은 없다.

학교 공부만으로 공부를 잘하는 학생들이 있다. 그 비결이 뭘까를 들여다 보면 학습태도가 다르다.

듣기능력이 뛰어나다

인간의 기본적인 의사소통은 언어를 매개로 이루어진다. 언어를 사용하는 영역은 표현 영역인 말하기, 쓰기, 이해 영역인 듣기, 읽기가 있다. 이중에서 표현 영역은 인간의 고등 사고력을 촉진하는 활동이다. 그래서 인간의 고차원적인 사고력을 측정하기 위해 쓰기 영역인 논술고사가 대학에서 시행되고 있는 것이다. 그러나 우리나라와 같이 주입식 암기교육 위주의 환경에서는 교사의 지식 전달이 주가 되는 경우가 많다. 물론 예외적으로 발표 수업과 쓰기 수업을 중시하는 경우도 있지만 입시를 목전에 두고 있는 교실에서는 아직도 문제풀이와 같은 주입식 교육이 여전히 유효하다.

교실에서 이루어지는 교사와 학생 간의 주요 활동은 일방적인 개념 전달형 수업방식으로 진행될 때가 많다. 학생들은 교사들이 속사포처럼 쏟아내는 말을 듣는 데 대부분의 시간을 소비하기 때문에 듣기 능력이 부족하면 수업을 따라갈 수가 없다.

언어활동 가운데 듣기활동이 하루 활동 전체 시간의 40퍼센트 이상을 차지한다는 연구 보고가 있다. 듣기는 면대면 상황에서뿐만 아니라 우리 생활 곳곳에서 폭넓게 이루어진다. 특히 오늘날과 같은 다매체, 다채널 환경에서 사람들은 듣기활동에 더욱 더 많은 시간을 할애하며 살아간다. 현대사회에서 듣기는 중요한 정보 습득과 직결되는 행위다.

그런데 이런 듣기능력이 매우 제한되어 있다는 데 문제가 있다. 듣기 테스트 결과를 보면 일반적으로 사람들은 어떤 내용을 듣고 난 직후에도 방금 들은 내용의 절반 정도만 기억한다. 두 달 정도의 시간이 지나면 기억의 양은

1/4 수준으로 급격히 떨어진다. 학생들의 적극적인 듣기능력이 왜 중요한가를 보여준다. 결국 학습력이 뛰어난 학생이나 성적이 우수한 학생들은 듣기능력이 뛰어난 학생들이라고 할 수 있다.

언어를 매개로 이루어지는 교사와 학생들 간의 활동은 지극히 어렵다. 그럼에도 불구하고 듣기능력이 뛰어난 학생들은 어려운 낱말과 개념들을 자신의 머릿속으로 집어넣는다. 학습력을 향상시키고 싶다면 가장 먼저 듣기능력을 학습하자. 학습력이 우수한 학생들은 수업시간에 흐트러짐이 전혀 없다. 주변에서 무슨 일이 일어나든 교사의 언어에 주목한다. 그리고 자신의 듣기능력조차 의심을 하고 기록에 철저하다.

기록을 잘한다

인류 발전에 커다란 공헌을 한 에디슨, 다빈치^{Leonardo da Vinci}, 뉴턴^{Newton} 등 천재들의 공통점은 기록에 있다. 에디슨은 초등학교도 제대로 다니지 못했지만 3,200여 권에 달하는 메모 노트 덕분에 세계적인 발명왕이 되었다. 화가, 수학자, 조각가, 건축가 등으로 다방면에서 훌륭한 업적을 이룬 다 빈치는 메모 노트를 허리춤에 매달고 다녔고, 뉴턴은 메모장을 가리켜 '생각의 샘'이라고 말했다. 인간의 두뇌는 기억보다 망각 기능이 더 발달되어 있다. 따라서 수업시간에 이루어지는 학습과정을 철저히 기록해야 한다. 학부모들은 노트를 먼저 떠올릴 것이다. 그러나 요즘 노트에 정리하는 과목은 거의 없다. 대부분이 교과의 특성을 살려 기록을 한다. 국어 과목은 특별한 경우가 아니면 노트를 활용하지 않는다. 과제나 보충문제 해결을 위해 노트를 활용하지만, 수업시간에 노트를 기록하는 경우는 극히 드물다. 주교재가 교과서이기 때문에 교과서에 기록하는 경우가 다반사다. 영어 과목도 상황은 비슷하다. 다만 수학은 국어나 영어 과목과 다르다. 수학은 머리와 손이 함께 하는 과목이다.

수학 공부를 잘하기 위해서는 세 가지 유형의 노트를 준비해야 한다.

1. 기본 개념과 원리를 바탕으로 한 예제 풀이 노트
2. 틀린 문제를 정리하는 오답노트
3. 문제풀이 노트

인강이 처음 나왔을 때, 학생들이 학습방법에서 실패했던 과목이 수학이었다. 수학을 눈으로 공부하는 잘못을 범했던 것이다. 수학은 문제를 손으로 직접 풀어보지 않으면 아무 소용이 없다. 실제 누가 얼마나 다양한 문제를 많이 풀고 활용하느냐가 중요한 변수로 작용하는 과목이 수학이다. 그래서 수학은 오답노트를 철저히 관리해야 한다.

과학이나 사회 과목의 경우에는 고전적인 노트 정리나 보충 학습지를 활용하는 경우가 많다. 이 과목들은 기록을 충실하게 하는 것이 중요하다. 기록하는 것에 그칠 것이 아니라 중요한 것과 덜 중요한 것, 외울 것과 이해할 것으로 구분하거나 형광펜을 활용해 학습의 난이도를 체크하고 정리하는 습관도 중요하다. 그래야 시험 전에 효율적으로 정리할 수 있다.

지금도 교실 전면에는 칠판이 있다. 칠판은 교사와 학생들의 만남의 장소다.

이곳에서 수업의 집중화가 이루어진다. 수업의 중요한 요소들은 여전히 칠판에서 이루어지고 있다. 학생들 가운데 교사가 칠판에 기록을 하고 중요한 핵심 내용을 가르쳐줘도 기록이 습관화되어 있지 않은 학생들은 가만히 보고만 있다. 그런데 기록이 습관화되어 있는 학생들은 농담 삼아 이야기하는 것까지 다 기록한다. 언젠가 왜 그러느냐고 물은 적이 있는데, 농담한 내용과 관련해서 선생님이 설명한 내용을 떠올릴 수 있어 쉽게 암기가 된다는 대답을 들었다.

《사법고시 수험생들은 어떻게 공부하였는가?》라는 책을 본 적이 있다. 헌법, 형사법 등 분야별로 기본 교재가 결정되면, 그것을 바탕으로 다른 이론들을 정리하는 데 많은 시간을 할애한다고 했다. 그러면 기본 교재에 서너 권의 책이 융합된 효율적인 나만의 독특한 학습서가 만들어지는 것이다. 사법고시를 준비하는 수험생들에게만 해당되는 방법은 아닐 것이다. 자녀가 지금부터라도 이런 방법을 사용할 수 있게 해보자.

우등생들은 과목별로 꼼꼼히 기록하는 특별한 비법이 있다. 그리고 자신의 암기력과 이해력을 테스트하는 데 게을리하지 않는다. 기록은 학습내용의 정리를 뛰어넘어 '뇌에 분실을 만드는 것'과 같다. 시험이 닥치면 몇 권의 문제집보다 더 빛을 발하는 것이 잘 기록한 노트 한 권이다. 선생님이 중요하다고 정리하는 핵심은 노트에 다 있기 때문이다.

문제풀이로 자신의 학습내용을 측정한다

전국의 학생들은 비슷한 교실에서 비슷한 선생님들의 수업을 듣는다. 국가에서 규정한 과목별 국가 수준의 교육과정이 있기 때문에 배우는 학습내용이 거기서 거기다. 다만 교사들의 개인차에 의해 교수법에 차이가 발생한다. 이것은 교사들만의 문제가 아니다. 동일한 교사의 수업을 듣더라도 학생들 사이에는 차이가 발생한다.

나는 한 단원의 수업이 끝나면 반드시 문제집을 풀게 하고 수업시간에 질문을 받는다. 수업시간에 학습계획을 세워 놓고 진행을 해도 교과내용을 실수로 그냥 지나치는 경우도 있고, 학생들의 개인차로 인해 동일한 수업을 진행했음에도 받아들이는 학생들의 반응이 다를 수 있기 때문이다. 문제집을 풀게 하고 질문을 받다 보면 앞에서 제기되었던 문제점들이 나타난다. 공부를 잘하는 학생들도 수업 중에 놓치는 학습내용이 있고, 또 잘못 이해한 개념이 있다. 이런 현상이 일어나는 이유는 동화와 조절의 개념으로 설명이 가능하다. 자신이 알고 있는 기본적인 지식을 바탕으로 잘못 해석해서 빚어진 '동화의 오류'인 것이다.

한 단원의 학습이 끝나고 나면, 자신의 학습 수준을 확인할 수 있는 좋은 방법 중 하나가 문제집 풀기다. 문제집을 풀게 하면 학생들 간의 편차가 발생한다. 상위권 학생들은 아주 꼼꼼히 문제를 풀고, 채점 후에는 틀린 문제를 체크하고 교과서 내용으로 다시 확인학습을 하고 오류를 교정한다. 그런데 상위권 학생이 아닌 그룹에서는 대충 문제집을 풀고, 심한 경우는 답지를 보면서 베끼는 경우도 있다.

가정에서 문제집을 선택해 단원이 끝날 때마다 확인학습을 위한 문제풀이를 하면 성적을 올리는 데 도움이 된다. 문제집을 풀 때도 틀린 문제, 모르는 문제, 실수한 문제 등을 ○, ◇, ☆와 같은 기호로 구분한다. 틀린 문제나 모르는 문제는 정답을 체크하지 말고 자신만이 알 수 있게 표시를 해두어 몇 번이고 반복해서 풀어 완벽하게 이해하도록 한다. 행동수정이 쉽게 이루어지지 않는 것처럼 틀린 문제는 고정된 사고의 반영으로 나타난 현상이기 때문에 오류를 바로잡기가 어렵다. 사고나 지적 체계의 오류를 바로잡기 위해서는 반복학습이 중요하다.

문제를 풀 때도 자신에게 관대해서는 안 된다. 적당히 풀고 넘어가면 적당한 점수가 나올 수밖에 없다. 자신에게 철저하고 냉혹해야 실전에서 빈틈을 줄이고 완벽해질 수 있다. 대부분의 학생들은 문제를 풀고 난 후 사후 처리에 철저하지 못하다. 실전문제나 연습문제를 대충 푸는 습관이 형성되면 학교에서 치르는 중간고사나 기말고사에서도 습관이 그대로 반영된다. 따라서 문제집 풀이도 실전처럼 철저하게 푸는 습관을 들여야 한다.

학교에서 배운 내용을 확인하는 가장 좋은 방법은 스스로 확인학습을 하고 문제집을 푸는 것이다. 최상위권 학생들은 틀린 한 문제를 알기 위해서 공부를 한다. 그 아이들은 몇 문제를 맞혔는지에는 관심이 없다.

나만의 노하우를 만든다

대중의 기호를 사로잡는 상품들은 그들만의 특별한 기술이 있다. 유행에 민감하고 취향도 다른 소비자들을 붙잡는 노하우가 있기 때문에 경쟁에서 살아남는 것이다. 마찬가지로 학업 성적이 우수한 학생들은 자신들만의 독특한 학습방법을 갖고 있다.

학생들을 선발하는 입학사정관전형이나 자기주도적 학습전형에서는 자신만의 학습방법을 기록하는 난이 있다. '대한민국의 학생들 중에 자신만의 특별한 비법을 가진 아이가 얼마나 되겠는가?'라고 반문하는 사람이 있을 수 있다. 하지만 무림계에 고수가 있듯이, 공부에도 공신이 있다. 입학원서를 작성하다 보면 상위권 학생들만이 갖는 특별한 비법이 보인다.

과학고에 지원하는 한 학생은 자신이 태어나기도 훨씬 이전의 노래들을 좋아했다. 지금의 노랫말보다 정서적이고 감성이 풍부하고 템포가 느려서 마음에 와 닿는다고 했다. 학습내용 가운데 어려운 부분은 이 곡에 개사를 해서 외우기도 했단다. 과학고를 지원하는 학생의 원서에서 문학도의 냄새가 났다.

자사고에 지원한 한 학생은 부진한 과목을 극복하기 위해 자신만의 독특한 자습서를 2년 동안 작성하여 시험기간에 활용했다. 그리고 내용중심의 공책 정리를 문제중심의 공책으로 변환시켜 활용했다.

특정한 과목에서 성적 부진으로 고민을 하는 학생들이 많다. 이런 학생들은 앞서의 예를 귀담아들어야 한다. 부진한 과목은 분명 이유가 있을 것이다. 그 이유를 찾는 것도 중요하지만, 대부분 투자한 시간이 부족하거나 기본학습에서 결손이 있는 경우가 많다. 따라서 자신의 독특한 학습방법을 고안해서 대처해야 한다. 노랫말이나 십자말 퍼즐, 스토리 공책 정리법, 오답노트, 암기노트 등의 방법으로 자신만의 학습력 향상 프로젝트를 만들어보는 것도 좋은 방법이다.

자투리 시간을 '금'처럼 활용한다

학교에 있는 모든 시간이 공부에 사용되는 것은 아니다. 중간중간 빈틈이 아주 많다. 갑자기 선생님이 아파서 결근하거나 불의의 사고로 장기간 입원하는 경우 등 정상적인 학사 운영에 차질을 빚은 경우가 생기기도 한다. 이런 특별한 경우 말고도 일상적으로 반복되는 자투리 시간이 아주 많다. 아침에 등교해서 수업시작 전까지 30여 분의 시간이 있고, 또 하루에 보통 6번의 쉬는 시간, 청소 시간, 점심시간 등을 모아보면 금싸라기 같은 시간들이 만들어진다. 수업 시작 전 30분, 쉬는 시간 60분, 점심시간 60분의 시간을 모으면 총 2시간 30분이란 시간이 확보된다.

최상위권 학생들은 자투리 시간에 무엇을 할 것인가가 미리 계획되어 있다. 학원이나 학교에서 외워야 할 단어가 100개라면 이 그룹의 학생들은 이 시간을 단어암기 시간으로 활용한다. 그러나 중위권 학생들은 이 시간에 친구들과 잡담을 하거나 의미 없이 시간을 흘려보낸다. 그리고 집에 가서 단어를 외우는 데 두세 시간을 할애하느라 예습, 복습을 할 시간이 없다.

객관적 거리를 만든다

첫사랑에 실패한 사람과 성공한 사람의 차이는 어디에 있을까? 객관적 거리를 만들지 못한 데 있다. 객관적 거리를 만들기 위해서는 나 자신부터 준비가 필요하다. 그런데 첫사랑을 할 때는 아직 사랑이 뭔지 모르기 때문에 객관적 거리를 만들지 못한다. 무조건 사랑이란 감정에 충실하면 되는 것으로 생각한다. 그러나 시간이 지날수록 사랑의 감정이 충돌하는 지점이 많아진다. 그 충돌 지점을 해결할 수 있는 적당한 거리, 서로 존중하고 배려하는 거리를 만들지 못하고 자신의 감정만 앞세우게 되면 오히려 멀어지게 된다.

공부를 할 때도 객관적 거리를 만들어야 한다. 객관적 거리를 만들지 못한 채 추상적이고 인과성이 부족한 계획을 세워 놓고 그 계획이 이루어지기를 기대한다면 성공할 수 없다.

시험기간에 객관적 거리 두기에 실패하면 점수 하락으로 이어진다. 학생들이 실수한 대부분의 문제들은 객관적 거리에서 실패한 경우가 많다. 시험 문제를 출제하는 사람은 교사이다. 그런데 학생들은 교사와 시험문제, 시험문제와 학생 간의 객관적 거리를 유지해야 함에도 불구하고 그 중요한 원칙을 지키지 않는다. 문제를 이해할 때, 시험문제와 학생 간의 거리로 생각하면서 문제를 푸는 경우가 많다. 학생이 문제를 분석하면서 교사의 출제의도가 아니라 자신의 관점에서 인식하는 것이다. 다시 말하면 자신의 생각만으로 문제를 푼다는 뜻이다. 이런 경우 대부분 실수로 이어진다.

문제를 풀 때는 자신의 주관적이 입장이 아닌 객관적인 입장에서 문제를 바라보고, 자신의 생각을 최대한 객관적으로 바라볼 수 있는 눈을 가져야 답이 보인다. 그리고 그 답이 정답이 될 가능성이 높다.

질문을 많이 한다

좋은 성적을 얻기 위해서는 질문하는 학생이 되어야 한다. 유대인들은 전 세계 인구의 0.25퍼센트에 불과하지만 노벨상 수상자의 3분의 1을 차지할 만큼 뛰어난 인물을 많이 배출한다. 여기에는 자녀들에게 부모들이 던지는 질문이 큰 역할을 한다. 질문하는 뇌와 답변하는 뇌는 다르다. 답변은 자신이 알고 있는 것에 초점이 맞춰져 있지만, 질문은 자신이 알고 싶은 것에 초점을 맞추기 때문에 뇌의 시스템이 총체적으로 작동한다는 데 차이가 있다. 공부를 잘하기 위해서는 확산적 두뇌사고가 요구되는 것을 질문하는 학생이 되어야 한다. 답변을 잘하는 학생이 성적이 좋은 경우는 많지 않지만, 질문을 많이 하는 학생들은 성적이 좋은 경우가 많다. 하지만 수업시간에 질문하는 학생은 많지 않다. 수업시간에 손을 드는 일 자체가 용기가 필요하다. 학교에서 질문하는 학생이 되기 위해서는 용기와 함께 뇌의 총체적인 사고가 동원되어야 가능하다.

공부할
마음이 없으면
사교육도
효과 없다

유능한 교사가 담임선생님이나 교과 선생님이 되면 내 아이의 성적이 오를 수 있을까? 학부모들은 유능한 교과 선생님이 지도해주기를 바란다. 우수한 선생님이 지도하면 내 아이의 성적이 쑥쑥 올라갈 것이라고 믿기 때문이다. 과연 그럴까?

학생들이 공부하는 데 교사들의 영향력은 어느 정도일까? 학부모들 입장에서 참으로 궁금한 부분이다. 그런데 교사들의 역할은 학부모들이 원하는 만큼 큰 영향력을 발휘하지 못한다. 만약 교사들의 영향력이 절대적이라면 동일한 교실에서 공부를 한 모든 학생들의 학업 성취가 동일하게 나타나야 한다. 그런데 현실은 어떤가? 모든 학생에게 동일한 성적이 나타나지는 않는다. 여기서 학습에 미치는 영향력이 교사만의 문제가 아니라는 사실을 알 수 있다. 학습에 영향력을 미치는 요인에는 교사뿐만 아니라 또 다른 변수도 많다.

학업 성취에 영향을 미치는 요인들

학생들의 학업 성취는 다양한 변인의 영향으로 나타난다. 그 중 중요한 변인을 살펴보면 가정이나 학교, 학급, 사회 및 문화적 배경 등의 환경적 요인, 학습자 개인의 지적 특성, 성격, 학습동기, 선행학습 등의 학습자 요인, 교사의 특성, 교수 학습방법 등과 관련된 교수법 등이 학업 성취에 영향을 미치는 것으로 밝혀졌다. 학업 성취로 나타난 결과를 100이라고 가정했을 때 학습자의 지적 능력이 50퍼센트, 성격과 같은 정의적 능력이 15퍼센트, 교수법이 25퍼센트, 환경이 10퍼센트의 영향력을 미치는 것으로 나타났다. 학업 성취에 교사들이 미치는 영향력은 25퍼센트 정도라고 할 수 있다.

학업 성취에 미치는 영향력은 개인적 특성, 교수법, 환경 순이다. 학업 성취에서 가장 중요한 요인은 65퍼센트를 차지하는 학습자 개인과 관련된 요인이다. 학습자의 지적 능력 50퍼센트와 정의적 능력 15퍼센트가 학습자 개인과 관련된 요인이기 때문이다. 그다음은 25퍼센트를 차지한 교사 변인이다. 교사 변인이란 가르치는 교수법이나 성별, 경력의 유무 등에 따라 차이가 날 수 있다는 것이다. 또 대도시의 학생들이 중·소도시의 학생들보다 학업 성취가 높은 것은 10퍼센트에 해당되는 사회 및 문화적 환경과 관련된 영향력이다. 계층 간의 성적 차이도 학습자 개인의 배경과 무관할 수 없다.

학업 성취와 관련하여 교사가 학습자에게 미치는 영향력이 25퍼센트인 것은 상당한 영향력이라 할 수도 있다. 물론 환경 10퍼센트를 가정환경이나 학교 환경으로 해석할 수도 있다.

미국의 사회과학자 제임스 콜먼James S. Coleman은 1966년에 발표한 '콜먼의 교육기회 균등에 대한 연구'에서 학업 성취에 가장 큰 영향을 주는 요인은 가정의 사회·경제적 지위라고 밝혔다. 이 연구 전에는 정책을 만드는 사람들, 교사, 학교 행정가, 학부모들조차도 학급당 학생 수, 학교도서관이나 연구시설에 대한 예산 규모, 교사의 보수 수준, 교과과정의 품질 등이 학업 성취를 결정짓는다고 믿었다. 따라서 학생의 학업 성취가 학교시설이나 여건이 아니라 부모의 사회·경제적 배경에 의해 결정된다는 보고에 큰 충격을 받을 수밖에 없었다.

이 보고서는 시사하는 바가 크다. 학업 성취에서 중요한 것은 학습자 환경이고, 우리나라와 같이 학습자 환경을 중심으로 사교육이 성행하는 구조에서는 개인 환경의 영향력을 무시할 수 없다. 실제 우리나라 주요 대학의 '2014학년도 입학생'을 분석해 보면 일반고 학생들이 특목고나 자율고 학생

2014년 주요 대학 신입생 출신 학교 현황(단위 : %)

	일반고	특목고	자율고	기타
서울대	46.7	23.8	20.3	9.2
고려대	58.2	14.8	15.7	11.3
연세대	49.9	21.5	16.0	12.6
성균관대	49.5	21.7	15.7	13.3
서강대	52.7	24.0	18.2	5.1
한양대	54.3	19.2	14.7	11.8

자료 : 대학알리미

들에 비해 성적이 하락한 것으로 드러났다.

2014년 주요 대학 신입생 출신학교 현황을 살펴보면 서울대, 연세대, 성균관대 신입생 가운데 일반고 출신 학생들의 비율이 사상 처음으로 50퍼센트 아래로 떨어졌다. 올해 두 번째 졸업생을 배출한 자사고의 약진에 따라 '일반고 황폐화 현상'이 입시에서 현실화됐다는 지적이다. 신입생들의 출신 고교 유형별 현황 분석에 따르면 전체 대학 입학생 33만 5,971명 가운데 일반고 출신은 26만 2,120명(78.0퍼센트)으로 전년 대비 1.4퍼센트가 하락했다. 반면 자사고, 자율형 공립고 등 자율고 출신 비율은 지난해 7.5퍼센트에서 9.2퍼센트(3만 1,033명)로 1.7퍼센트 증가했다.

자사고는 처음부터 대학교 등록금보다 많은 돈을 내고 학생들을 교육한다는 비난을 많이 받았다. 일반고 학생들의 납부금은 크게 보면 5분의 1 수준에 달한다. 이렇게 경제적 격차가 집단 간의 경쟁에서 우위로 나타난다는 것은 성적도 이제 경제력과 일정한 상관관계가 있음을 나타낸다. 일반고 학생들의 입학률이 떨어진다는 의미는 경제력이 학업 성취에 미치는 영향력이 매우 크다는 의미이기도 하다.

학습동기가 없으면 성취도 없다

학생들의 태도도 문제다. 핀란드와 같이 학습동기가 높은 나라에서는 학교를 인식하는 태도에서 우리와 차이를 보인다. 우리나라 75퍼센트의 학생들이 학교에 가는 이유를 '친구들을 사귀기 위해서'라고 대답했다. 이에 비해 핀란드와 같이 내적 동기가 강한 나라의 학생들은 75퍼센트 정도가 '공부를 하기 위해 학교에 간다'고 응답했다. 학교에 대한 인식 자체에서 확연하게 차이가 있음을 확인할 수 있다. 대상에 대한 인식 차이는 사고와 행동양식에서의 차이를 그대로 드러낸다. 우리나라 학생들 대부분이 교실에서 잠을 자는 원인이 이러한 학교에 대한 인식 차이에서 나타나는 결과가 아닐까 싶다.

우리나라 학생들은 '학교에서 공부를 하기보다는 학원이나 사교육을 통해 학습하는 것이 낫다'고 생각한다고 한다. 학교는 그저 친구와 잡담을 하거나 사교의 목적으로 간다고 생각하고 있다 보니 학생들의 학습동기가 발현될 수 없다. 학교에 가는 이유를 명확하게 할 필요가 있다. '내가 배우는 교과목 선생님이 최고다. 이 과목은 학교 선생님을 통해 가장 좋은 수업을 받을 수 있다'는 내적 동기가 생기도록 만들어야 한다.

남창형은 〈중학생의 학업 성취에 영향을 주는 학습자 변인의 예측력 분석〉이란 논문에서 학업 동기, 자기 효능감, 인지 전략, 교육 포부, 부모의 기대와 같은 변인의 중요성을 강조하면서 학습자의 내발적 동기유발이 학업 성취에 중요한 영향력을 미친다고 주장했다. 공부를 잘하는 학생들과 부진한 학생들 간에 차이가 나는 이유는 여러 가지가 있겠지만, 가장 큰 원인은 공부를 해야겠다는 동기유발에 있다는 것이다. 부모들이 공부하라고 학원을 보내도, 허리띠를 졸라 매면서 비싼 과외를 시켜도 성적이 향상되지 않는 것은 학습자의 동기 유발이 일어나지 않기 때문이다. 사교육의 효과는 학습자 스스로 학습에 대한 욕구가 생겼을 때 투입해야 얻을 수 있다. 학습자의 욕구가 없는 상태에서는 성취가 이루어지기 힘들다.

서유헌 교수는 인간의 뇌를 '감정의 뇌'와 '이성의 뇌'로 구분하면서 '감정의 뇌' 역할을 중시한다. 인간의 어떤 행동이나 사고도 감정의 뇌가 활성화되지 않으면 효과가 없다는 것이다. 학습자가 학습을 해야겠다는 생각 없이는 학습의 뇌라고 할 수 있는 '이성의 뇌'가 움직이지 않는다는 것이다.

전문적인 내용이 많이 언급되었지만 학습력에 가장 큰 영향력을 미치는 것은 학습자의 개인적 특성이다. 학습에 중요한 영향력을 행사할 것으로 생각되었던 교사 변인은 25퍼센트로 큰 변수는 아니었다. 성적 향상을 위해 교사들의 수업도 잘 들어야겠지만, 이보다 더 중요한 것은 학습자 자신이 스스로 공부해야겠다는 동기와 노력이다. 학습자가 공부할 마음의 준비가 안 된 상태에서는 백약이 무효다. 부모 입장에서는 우리 아이가 어떤 부분에서 고민이 많고, 어떤 부분에서 준비가 덜 되어 공부를 게을리하는지를 파악하고 그 문제를 해결해 주어야 한다. 지금 당장 떨어진 성적을 올리는 데 급급해서는 멀리 내다볼 수가 없다. 성적이 떨어지면 사교육에 의존해 성적 향상을 기대하는 경우가 많은데, 스스로 학습하고자 하는 열망을 갖도록 지도하는 것이 먼저다. 그런 열망 없이는 성적 향상을 기대하기 어렵다.

내신 성적을
올리는 방법은
따로 있다

학생들과 생활하다가 '왜 하나님은 공평하지 못할까'라고 생각할 때가 있다. 공부도 잘하고 얼굴까지 예뻐서 학교 친구들 사이에서 인기가 많은 경우가 있는가 하면, 반대로 공부도 안 되고 항상 말썽만 일으키는 학생도 있다. 교사도 이렇게 힘든데 부모는 오죽할까 생각하면 참 안쓰럽다. 학교에서 부모님들과 만나면 가장 관심 있게 주고받는 대화는 당연히 학생의 성적이다. 그런데 교사 입장에서 말하면 성적보다 더 중요한 것이 학생의 태도다. 태도가 좋지 않으면 성적 향상에 한계가 있기 때문이다. 학생들의 태도와 성적에는 일정한 상관도가 있다.

성적이 좋은 학생들은 학교에서의 생활태도도 좋다. 또 생활태도가 좋으면 학교 성적도 좋은 경우도 있다. 전자는 최우수 학생들인 경우가 많고, 후자는 최우수 성적은 아니지만 속칭 공부 잘한다는 축에 해당되는 경우가 많

134

다. 가장 애태우는 그룹이 성적도 안 되고 생활태도도 좋지 않은 학생들이다. 생활태도가 좋지 않으면 성적은 추락할 수밖에 없다. 학생들이 공부를 하기 위해서는 기본적으로 안정된 환경이 필요하다. 안정된 환경이 조성되지 않은 경우에는 공부를 하겠다는 마음가짐을 갖기가 힘들기 때문이다.

학기 초가 되면 교사들은 학생들의 기초적인 가정환경에서부터 형제자매, 공부방 유무까지 파악하여 교무수첩에 철저하게 기록한다. 그리고 학부모와 면담할 때 생활태도에 관한 기록을 다시 들춰 본다.

학부모들은 자녀의 생활태도보다 학습 결과를 궁금해 한다. 학습 결과는 학생들의 생활태도에서 얻어지는 열매라는 사실을 간과하는 모습이다. 그리고 내신 성적 향상을 위해 무엇을 어떻게 준비해야 하는가에 대해 묻는다. "몇 반의 누구는 어느 학원을 보냈더니 성적이 올랐는데 저도 이 학원으로 옮겨볼까요?"라고 묻는 학부모도 있다. 그럴 땐 참 난감하다. '학교 공부에 대한 코칭도 바쁜데 학원까지 코칭해야 되나?' 하는 걱정스러움도 있고, 또 사교육의 방법을 담임선생님께 물어봐도 괜찮다고 생각하는 학부모라니 당황스럽다는 말로는 부족하다.

더 솔직히 말하면 교사들은 사교육 시장에 대해 잘 모른다. 아니, 자신과의 경쟁관계에 있는 상대방을 일부러 무시하는 경우도 있다. 나 역시 예외는 아니다. "당신보다 더 잘 가르치는 선생님이 있는데, 그 선생님에게 맡겨 보면 어떻겠습니까?"라고 직접적으로 묻는 격인데 기분이 좋을 리가 없다. 학교 불신은 학생의 내신 성적에 절대 도움이 되지 않는다. 내신 성적을 올리고 싶거든 학교를 믿고, 담임선생님의 지도방법을 믿고, 내 아이를 믿어야 한다. 그리고 내가 집에서 도와주는 방법에 무엇이 문제인지, 어떤 방법이 효율적인지를 살펴야 한다.

내신 성적 산출방식 제대로 알기

수업시간에 학생들에게 하는 말 중에 절대 빠지지 않는 말이 있다. 그 중에 첫 번째가 시험점수가 잘 나왔다고 내가 그 과목 공부를 잘한다는 생각은 금물이라는 것이다. '공부를 잘하니까 시험점수가 잘 나왔지'라고 강변한다면 할 말이 없지만 공부를 잘하지만 시험점수가 안 나오는 경우도 종종 있다. 그래서 학교에서 시험을 잘 보았으니까 우리 아이가 공부를 잘한다는 생각은 버려야 한다.

우리나라의 특수목적고등학교나 우수한 대학에서는 학생들을 자체 기준에 의해 선발하고 있다. 실제 학생들 선발 결과를 분석해 보면 학교 내신이 가장 좋은 학생이 최고의 대학이나 고등학교를 진학하지 못하는 경우도 많다. 학교 내신은 좋지만 그 학교 선발방식에 맞지 않기 때문에 선발되지 못하는 것이다. 학교 내신은 말 그대로 학교에서 배운 내용을 충실하게 이행해서 좋은 평가를 받았다고 생각해야 한다. 학교 내신이 최고로 잘 나왔다고 해서 내 아이가 우리 학교에서 최고로 공부를 잘한다고 일반화하는 것은 잘못된 생각이다.

내신 성적을 잘 받기 위해서는 내신 성적 산출방식에 대해 알 필요가 있고, 또 자녀가 진학하게 될 고등학교나 대학교의 선발기준을 잘 파악하는 것이 무엇보다 중요하다. 특목고에서 내신 성적을 산출하는 방식은 일반계 고등학교와 다르다. 예컨대 외고나 과학고는 특정한 과목에 기준을 두고 학생을 선발한다. 외고는 영어 과목에, 과학고는 수학과 과학 과목의 성적을 일차적 판단기준으로 삼는다. 외고 진학을 희망하는 학생은 영어 과목 점수가 A가 나와야 하고, 과학고에 진학할 학생은 과학과 수학 과목에서 A가 나와야 한다. 그렇다고 이 점수가 합격을 보장하는 것은 아니고, 일차적으로 원서를 쓸 수 있는 대상자가 될 수 있다는 뜻이다. 과학고 같은 경우에는 캠프나 면접을 통해 학생들의 잠재적 능력을 평가하기도 한다.

학교 내신이나 선발고사는 기존의 지필평가 방식에서 많이 벗어나 있다. 2014학년도 대학수학능력시험에서 전국에서 유일하게 자연계 만점을 받았던 학생이 서울대 의대 정시모집에서 떨어져 세간에 화제가 된 적이 있다. 탈락한 학생에게 시선이 쏠렸지만 정작 본인은 쿨한 반응을 보였다. 그 학생은 "저도 성격 괜찮다는 말 듣고 살았는데, 제가 떨어졌다는 것은 저보다 훨씬 더 인품 좋은 사람들이 의료계에 많이 왔다는 것을 뜻할 수 있으니 한편으로는 좋기도 합니다"라는 글을 페이스북에 남겼다. 만점자다운 어록이다.

수능 만점자인데 뭐가 부족해서 떨어진 것일까? 평가방식의 변화에 대응하지 못했을 가능성이 높다. 서울대학교 의과대학에서는 의사가 되기 위한 자질, 인성 등을 평가하기 위해 수능 60퍼센트, 구술면접 30퍼센트, 학생부 10퍼센트를 반영해 신입생을 선발했다. 선발기준에서 수능점수가 60퍼센트로 중요하지만 구술, 면접도 소홀히 할 수 없는 수준이었다. 이를 통해 알 수 있는 것은 내신 성적도 중요하지만 선발기준을 보고 준비에 소홀함이 없어야 한다는 것이다.

내신 성적 올리기, 방법을 알면 쉽다

내신 성적을 올리는 방법은 쉽다. 그 방법에 대해 살펴보자.

첫째, 수행평가를 소홀히 해서는 안된다.

학교에서 시행하는 시험은 예전과 차이가 많다. 그래서 대부분의 학교에서 지필평가와 수행평가로 구분해서 실시하고 있다. 지필평가와 수행평가의 비율도 국, 영, 수, 사, 과와 같은 도구교과에서 6:4 정도이고, 예체능 교과에서는 이보다 수행평가 비율이 훨씬 높다. 최근에는 지필평가 문제 속에 서술형 문제가 상당 부분을 차지하고 있다. 서술형 문제는 4~7점으로 선다형 문제에 비해 점수 비중이 높다. 서술형 한 문제를 틀리면 선다형 문제 두세 개를 놓치는 것과 같다.

만약 지필평가 100점 만점에 서술형 배점이 30점이라면, 서술형 문제가 6문제가량 된다. 배점은 시험문제 난이도에 따라 차이가 있다. 서술형 두 문제를 틀리고 선다형 문제를 다 맞아도 90점을 넘기 어렵다. 서술형 배점이 문제마다 4점에서 7점까지라면 7점 배점 1문제와 5점 배점 1문제를 틀리면 12점을 감점당하게 된다. 그래서 상위권 학생들은 우선 배점 비율이 높은 서술형 문제에 대한 대책을 세운 후에 선다형 문제를 푼다.

학부모들은 수행평가를 교사들의 주관적인 기준에서 평가가 실시되는 것은 아닌가 하는 의구심을 갖지만 교사 입장에서 말하면 절대 아니다. 교사들은 객관적인 기준을 설정해 놓고 학생의 수행 정도에 따라 점수를 부여해 차별화한다. 그리고 수행평가에 반영하는 모든 자료는 평가 후 평가 대상자인 학생들에게 되돌려줘 이의제기를 받기 때문에 친소관계에 따라 점수를 후하게 준다는 것은 있을 수 없다.

수행평가란 교과의 구체적인 행동목표와 관계가 있다. 지필평가가 추상적인 인문학적 교과내용을 지문을 통해 평가한다면, 수행평가는 문자 텍스트를 벗어나 단원의 구체적인 교과내용을 학생 행동을 근거로 평가하는 방식이다.

예를 들면 국어시간에 토론에 대해 배운다면 수행평가에서는 주제를 설정하고 실제 토론을 시켜서 학생들의 언어활동을 중심으로 평가를 한다. 국어 과목뿐만 아니라 수학, 과학 등에서도 이러한 평가방법이 시행되고 있다. 따라서 학생들이 좋은 점수를 받기 위해서는 수업시간마다 주어진 문제를 해결하는 데 관심을 갖고 있어야 한다. 예전처럼 시험기간을 남겨두고 벼락치기로 공부해서는 최상위 성적을 얻을 수 없다. 수행평가가 많은 부분을 차지하기 때문에 이에 적극적으로 대처하지 못하면 좋은 성적을 올리기 어렵다. 그럼에도 불구하고 수행평가와 관련된 과제물이나 수업 중 활동에 참여하지 않아 점수를 줄 수 있는 근거 자체를 무시하는 학생들이 많다.

둘째, 교과서 위주로 공부를 한다.

시험이 끝나면 고개를 숙이는 학생들이 있다. 공부를 열심히 했다고 자부하는데 시험 성적이 안 나온 학생들이다. 이런 학생들은 두 가지의 경우다. 문제집을 열심히 풀었던 학생과 공부의 질에서 실패한 학생이다. 선생님들은 시험문제를 문제집에서만 내지 않는다. 문제집을 고려는 하되, 문제집대로 내는 선생님은 거의 없다. 선생님들이 고려하는 것은 문제 유형과 패턴을 분석하고 그에 맞게 교과서를 재가공하여 문제를 출제한다. 그래서 학생들은 문제를 풀 때에 패턴과 함정을 익힐 필요가 있다.

시험을 준비하는 과정에서 가장 먼저 고려해야 하는 것은 기본 교재인 교과서의 핵심내용 정리다. 교과서 핵심내용이 정리되면 자습서를 한 번 보는 것도 좋다. 문제집을 2~3권 정도 반복적으로 풀고, 다시 교과서 내용을 점검하는 식으로 반복학습을 해야 한다. 가장 좋지 않은 방법이 교과서를 소홀히 하는 것이다. 시험공부에서 가장 먼저 챙겨야 할 것은 문제집이 아니라, 교과서의 정확한 독해와 이해이다. 그리고 단원과 관련된 학습목표와 학습활동 문제해결이다.

셋째, 시험문제는 해당 과목 선생님이 출제한다는 것을 기억해야 한다.

이 말은 선생님들의 수업을 소홀히 하지 말라는 뜻이다. 간혹 학생들을 보면 수업시간에 충실하지 않은 학생들이 있다. 수업시간에 충실하지 않으면 절대 시험을 잘 볼 수 없다.

교사들은 자신이 한 수업내용이 혹시라도 학생들에게 전달되지 않을까 염려되어 항상 중요한 부분에서 암시를 준다. 이 단원에서 가장 중요한 부분이고, 수능에 자주 출제되는 문제 패턴이라는 힌트를 준다. 이 말은 곧 자신도 이번 시험에서 반드시 출제하겠다는 뜻이다.

또 수업 중에 연결사를 통해 간접적으로 핵심내용을 알려준다. 그래서 교사들의 언어 가운데 연결사에 주목해야 한다. '잘 들어', '특히', '중요한 것은', '궁극적으로', '결론적으로'라는 단어는 그냥 허투루 사용하지 않는다. 핵심내용이 나올 때 연결되는 단어들이다. 그리고 이런 단어들은 수업 시작 5분과 마지막 5분에 주로 사용한다. 이것을 교육학에서는 선수와 선미 효과라고 한다. 수업 중 가장 중요한 핵심내용들을 수업 시작 5분과 끝나기 5분 전에 알려준다는 사실을 명심하자.

수업시간에 교사들은 중간고사가 됐든, 기말고사가 됐든 간에 학생들에게 매시간 힌트를 주고 그것을 시험문제로 출제한다. 수업시간에 반드시 해내야 할 목표를 학습목표라고 한다. 수업 중 학습목표를 1~3개 정도 진술하게 되어 있다. 그런데 일반적으로 2개 정도 제시하면서 수업을 진행한다. 이 말은 수업시간 50분 동안 2개의 핵심내용만 기억하면 된다는 뜻이다. 학생들이 하루에 6교시 수업을 한다면 12개의 새로운 내용을 배우게 된다는 의미다. 1주일이면 60개, 한 달이면 240개에서 300개 정도를 새롭게 익히게 된다. 배운 내용이 결코 적다고 할 수 없다. 학생들은 40일 정도 수업을 하고 중간고사나 기말고사를 치른다. 교과의 총합으로 보면 480개 정도를 새롭게 익히고 시험을 본다. 이중 시험문제로 절반 정도가 출제된다. 중간고사 때 8개 과목을 본다면, 과목당 30문제로 계산했을 때 240문제가 나온다. 하루하루 수업시간의 핵심내용이 시험문제로 출제되는 셈이다.

교과서를 만들 때 교육부에서 교과마다 교육과정을 고시한다. 교과서는 고시한 교육과정에 의해 만들어지고 교사들은 이 교과서를 바탕으로 학교의 급에 맞게 수업과 교육과정 내용을 전달한다. 그 교육과정이 제대로 전달되었는지를 피드백받는 것이 시험이다. 따라서 수업시간에 수업에 충실하게 임한다면 어떤 문제가 출제될 것인지를 눈치 챌 수 있다.

그런데 간혹 수업시간보다 사교육을 중시하는 학생들이 있다. 사교육에서 중요시하는 것이 학교교육에서 중요하지 않다는 뜻은 아니다. 효율적인 면에서 생산적이지 않다는 말이다. 왜냐하면 시험문제는 학원 선생이 아니라 교과목 선생님이 출제하기 때문이다. 선생님의 수업방식을 제대로만 알고 있어도 학교에서 실시하는 시험의 8부 능선을 넘어섰다고 볼 수 있다.

넷째, 교과서를 중심으로 공부해야 한다.

옛말에 '호랑이를 잡으려면 호랑이 굴로 들어가야 한다'고 했다. 그런데 대부분의 학생들은 굴로 들어가지 않고 굴 밖에서 어슬렁거린다. 시험문제를 출제하고 암시를 하는데도 교사들의 수업에 귀 기울이지 않는다.

시험문제 출제과정 알기

여기서 잠깐 교사들이 어떤 내용을 시험문제로 출제하는지 살펴보자.

먼저 시험문제 출제과정을 단계별로 살펴보자. 나의 경우는 대단원을 시작할 때, 반드시 익혀야 할 내용과 학생들이 공부하면서 필수적으로 알아두어야 할 내용을 제시한다. 교과서에서도 대단원의 단원 안내에서 이러한 사항들을 제시하고 있다.

우선 교과서 편제는 5~6개의 대단원으로 구성되어 있다. 그리고 대단원에는 반드시 대단원의 목표가 설정되어 있다. 대단원 목표와 관련된 수업내용이 끝나면 소단원이나 대단원 말미에 학습활동이 있다. 학습활동은 대단원 목표와 관련하여 학생들이 구체적인 활동을 통해 학습한 내용을 익힐 수 있게 구성되어 있다. 교과서의 대단원 내용 제시와 소단원 내용, 학습활동들이 서로 상호 유기적인 연관관계로 묶여 학생들의 학습활동을 돕고 있는 것이다.

여기서 가장 중요한 용어는 대단원 목표이다. 이 대단원 목표를 교사들은 수업시간에 좀 더 세분화시켜 학습목표로 제시한다. 대단원 목표란 단원을 통해서 반드시 학생들이 알아야 할 내용이다.

시험문제 출제의 유형을 정리하면 다음과 같다.

- 대단원과 소단원의 목표를 확인한다.
- 단원 목표와 학습활동이 어떻게 연관성을 갖는지 파악한다.
- 시험문제는 학습활동을 그대로 출제하든지, 아니면 일부를 변형한다.
- 문제를 풀 때도 이런 문제 유형을 정확히 익힐 필요가 있다.

학생들은 기본적으로 몇 가지 내용을 확인하고 시험공부를 해야 한다. 그 것은 '대단원 목표에서 무엇을 공부하라고 제시하고 있는가? 대단원이나 소단원 마지막에서 학습활동으로 해결해야 할 활동으로 어떤 내용을 다루고 있는가?'이다.

인문학을 공부하는 가장 중요한 방법은 개념을 이해하고 전체적인 얼개를 파악하는 것이다. 전체적인 조감도 없이 구체적인 사실만 공부해서는 종합적으로 응용하는 문제해결력이 떨어진다. 대단원에서 공부할 내용과 소단원에서 학습목표, 소단원의 학습활동을 비교해보라. 그러면 무엇이 중요하고, 무엇을 공부하면 시험 성적을 올릴 수 있는지 발견할 수 있다.

그 세세한 내용을 국어 과목을 중심으로 살펴본다.

1. 문학작품이 <u>사회 문화적 상황</u>의 산물임을 이해할 수 있다.

2. 문학작품의 창작 의도와 사회문화적 상황의 관계를 이해할 수 있다.

3. 문학작품 해석의 근거에 유의하며 비평문을 읽을 수 있다.

소단원

신동엽의 '봄은' 시, 이영도의 '맥령' 시조, 최일남의 '노새 두 마리' 소설, 방민호의 한 편의 시에 담긴 삶의 모습 – 백석의 '팔원'에 대하여 – 평론

학습활동

소단원 1. 봄은

1. 〈생략〉

2. 다음은 '봄은'에 대한 설명이다. <u>사회 문화적 상황에 주목하여</u> 이 시를 읽고, 다음 활동을 해 보자.

(1) 이 시에 나오는 봄과 겨울이 <u>사회 문화적 상황과 관련하여</u> 어떤 의미를 지니는지 적어보자.

(2) 이 시에서 우리나라와 외세를 상징적으로 표현한 말을 있는 대로 찾아보자.

(3) 사회문화적 상황과 연결할 때, 이 시에서 '미움의 쇠붙이'가 무엇을 뜻하는지 말해 보자.

소단원 2. 맥령

1. 〈생략〉

2. '맥령'의 창작 배경이 되는 <u>사회 문화적 상황에 주목하여</u> 다음 활동을 해 보자.

3. '맥령'을 쓴 시인의 창작 의도를 생각하며, 다음 활동을 해 보자.

소단원 3. 노새 두 마리

1. 〈생략〉

2. '노새 두 마리'의 배경을 이루는 <u>사회 문화적 상황에 주목하여</u> 다음 활동을 해 보자.

3. 아래의 신문 기사는 '노새 두 마리'가 발표된 시기에 나온 것이다. 잘 읽고, 다음 활동을 해 보자.

소단원마다 '1.〈생략〉'이라고 한 부분은 소단원의 기본적인 내용을 파악하는 활동들이다. 대단원에서 문학작품의 '사회 문화적 상황의 산물임'을 공부할 것이라고 목표를 제시했다. 소단원의 역할은 대단원 목표를 가장 잘 학습할 수 있는 자료에 불과하다. 이 단원에서는 이러한 목표를 가장 잘 보여줄 수 있는 소단원으로 신동엽의 '봄은'과 이영도의 '맥령'이라는 시와 시조이고, 소설에서는 최일남의 《노새 두 마리》다. 학생들은 이 학습활동을 통해 문학 작품이 '사회 문화적 산물'임을 발견해내는 것이다. 시험문제에서도 문학 작품을 통해 학생들이 이러한 사실을 알고 있는지를 확인하는 것이다.

내신 성적을 향상시키고 싶다면 교과서를 철저히 독해하고, 문제집을 풀어야 한다. 단, 교과서에서 기본적으로 학습해야 할 내용의 범주를 명확히 하고 문제를 풀어야 한다. 그리고 수업시간에 선생님이 무엇을 중시했는지, 내가 출제자라면 중요한 내용을 어떻게 출제를 할 것인지를 생각해야 한다. 싸움에 이기기 위해서는 상대방을 먼저 알고 알맞은 전술을 구사할 수 있어야 한다. 시험도 마찬가지다. 시험이라는 속성을 파악하고, 그에 알맞은 대처방법을 찾아야 좋은 성적을 얻을 수 있다.

수학 성적은
노력한 만큼
나온다

동물들은 수를 셀 수 있을까, 없을까? 셀 수 있다. 더 정확하게 말하면 수를 구별할 수 있다. 심리학자들에게는 동물들이 어느 정도 수준까지 수를 구분할 수 있는지가 관심의 대상이었다. 실험 결과 까마귀, 비둘기, 닭, 앵무새 같은 조류는 2와 1, 3과 1, 3과 2, 4와 1, 4와 2, 4와 3을 구별할 수 있음을 알았다. 또 쥐, 개, 말 같은 동물들은 1에서 3까지, 드물게는 4까지도 이해한다. 사람과 닮은 원숭이는 1에서 3까지를, 침팬지는 1에서 5까지의 수를 이해할 수 있다.

우리는 이러한 실험을 통해 인간이 동물보다 우월하다고 생각할 수 있다. 그러나 수의 개념을 배우지 못한 아프리까 종족들을 보면 생각이 달라진다. 원주민들은 1, 2, 많다(3 이상이면 무조건)라고 수를 센다. 1과 2까지는 수의 개념을 사용할 수 있지만 그 이상은 사용하지 못한다.

인간이 한 번 보고 기억할 수 있는 수는 제한적이다. 사람들이 한 번 힐끗 보고 기억할 수 있는 숫자는 네 자리다. 전화번호나 자동차 번호판이 그것을 증명한다. 집 전화번호는 000-0000, 휴대전화번호도 010-0000-0000으로 되어 있다. 인간의 기억력을 얼마나 믿지 못했으면 앞자리에 가장 쉽게 생각할 수 있는 0과 1의 숫자를 배치했겠는가? 인간이 수의 개념을 배우지 않았을 때는 동물이나 인간이나 큰 차이가 없었다. 다만 인간은 반복학습을 통해 수의 개념을 자유자재로 사용할 수 있게 되었다.

수학 성적은 학습량이 결정한다

학생들이 학교에서나 가정에서 가장 많이 공부하면서도 고민하는 과목이 무엇일까? 당연히 영어와 수학 과목이다. 아마 영어와 수학이 사라진다면 학생들의 피로도는 훨씬 낮아질 것이다. 이 과목들은 학생들의 학습량에서 70~80퍼센트 이상을 차지한다. 이만큼 시간을 투자하고도 성적의 차이가 두드러지는 과목이기도 하다.

영어와 수학 과목을 교육과정에서 단계형 교육과정이라고 소개한다. 소라 껍데기처럼 학년의 위계에 따라 단계별 구성이 되어 있어 1단계를 모르고는 2단계로 나아갈 수가 없다. 수학에서 덧셈이나 곱셈의 원칙을 모르고 방정식을 풀 수 없고, 나눗셈을 모르고 수열이나 미적분을 할 수 없다는 말이다. 그래서 하위권 학생들의 학부모들은 수학이나 영어 과목에서 기초가 부족해 아이가 애를 먹는다라는 말을 자주 한다.

이런 과목을 잘하기 위해서는 기초부터 다시 배워야 한다. 그런데 영어와 수학 과목 사이에 미묘한 차이가 있다. 영어와 같은 외국어 과목은 시간과 투자, 개인적인 언어능력 등 외부의 개입 요소가 중요한 변수로 작용한다. 성인들이 외국어를 배우려고 할 때 먼저 떠올리는 것이 어학원이다. 어학원을 통해 학습하는 것이 혼자 학습할 때보다 효율적이다. 실제로 어학원을 다닌 학생과 혼자서 공부한 학생들 간의 성적에 상당한 차이가 나타난다.

그런데 수학 과목은 다르다. 수학 과목은 영어처럼 학원에 노출하는 정도에 따라 성적이 좌우되는 것이 아니라, 자신의 노력과 반복학습에 따라 결과가 다르게 나타난다. 그래서 학자들은 개인의 학습능력과 노력 여부를 가장 잘 파악할 수 있는 과목이 수학 과목이라고 말한다. 고등학교나 대학교에서 학생을 선발할 때, 내신 성적에서 수학 과목에 가중치를 적용하는 것도 자기 주도적 학습력을 측정할 수 있는 가장 중요한 교과목이라고 보기 때문이다.

상위권 학생들이 수학 과목의 부진을 해결하기 위해 문제집을 서너 권 이상 풀었다는 의미는 그만큼 학습량을 늘려갔다는 의미다. 수학 과목은 단계형 교육과정으로 편성되어 있기 때문에 다른 과목들과 비교해 위계가 분명하다. 기초, 발전, 심화 등 단계가 분명하다는 것은 자동차를 운전할 때 기어변속 과정과 같다. 1단계에서 4~5단계로 바로 진행했을 때 차량은 앞으로 진행하지 못한다. 수학 과목의 효율적인 학습방법도 자신의 단계를 정확하게 진단하고, 그에 적합한 문제집을 선택해 풀어야 성적을 향상시킬 수 있다.

수학 공포증과 유전의 재미있는 상관관계

미국 과학전문매체 〈사이언스-테크놀로지 투데이〉는 수학과 관련된 재미있는 연구 결과를 발표했다. 오하이오주립대학교의 연구진은 수학을 두려워하는 근본 이유 중에 '유전적' 원인이 클 수 있다는 견해를 밝혔다. 연구진은 지역 내의 읽기·쓰기·수리 프로젝트에 참여 중인 9~15세 일란성 쌍둥이 216쌍, 이란성 쌍둥이 298쌍을 대상으로 수학에 대한 두려움 여부를 심층 인터뷰하고, 일란성과 이란성 쌍둥이 사이의 차이가 얼마나 나타나는지 데이터를 분석했다. 그리고 무작위로 선별된 8쌍의 쌍둥이 집을 직접 방문해 가정 환경과의 연관성도 연구에 반영했다. 연구진은 쌍둥이들에 대한 심리 변화를 뇌파 측정을 통해 관찰했고, 수학문제를 풀 때의 미세한 변화까지 모두 기록했다.

연구 결과는 놀라웠다. 수학 공포증을 앓는 요인 중 40퍼센트가 선천적 유전 때문이라는 분석이 나온 것이다. 물론 과거에 수학문제를 못 풀어 혼났다거나 망신을 당하는 등 학교와 가정의 환경이 차지하는 비중도 상당했지만, 유전적 요인이 있을 경우 증세가 더욱 심해진다는 것이 연구진의 판단이었다. 오하이오주립대학교의 스티븐 페트릴[Stephen A. Petrill] 교수는 "일단 유전적 요인이 수학 공포를 야기하는 전적인 요인은 아니지만 상당한 비중을 차지한다는 것을 알 수 있다"며 "학교에서 어떤 학생이 수학을 특히 어려워한다면 무작정 혼내지 말고 선천적인 원인 때문이라는 것을 감안해 부드럽게 교육하는 방식을 취하는 게 필요하다"고 말했다.

중·고등학교에서 수학 공부 잘하는 비법

수학 과목은 중학교 때 곤란을 겪기 시작한다. 중학교 과정에서 사용된 수학

교과 관련 용어나 기호, 문자들은 수학 실력뿐만 아니라 고등학교, 대학교에서도 막대한 영향력을 행사한다. 《중학 수학 개념 별거 아니야》는 "중학 수학의 50퍼센트는 도형, 기초 용어와 기호, 도형의 성질과 측정, 피타고라스의 정리와 삼각비가 중요하다"고 밝혔다. 이 책에서 밝혀놓은 것처럼 기본적인 개념을 바탕으로 원리를 이해하지 않고 문제만을 반복해서 푸는 방법은 한계가 있다. 기본 원리, 개념, 문제분석 방법들을 익혀야 최고의 경지에 도달할 수 있다.

그럼 중·고등학교에서 수학공부를 잘할 수 있는 비법에 대해 살펴보자.

첫째, 수학 교과서를 정복해야 한다.

모든 공부의 출발은 개념 정리다. 글쓰기를 할 때도 자신이 말하고자 하는 개념을 가장 먼저 정리한다. 수학도 예외가 아니다. 특히 수학은 논리와 정의를 중시하는 과목이다. 정의를 정확히 아는 것이 수학 공부의 기본이다. 기본적인 개념이나 공식 등을 완벽하게 정리한 교과서의 내용을 익히는 데 시간을 투자하고, 그것이 마무리되었을 때 예제풀이를 하자.

수학은 단계형 교육과정이기 때문에 쉽다고 지나칠 것이 아니라 풀이과정의 단계를 밟아야 한다. 단계를 거치고 나면 마지막 관문인 단원종합문제가 기다리고 있다. 단원종합문제 풀이로 핵심 정리와 마무리를 해야 한다. 단원종합문제는 가장 기본적인 문제에서부터 고차원적인 문제까지 제시한다. 학교 선생님들이 시험문제를 출제할 때도 이 부분을 그대로 내거나 참고한다. 만약 난이도를 쉽게 한다면 문제 유형은 그대로 두고 숫자만 바꾸거나 그림이나 도형, 그래프를 살짝 변형시킨다. 따라서 단원종합문제만 잘 풀어도 수학에서 평균점수 이상 맞을 수 있다.

둘째, 수업시간에 사용한 보조 자료나 유인물을 잘 정리해야 한다.

수업시간의 보조 자료는 선생님들이 중요하다고 생각하는 것이나 교과서에서 다루지 못한 문제를 만들어온 특별 메뉴라고 할 수 있다. 만약 교과서에서 부족한 부분을 보충했다면 시험문제에는 반드시 출제한다고 봐야한다.

셋째, 오답노트 정리는 기본이다.

현장에서 수학 선생님들이 가장 흔히 사용하는 방법이 오답노트 작성이다. 오답노트 작성이 수학 과목에만 필요한 것은 아니지만 현실적으로 전 과목을 작성하는 게 어렵다면 수학 과목에서만이라도 반드시 오답노트를 작성하자.

학생들의 문제풀이를 체크하다 보면 특이점을 발견할 수 있다. 누구나 알수 있는 문제에서도 실수하는 학생이 있고, 또 보편적인 문제를 이상한 관점에서 해석하는 경우를 볼 수 있다. 자신이 잘못 알고 있는 지식으로 문제를 곡해하는 경우이다. 어느 과목이든지 틀린 문제만 모아보면 공통점이 발견된다.

환절기에 항상 감기에 걸리는 사람이 있고, 비라도 내리려고 하면 관절이 쑤시는 사람이 있듯이, 학생들도 어느 특정한 부분이나 문제에 대한 선입견, 잘못된 지식으로 자신의 약점을 드러내는 경우가 있다. 그래서 분야별로 오답을 모아보면 자신이 틀리는 유형을 찾아 수정할 수 있고, 다시 개념을 정립해 피드백할 수 있다. 오답노트를 만드는 가장 큰 이유는 비슷한 유형의 문제를 만났을 때 같은 실수를 되풀이하지 않기 위해서다. 그러려면 오답노트를 작성하는 데만 그치지 말고, 내가 어떤 문제 혹은 어떤 부분에서 실수를 범하고 있는지를 찾아내야 한다.

오답노트를 기록하는 것은 누구나 할 수 있다. 그러나 하위권 학생들에게는 오답노트를 체계적으로 정리해 분석하는 것이 버거울 수 있다. 따라서 상위권 학생들이나 선생님의 도움을 받아 해결해나가는 방법을 찾는 것이 좋다.

넷째, 단계별 학습을 위해서는 자신의 현재 실력에 대한 영점 조절이 선행되어야 한다.

영점 조절이 안 된 상태에서는 아무리 공부를 해도 변화가 일어나지 않거나 더디다. 많은 활을 쏘며 연습한 궁사들도 실수를 하지 않기 위해 대회 직전에 영점을 조절한다. 나의 수학 실력에 대한 제대로 된 영점 조절과 자신의 학습 수준에 알맞은 교재와 공부방법 선택이 선행되어야 한다. 다른 학생이 수학정석을 푼다고 따라서 풀어봐야 소용없다. 나의 타깃과 관련되어 있지 않으면 무용지물이 되고 만다. 먹는 것도 내가 소화시킬 수 있을 때 살과 피가 되는 법이다. 빨리 가는 게 무조건 좋은 것은 아니다. 수학 과목은 단계별 학습방법을 선택해 차근차근 해결해나가야 한다. 또 자신의 수준에 알맞은 학습방법을 찾아 공부해야 수학 성적을 업그레이드할 수 있다.

다섯째, 풀이과정을 소홀히 해서는 안 된다.

수학 과목을 문제풀이로만 생각하면 오산이다. 수학은 수를 통해 논리를 공부하는 과목이다. 수학은 정확하다. 수를 통해 논리에 접근하기 때문에 누구도 시비를 걸 수 없다. 확률을 풀어본 사람들은 '아' 다르고 '어' 다르다는 말이 무슨 뜻인지 안다. 문제를 조금만 달리 해석해도 전혀 다른 결과가 도출되기 때문이다.

풀이과정에서 극명하게 차이를 드러내는 문제가 서술형 평가다. 선다형 평가는 자신이 푼 문제가 맞았는지 틀렸는지를 알 수 있다. 문제를 풀어 정답이 나왔는데, 보기에 답이 없으면 그것은 자신이 문제를 정확히 풀지 못한 것이다. 그러나 서술형 문제는 상황이 다르다. 자신의 방식으로 문제를 풀어가기 때문이다. 그래서 서술형은 배점이 높을 뿐만 아니라 풀이과정에 부분 점수를 부여한다.

특히 실수를 범하기 쉬운 문제가 서술형 문제다. 수학 점수를 높이기 위해서는 서술형 문제를 틀리지 말아야 한다. 서술형 문제는 배점에서도 선다형 문제보다 훨씬 높다. 선다형 문제가 3~4점 배점이라면 서술형 문제는 난이도에 따라 5~7점 배점으로 높다. 서술형 2문제를 틀리면 다른 문제를 모두 맞아도 80점대 성적이 나오게 된다.

그럼 서술형 문제를 틀리지 않기 위해서는 어떻게 해야 할까? 단계적으로 접근하여 해결책을 찾아보자.

첫째, 서술형은 단순 계산문제가 아니다. 논리적인 전개과정을 반드시 요구한다. 전개과정에서 다른 접근방법을 선택하면 정답을 찾을 수 없다.

둘째, 문제에서 요구하는 이해력이 우선되어야 한다. '초과'니 '미만'이니 '이상'이니 '이하'니 하는 개념부터 시작해서 '~보다 작은', '~의 나머지', '~분할한다' 등의 어휘적인 측면을 알아야 한다는 말이다.

셋째, 서술형 문제를 푸는 열쇠는 낱말 뜻을 파악하여 문제를 정확하게 이해하는 데 있다. 문제에 주어진 정보를 정리해서 식을 세우거나 그림을 그리는 등 문제풀이를 위한 전략과 계획을 나름대로 세우고 구상할 수 있어야 한다.

넷째, 무조건 많은 문제를 풀 것이 아니라 단원을 중심으로 다양한 문제를 풀어보면서 나만의 접근방법을 익혀야 한다.

4장

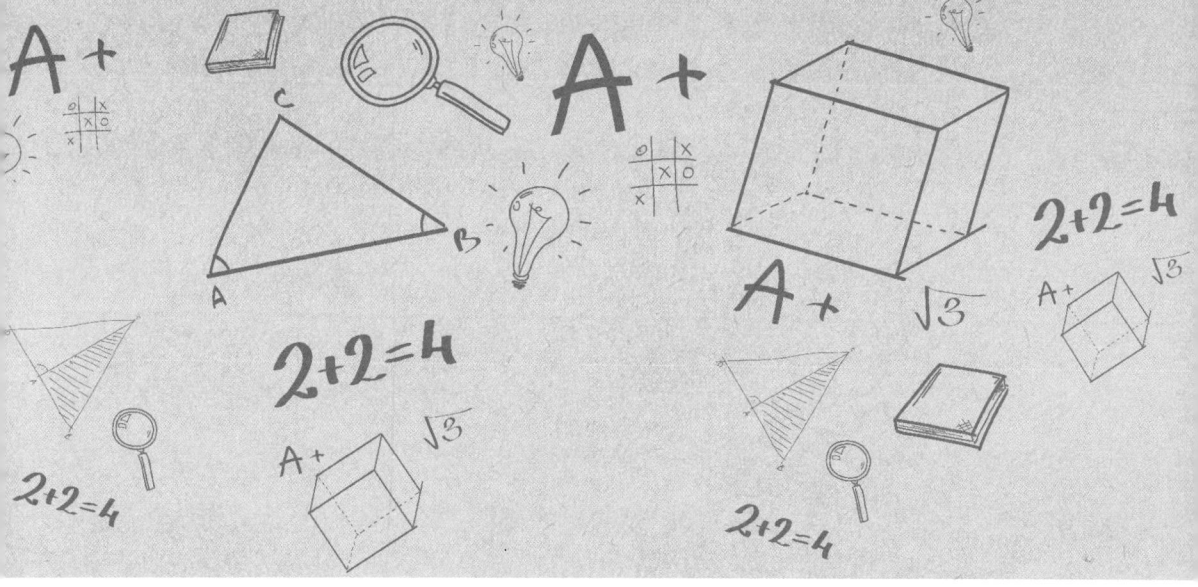

공부 잘하는 아이들은
'기본기'가 다르다

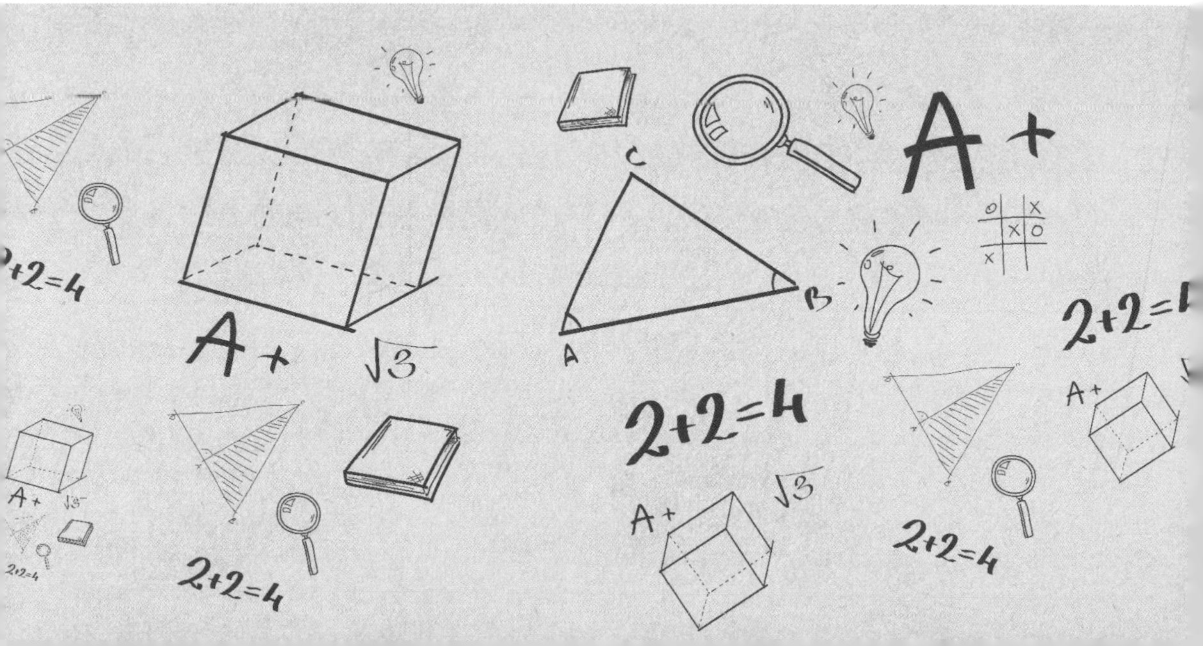

노트 정리도
기술이
필요하다

시험은 정보처리능력을 테스트하는 것이다. 시험점수가 높은 것은 핵심 정보를 입력하고 출력하는 데 문제가 없다는 것이다. 이런 핵심 정보의 전초기지가 노트다. 학교 급이나 과목에 따라 수업방식이 다르기 때문에 학습자들의 학습방법도 차이가 있어야 한다. 그러나 아직도 변하지 않은 방법 중 하나가 노트 정리다.

수업 중 노트 정리가 왜 필요한 것일까? 노트를 정리하는 이유는 핵심내용 정리와 함께 스스로 사고하고 정리하는 습관, 자기주도적 학습능력을 기르기 위해서다. 노트 정리는 공부의 첫 출발점이자 학습의 플랜을 마무리하는 결정체라 할 수 있다. 학습자들은 노트를 정리하면서 수업시간에 배운 내용을 자신의 사고로 정리하는 과정을 거치게 된다. 그런데 요즘 학생들은 영상매체에 익숙해져 있어 기록하는 것을 귀찮아하고 무엇을 반복적으로 하는 것에 대해 거부반응을 보인다.

노트 정리는 학습내용의 구조화 단계

그러다 보니 수업시간의 다양한 활동들을 노트에 기록하고, 그것을 반복학습에 이용하는 학생들이 많지 않다. 심지어 노트를 갖고 다니는 학생들조차 줄어드는 추세다. 교사가 칠판에 판서를 하면서 "기록하세요"라고 말해도 학생들의 손은 움직이지 않는다. 기록하는 시간이 되면 학생들의 표정은 각양각색이다. 무엇을 어떻게 기록하는 것이 좋은지를 모르기 때문에 마치 연습장에 낙서를 하듯이 기록하는 학생들이 부지기수다. 기록한 내용조차 자신이 해석해야 알아볼 수 있는 괴발개발이 많다. 반듯하게 글씨를 쓰는 학생이 드물다.

　부모가 가장 먼저 해야 할 일은 노트를 가지고 다닐 수 있도록 지도하는 것이다. 물론 일부 중·고등학교에서는 학습의 효율을 높이기 위해 학습 보조 자료를 제작하여 노트 대신 활용하는 경우가 있고, 또 교과목 특성에 따라 노트를 사용하지 않는 과목도 있다. 그래도 노트는 필요하다. 가정에서 혼자 노트 정리를 하는 것은 수업시간에 배웠던 내용을 자신만의 방법으로 구조화하는 작업이다. 스스로 정리한다는 것은 학습한 내용을 자기 것으로 만드는 과정이다. 그래서 노트 정리를 공부의 기본이라고 하는 것이다.《공부가 좋아지는 공책 레시피》의 저자는 "잘 정리한 노트 하나, 열 참고서 안 부럽다"고 했다. 노트 정리를 하는 가장 큰 이유는 학습의 연관성을 통한 기억력 향상에 있다. 그가 제시한 '날단학공'의 방법은 노트를 정리할 때 날짜, 단원명, 학습문제, 공부시간을 서두에 적는 것을 가리키고, '1, 1, 1학습법'은 1일, 1주일, 1달 단위로 노트를 정리하여 복습하는 것을 말한다. 이런 학습방법은 특히 초등학교 학생들에게 유용한 방법이다. 중·고등학생들은 자신만의 교과목별 노트 정리법을 생각해야 한다. 과목의 특성에 따라 어떻게 정리할 것인지를 생각해 과목별 노트 정리법을 마련해야 한다.

노트 정리는 나만의 기억법을 만드는 과정

노트 정리는 일반적으로 핵심 개념이나 오개념 등을 중심으로 기록한다. 《서울대 합격생 100인의 노트 정리법》은 서울대 합격생 100명의 공부 흔적이 고스란히 담긴 노트 200여 권을 수집해 그들이 어떻게 공부했는지 인터뷰하면서 기록한 책이다. 그들이 보여주는 과목별 노트들을 모두 분석했더니, 평범한 학생들에게서 보이지 않는 '공통적인 5가지 정리 습관'이 발견되었다. 그것은 '핵심, 체계, 집약, 설명, 메모'라는 공부습관과 사고방식이었다.

노트 정리를 한다고 해서 다 해결되는 것은 아니다. 물론 최소한의 노트 정리도 중요하지만 노트를 정리했으면 그것을 자신의 학습방법으로 만들어야 한다. 핵심 개념을 바탕으로 예제를 풀어보고, 수업 중에 이해되지 않았던 내용을 성리함으로써 구체화시키는 작업이 필요하다. 선생님들은 수업활동 중 가장 중요하고 학생들이 반드시 알아야 할 사항을 중심으로 판서를 한다. 역사에서 시대사적으로 중요한 사건을 기록으로 남기는 것과 같다. 시간이 부족하기 때문에 핵심 개념만 판서하고, 그와 관련된 내용들은 설명으로 대체한다. 따라서 학생들은 집에서 수업 중에 정리한 내용을 바탕으로 핵심 내용과 관련된 예제들을 풀고 관련 자료들을 보충해야 완벽한 나만의 노트가 만들어진다.

또 선생님들은 판서를 할 때, 중요하지는 않지만 수업과 관련하여 기본적으로 확인이 필요한 사항이나 교과내용과 연관시키기 위해 관련 내용을 언급하는 경우가 있다. 이와 같은 내용은 색볼펜을 사용해서 기록하는 것이 좋다. 수업내용과는 직접적인 연관이 없지만 수업내용의 핵심을 풀어낼 수 있는 단서가 되기 때문이다. 수업내용이 아니더라도 이런 개념이나 내용은 반드시 익혀두어야 한다. 예를 들어 현대문학을 배운다면 현대문학과 관련된 첫 출발점인 갑오개혁의 역사적 특징에 대해 알아야 한다. 갑오개혁을 모른다면 메모해 놓았다가 가정에서 보충학습을 통해 갑오개혁과 관련된 일들을 조사해볼 필요가 있다.

수업시간에 노트를 정리한다는 것이 쉽지는 않다. 노트를 정리하기 위해서는 다른 학생들보다 더 집중하고 부지런해야 한다. 왜냐하면 수업 중 선생님들이 필기할 수 있는 시간을 할애하는 경우는 극히 드물기 때문이다. 수업 과정에서 선생님의 언어를 중심으로 중요하다고 생각되는 내용을 학생 스스로 판단하고 기록해야 한다. 그러려면 귀는 항상 당나귀처럼 쫑긋 세워야 하고, 눈은 표범처럼 부릅뜨고, 손은 사자처럼 재빠르게 움직여야 한다.

노트 정리의 학습 효과

노트 정리는 학습의 효율성을 높이는 몇 가지 효과가 있다.

첫째, 두뇌의 기억 기능을 보조한다.

수업 중에 노트 정리를 하는 가장 중요한 이유는 뇌의 망각 기능을 보조하기 위해서다. 우리의 뇌는 기억보다 망각의 기능이 훨씬 크다. 뇌는 인지하는 순간 망각이 시작된다. 우리가 눈으로 보는 모든 사물을 전부 기억하고 있다면 뇌는 용량을 초과하여 터지거나 쓸데없는 기억으로 정신질환을 앓게 될 것이다. 뇌는 반복적으로 훈련된 것만 장기기억으로 인식한다. 그래서 기록을 하는 것이다.

자습서나 문제집에서도 핵심 내용을 요약해놓았다. 그러나 그것은 기초 자료일 뿐이다. 무엇이 어떻게 연관되어 중요한지는 수업시간에 선생님이 퍼즐처럼 풀어나간다. 그러므로 그 과정이 세세하게 기억나도록 메모해야 한다.

둘째, 학습목적을 구체화한다.

노트를 정리하는 이유는 학습목적을 구체화하기 위해서다. 학습이란 새로운 과제에 대한 해결과정이다. 새로운 과제가 주어지면 학생들 간의 개인차도 있지만, 모두 쉽게 이해하지는 못한다. 선생님의 설명이 낯설고 새로운 단어나 개념이 등장하기 때문에 학습내용을 추상적으로 인식하는 경우가 다반사다. 그런데 노트를 정리하면 추상적인 내용이나 애매한 개념들을 구조화시킬 수 있고, 자신이 모르는 낱말이나 개념들을 정리해나갈 수 있다. 정리를 하다 보면 자연스럽게 과정에 대한 이해가 이루어지고, 그것을 자기 것으로 만드는 데 효과적이다.

진짜 공부는 스스로 내용을 요약하고 선별하는 과정에서 내면화된다. 중요한 것과 덜 중요한 것을 구분할 줄 아는 것, 핵심 개념들을 서로 연관시켜 파지시키는 것이 노트를 정리는 목적이자 학습의 효율성을 높이는 방법이다.

셋째, 복습 효과가 있다.

노트를 정리하는 학생과 그렇지 않은 학생들 간의 가장 큰 차이는 복습 효과에 있다. 노트를 정리하는 근본적인 목적은 핵심 내용을 바탕으로 한 암기와 이해에 있다. 노트를 정리하면 자연스럽게 복습이 이루어지고, 복습하는 과정에서 암기와 이해가 진행된다. 하지만 그렇지 않은 학생들은 수업시간에 배우는 데 그치고 만다. 학습의 목적은 배우는 것이 아니라 익혀서 자기 것으로 만드는 데 있다. 에디슨은 1번의 성공을 위해 999번의 익히는 과정을 거쳤다. 복습을 효율적으로 수행하기 위해서는 나만의 노트 정리 비법이 필요하다.

넷째, 자신만의 공부법을 개발할 수 있다.

노트 정리 비법을 찾으려면 수업시간에 정리하는 데 골몰해서는 안 된다. 자신만의 방법으로 노트를 정리해 나가야 한다. 시시콜콜 기록하는 습관은 오히려 독이 될 수 있다. 기록한 내용이 너무 많으면 노트를 중심으로 복습하는 데 비효율적이다. 따라서 중요한 것은 자신이 알 수 있게 부호화하거나 중요한 내용을 시각화해야 한다. 자신만의 언어로 기호화하는 것이다. 그래야 시간을 효율적으로 쓸 수 있다. 예를 들어 서술어는 쓰지 않는다든지, 핵심 개념에는 색볼펜을 사용한다든지, 잘 이해되지 않는 부분은 그림을 그리는 등 다양한 방법을 연구하면 된다.

필기를 할 때는 너무 빼곡하게 쓰기보다는 어느 정도 여백을 남기는 것이 좋다. 복습할 때 여백을 활용할 수 있기 때문이다. 수업시간에 강조한 내용이나 교과서에 나와 있지는 않지만 중요한 정보들을 메모하면서 새로운 내용들을 추가로 삽입할 수도 있다.

학습력을 끌어올릴 수 있는 노트 정리법

수업의 집중력을 높이고 학습력을 끌어올릴 수 있는 구체적인 노트 정리법에 대해 살펴보자. 다음에 소개하는 노트 정리법이 원칙은 아니다. 이런 방법을 활용하면 좋다는 팁으로 활용하면 좋겠다.

코넬식 노트 활용하기

일명 '코넬식 노트 필기법'은 1960년대 미국 코넬대학교의 한 교수가 개발해 학생들에게 전수한 것이다. 노트의 왼쪽을 단서 영역, 오른쪽을 필기 영역, 아래쪽을 요약 영역으로 나눈 뒤, 필기 영역에는 수업활동 중 주요 내용을, 단서 영역에는 수업이 끝난 뒤 배운 내용에 대한 질문을 적고, 요약 영역에는 전체 필기 내용을 두세 줄 정도로 짧게 정리하는 방식이다. 노트 필기의 과정은 '기록(가능한 많은 내용을 기록) → 축소(단서란에 핵심 키워드 정리) → 암송(단서란을 바탕으로 학습내용 상기) → 숙고(다른 영역으로 전이시키기 위해 생각) → 복습(반복학습)'이다.

마인드맵 작성하기

마인드맵은 1971년 토니 부잔Tony Buzan에 의해 만들어졌으며, 두뇌 활용을 극대화하는 사고 기법이다. 자신이 학습한 내용을 중심으로 낱말을 떠올리면서 정리하는 방법이다. 주로 혼자 하는 복습방법으로 적당하다. 수업 중 배웠던 내용을 바탕으로 가지치기를 하면서 정리해 나간다. 학교에서도 한 단원이 끝나면 학생들과 가장 친숙하게 행할 수 있는 방법이다.

스토리 형식으로 내용 만들기

스토리 형식으로 내용 만들기는 수업일기의 내용을 변화시킨 방식이다. 수업활동의 내용들을 한 편의 이야기로 만들어서 정리한다.

노트를 정리했으면 활용해야 한다. 활용할 때에는 두세 가지의 다른 색깔 펜으로 중요도에 따라 표시한다. 그러면 나중에 중요한 내용을 한눈에 알아보기 쉽다. 핵심 개념과 중요한 문제가 눈에 쉽게 들어오도록 배치하고 강조하는 것도 중요하다. 시간이 지나면 중요한 것과 기본적인 것을 구분하는 데 어려움을 겪을 수 있다.

시험 전에는 문제집의 문제를 푸는 것보다 필기한 노트를 훑어보며 개념과 공식 등을 다시 한 번 정리하는 게 더 효과적이다.

노트 정리에 대한 몇 가지 오해

Q. 노트 정리는 필수가 아닌 선택 아닌가요?

A. 노트 필기는 공부의 한 방법이지 필요충분 조건은 아니다

그러나 필기라는 것의 의미를 어떻게 해석하느냐에 따라 다를 수 있다. 노트를 정리하는 상황과 의미를 고려해보자.

교사가 칠판에 정리하는 것을 그대로 베끼는 것은 진정한 의미의 정리라고 할 수 없다. 교사가 발언한 핵심 내용을 나름대로 정리해서 중요한 것과 덜 중요한 것, 아는 것과 모르는 것으로 구분하는 것, 보충할 것과 이미 해결한 것 등으로 구분하는 것이 진정한 의미의 노트 정리다. 공부의 의미는 배운 것을 자기 것으로 정리하는 일이다. 그런 의미에서 노트 정리는 반드시 필요하다.

Q. 모든 과목을 꼭 노트로 정리해야 하나요?

A. 물론 아니다

그러나 중요한 내용을 정리하지 말라는 말은 아니다. 요즘은 과목마다 정리하는 방법이 다르다. 예를 들어 보충 자료를 통해 수업을 하는 과목은 보충 과제에 충실하게 정리하는 것이 경제적이고, 국어 과목은 지문을 바탕으로 교과서를 활용하는 것이 노트 정리하는 것보다 낫다.

Q. 노트에 너무 많은 시간이 소비되지는 않나요?

A. 모든 일이 그렇듯이 처음에는 서툴러 시간이 많이 소비된다

하지만 익숙해지면 나름대로 요령을 터득하게 되고, 시간을 절약할 수 있게 된다. 시간을 절약하기 위해 나름대로 원칙을 만들고, 효율적인 방법을 찾아야 한다. 서술어는 생략하고 나만이 알 수 있는 부호 등을 사용하면 시간을 정리하면서도 많은 내용을 효율적으로 정리할 수 있다. 모르는 것과, 알지만 이해가 잘 되지 않은 부분 등은 색 볼펜을 사용해 표기하면 효율적인 공부를 할 수 있다.

남학생과
여학생의 학습법은
다르다

우리 학교는 남녀공학의 중학교다. 더 구체적으로 말하면 남학생과 여학생이 같은 반에서 함께 짝으로 앉기도 한다. 남녀의 차이는 생물학적 측면에서부터 기질적인 측면에 이르기까지 다양하다. 이렇게 차이가 명확한 학생들이 남녀 혼성학급으로 이루어져 있어 단성인 학교보다 즐겁다. 학생들을 통솔하고 있는 담임 입장에서는 장단점을 동시에 안고 있다고 할 수 있다. 남학생들의 투박한 면과 부딪히다가도 여학생들의 사근사근한 태도에 무너지기도 한다.

남녀 혼성반의 대장은 여학생

나는 상당히 남성성이 강한 담임이다. 그래서 생활지도 면에서 남학생들보다 여학생들이 더 어렵다. 학년 초가 되면 불친절한 말투 때문에 여학생들에

168

게 인기가 없다. 혹 여학생들 가운데 말썽쟁이라도 만나면 그 학생과 소통하는 문제 때문에 1년이 너무 힘들다. 그러다 보니 20년 동안 학급 운영을 하면서 남학생들보다 어떤 여학생들을 만나느냐에 따라 담임으로서 1년의 행불행이 결정되곤 했다.

남녀 혼성인 학급에서 대장은 누구일까? 힘세고 거친 남학생들이 휘어잡을 것이라고 생각하기 쉬운데 절대 그렇지 않다. 순진해 보이는 여학생이 대장 노릇을 한다. 아무리 권력을 가진 남학생이라도 여학생들의 속사포 같은 말발과 부딪치면 두 손 두 발 다 들고 만다. 여학생들의 말발에 살아남기 위해서 남학생들은 고분고분해야 한다. 고분고분하지 않은 남학생들은 가끔 초죽음이 된다. 그렇다고 여학생들이 학교에서 짱이 되지는 않는다. 남녀 성차에 따라 사춘기가 빨리 시작된 여학생들의 조숙함과 어른스러운 행동, 여기에 유창한 언어가 뒷받침되면서 누나 역할을 하게 될 뿐이다. 남학생들도 이 점에 대해서는 대부분 인정하는 분위기다.

여학생들의 파워는 학급 행사를 진행할 때 진면목이 드러난다. 체육대회 때는 응원도구에서부터 경기 출전명단까지 여학생들의 머릿속에서 나온다. 심지어 남학생들 경기에도 관여한다. 응원하는 것을 구경하다 보면 선수들 한두 명쯤 죽였다 살렸다 하는 것은 식은 죽 먹기다. 가정의 경제권을 아내가 좌우하듯이, 학급 행사의 모든 운명권은 여학생들 손에 있다고 해도 과언이 아니다. 학급을 운영하다 보면 몇 가지 남녀 학생들의 특징이 눈에 띈다.

첫째, 여학생들은 감정에 쉽게 휘둘린다. 수업시간에도 마찬가지다. 남학생들에게 가볍게 툭 던진 질문을 여학생들에게 똑같이 던졌다가 상처받고 토라진 적이 많다. 특히 외모와 관련된 말이 남학생들에게는 아무렇지 않지만 여학생들에게는 두고두고 상처가 될 수 있다.

가정에서 자녀가 자주 토라지면 그 습관을 고쳐줄 필요가 있다. 이런 아이들은 담임의 말에도 쉽게 상처받고 토라진다. 한두 명이 아닌 학급 전체를 통솔하는 교사 입장에서 보면 결코 하찮은 일이 아니다.

둘째, 여학생들의 가장 큰 문제점은 짝이다. 여학생들은 짝이 없으면 외톨이로 심리적인 불안감을 느낀다. 요즘 학교는 이동수업을 많이 한다. 국, 영, 수는 수준별 수업으로, 과학, 음악, 미술, 체육 같은 수업은 특별실에서 수업을 진행한다. 예전처럼 자기 반에 앉아 매월마다 바뀌는 짝과 수업을 받던 시대가 아니다. 여학생에게 학급에서 단짝이 없으면 절망적이다. 담임선생님이 단짝을 만들어주고 싶어도 생각처럼 쉽지 않다. 기존에 짝이 형성되어 있기 때문에 짝을 해체하고 다시 인위적으로 짝을 만드는 것은 물을 거꾸로 흐르게 하는 것만큼이나 어렵다.

셋째, 전달사항이나 지시사항 같은 것을 실천하는 데 있어 남학생보다 여학생의 이행률이 앞선다. 여학생들은 준비하는 태도에서도 남학생들보다 뛰어나다. 메모하고, 그 내용을 준비하고 체크하는 것에 이르기까지 여학생들이 남학생을 앞선다. 학급에서 밤샘 독서행사를 할 때면 자신들이 해야 할 일과 준비물까지 명확히 해서 개별적으로 역할을 분담한다. 체육대회나 학급 준비물을 챙길 때도 여학생들이 남아서 하지 남학생들이 나서는 경우는 거의 없다. 남학생들은 여학생들에 비해 사소한 것에 신경을 덜 쓰는 것 같다.

학업에서 나타나는 남녀의 차이

학부모들 입장에서 가장 궁금한 것이 학업적인 면에서의 남녀 차이일 것이다. 남녀가 같이 공부하는 교실에서 남학생과 여학생들 사이에 성적의 차이는 어떻게 나타날까? 어떤 차이가 나고, 그 이유는 무엇일까? 20여 년간 이러한 혼성반에서 수업과 학급을 운영한 입장에서 보면 전체적으로는 큰 차이가 없다. 그런데 세부적으로 성적을 구간대로 비교해 보면 남녀 간의 차이점이 발견된다. 또 중학교 때는 차이가 나다가도 고등학교에서는 미미해진다. 수능에서도 남녀 간의 차이가 있지만 상위 50퍼센트의 평균점수에서는 아주 미미한 수준에서 남학생들이 우수한 것으로 나타난다.

남학생들은 동적이고 여학생들은 정적인 행동특성이 수업시간에도 나타난다. 수업시간에 예를 들 때도 남학생들은 스포츠에 대한 이야기가 나오면 성적 구간대에 상관없이 관심을 보인다. 반면에 여학생들은 연예인이나 드라마를 예로 들어야 관심을 보인다. 남학생들은 수업이 시작되어도 어수선하지만 여학생들은 얌전한 고양이처럼 자리를 지킨다.

과제 해결력에서도 차이가 발생한다. 한 단원이 끝날 때마다 과제가 나가는데, 이때 남녀 간의 차이가 있다. 그리고 듣기능력과 글쓰기에서 여학생들이 우위를 나타낸다. 여학생들은 눈으로 보기보다는 교재나 노트에 꼼꼼하게 필기한다. 남학생과 여학생들의 노트를 검사해 보면 확연한 차이가 발견된다. 남학생은 상위권 학생들조차도 기록에 철저하지 않다. 그러나 여학생들은 메모하고 점검하는 데 탁월하다. 이런 것은 수행평가나 관찰평가에 영향을 미칠 수밖에 없다.

여학생들은 성적 구간대에 관계없이 수행평가와 실습 위주의 평가에서 높은 성적을 받는다. 남학생들에 비해 여학생들은 준비성과 과제 해결력에서 완성도가 높다. 모든 일들이 그렇듯 준비를 철저히 하면 완성도가 높을 수밖에 없다. 중학교에서는 수행평가 비중이 높아지고 있기 때문에 여학생들이 조금 더 높은 점수를 받을 확률이 높다. 이에 비해 남학생들은 노트 정리에서부터 과제 해결까지 깔끔하지 않아 뒤처지는 경우가 많다.

그러나 외부에서 실시하는 모의고사 성적은 또 다른 결과를 나타내기도 한다. 현재는 중학교 단위에서 모의고사 시험을 금지하고 있어서 그 상관성을 명확히 밝히기 어렵지만, 대외 고사가 있을 때의 성적들을 살펴보면 남녀 간의 성적이 학교 성적과 무관하게 나타날 때가 많다. 그래서 일선 현장에서 학생들을 지도하는 교사들은 학교 내신형 학생들과 수능형 학생들이 있다고 말을 한다.

최상위권에서는 여학생이 남학생에 비해 성적이 우수하다. 이러한 결과가 나타나는 원인은 학습 준비도에서 차이가 나기 때문이다. 같은 연령대지만 신체적으로 2차 성징이 먼저 나타나 정체성의 혼란이 올 것 같지만, 최상위권 여학생들은 이를 잘 극복한다. 같은 연령대의 남학생이 사춘기로 고민할 무렵 여학생들은 학습에 몰두한다. 이에 비해 중학교 1, 2학년 때 사춘기가 시작되는 남학생들은 최상위권조차도 사춘기의 혹독한 시간을 보낸다. 그래서 간혹 성적이 특공대 점프하는 훈련처럼 바닥으로 떨어지는 학생들이 나타나기도 한다.

남학생들이 정체성의 혼란을 겪고 있을 때, 여학생들은 사춘기를 다 보낸

후 어른스러워져 공부하기 때문에 남학생들이 여학생들을 당해내지 못한다. 교실에서 보이는 행동들만 놓고 보면 완전한 모계사회다. 그만큼 철저하게 여학생들이 주도적으로 지배하고 있다. 일단 상위권에 여학생들이 많이 분포하고 있는 것은 사실이지만 학년이 올라갈수록 정도의 차이가 줄어든다.

여학생들의 학습태도는 최상위권이 아닌 상위권에서도 매우 좋다. 그러나 수업태도가 성적 결과로 나타나지는 않는다. 행동특성이 드러나는 것뿐이다. 남녀 학생들 간의 수업 집중도에서는 차이가 있는 것 같지 않다. 남학생들은 듣는 태도가 불성실해도 성적은 뒤처지지 않는다. 그런데 여학생들은 듣는 태도가 아주 좋은데도 성적은 그리 높게 나타나지 않는 경우가 많다.

제시한 세 개의 표는 우리 반 학생들의 2013년도와 2014년도의 학교 시험 중 지필평가 결과다.

표의 내용을 자세히 들여다 보면 수학 과목을 제외한 모든 과목에서 여학생들의 교과 성적이 우수하게 나타났다. 여학생들의 성적이 1.6~5점 정도 높다.

2013년도의 1학기 중간고사와 2학기 기말고사 성적 비교표를 보면 학년 초에는 남녀 간의 성적 차이가 3.6섬이었으나 학년 말에는 1.6점으로 격차가 줄어들고 있다. 중학교 2학년 학생들을 대상으로 한 성적 결과이기 때문에 남녀 학생들의 행동 특성의 변화와도 무관하지 않을 것으로 보인다. 사춘기를 지난 여학생들과 이제 막 사춘기를 시작하거나 겪고 있는 남학생들의 행동특성이 영향을 미쳤을 것이다. 여학생들에 비해 남학생들의 신체적 변화

2013년도 1학기 중간고사 남녀 성적 비교

과목	국어	도덕	역사	수학	과학	기술가정	영어	평균
남(남17)	55.7	79.3	62.2	62.9	62.9	67.9	71.2	66.1
여(여17)	60.8	88	65.2	62.4	62	76.1	72.9	69.7
격차	−5.1	−8.7	−3	0.5	0.9	−8.2	−1.7	−3.6

2013년도 2학기 기말고사 남녀 성적 비교

과목	국어	도덕	역사	수학	과학	기술가정	영어	평균
남(남17)	67.5	78.6	73.4	79	70	68.2	70.8	75.3
여(여17)	70.5	81.4	70	76	74	74.2	75.5	76.9
격차	−3	−2.8	3.4	3	−4	−6	−4.7	−1.6

2014년도 1학기 중간고사 남녀 성적 비교

과목	국어	도덕	역사	수학	과학	기술가정	영어	평균
남(남17)	70	73.5	54	68.2	71	59	66	66
여(여17)	75	75	66	65	75	66	74	71
격차	−5	−1.5	−12	3.2	−4	−7	−8	−5

에 따른 갈등이 어느 정도 해소되어 후반기에는 격차가 줄어든 것이라고 추측해 본다.

이들 표에서 특히 눈길을 끄는 것은 수학 성적이다. 공통적으로 유일하게 남학생들의 성적이 여학생들에게 뒤지지 않는 과목이다. 반대로 국어 성적은 여학생들이 평균점과 비교했을 때, 평균점과 같거나 상대적으로 높은 점수를 나타내고 있다.

남녀 간의 성적 차이는 어디에서 나올까?

학교 지필평가에서는 여학생들이 남학생들에 비해 우수한 성적을 기록한다. 이러한 원인을 좀 더 자세하게 살펴보기 위해 구간대별 남녀 학생의 성적을 분석해 보았다.

표에서 확인할 수 있는 것처럼 최상위권에 여학생들이 많이 분포되어 있고, 남학생들은 상대적으로 하위권이나 중하위권에 많다. 이런 현상이 일어나는 이유는 여학생들의 학습방법에서 찾을 수 있다. 여학생들은 수업시간에 배운 내용을 꼼꼼히 기록하고, 기록한 내용을 바탕으로 학습하기 때문에 내신 성적 관리에 유리하다. 학교 시험이 수업 중에 배운 내용을 중심으로 출제되기 때문에 여학생들의 학습방법이 좋은 성적 결과를 가져오는 것이다.

2013년도 1학기 중간고사 남녀 성적 구간대별 인원

구간	최상위권(4)	상위권(8)	중위권(10)	중하위권(8)	최하위권(4)	계
남	1	5	4	5	2	17
여	3	3	6	3	2	17

2013년도 2학기 기말고사 남녀 성적 구간대별 인원

구간	최상위권(4)	상위권(8)	중위권(10)	중하위권(8)	최하위권(4)	계
남	1	4	5	5	2	17
여	3	4	5	3	1	16

※ 학기 초와 학년 말 인원에서 여학생 1명의 차이는 전학생 때문이다.

그런데 학교 시험이 아닌 대외 고사에서는 여학생들보다 남학생들의 성적이 높게 나타나는 경우도 있다. 2009년도의 결과를 갖고 현재의 학생들과 비교하는 것은 문제가 있을 수 있다. 하지만 2009년도에 우리 지역 중학교 3학년 학생들을 대상으로 치른 모의고사 결과에 따르면, 우리 학교 학생들의 남녀 간의 학력 비교에서 남학생들이 더 우수한 것으로 나타났다. 남학생 최고반 성적이 71.1(평균점)인 데 비해, 여학생 최저반 학생들의 전과목 평균점은 65.3으로 5.8점의 격차가 있었다. 여학생들이 국어, 영어 과목에서는 우수했지만 수학, 사회, 국사, 과학 과목에서는 남학생들에 비해 낮게 나타났다.

고등학교에서도 남녀 간의 성적 차이는 미미하게 발생한다. 한국교육과정평가원에서 발표한 〈2013년도 수능 성적 분석 결과 발표 자료집〉에 따르면 언어 영역 표준점수에서 여학생은 102.2점으로 남학생의 97.3점에 비해 4.9점이 높았고, 수리(가) 영역의 남학생 표준점수가 99.3점으로 여학생의 98.6점에 비해 0.7점 높았다. 영역별 점수 차이는 2012년도에서도 큰 변화가 없었다.

이러한 남녀 간 성적차의 원인은 공간지각능력과 언어능력의 차이 때문이다. 언어능력이 발달한 여학생은 국어에서, 공간지각능력이 발달한 남학생

2012/2013년도 수능 성적 분석 결과 비교

구분	언어		수리(가)	
	남학생	여학생	남학생	여학생
2012년도	97.7	102.7	100.4	99.3
2013년도	97.3	102.2	99.3	98.6

은 수학에서 비교우위를 나타내는 것이다. 특히 학습적인 측면과 관련하여 뇌의 역할에 따른 남녀 간의 차이를 이야기하는 경우가 있다. 남자는 좌뇌와 우뇌의 역할이 분화되어 있지만, 여자는 좌뇌와 우뇌의 역할이 확연하게 분화되어 있지 않다는 것이다. 이런 현상은 학교 시험이나 수학능력시험에서도 확인된다. 남학생들은 수학 과목에서, 여학생들은 국어 과목에서 우위를 보인다.

이러한 데이터를 통해 알 수 있듯이, 남학생들과 여학생들 간의 성적에는 초·중학교에서는 남학생이 조금 뒤처지지만 사춘기가 지나면서 회복되어 점차적으로 격차가 줄어드는 것으로 나타나고 있다.

2014년도 대입수능시험에서 여학생의 전체 평균점수가 남학생보다 6점 정도 높은 것으로 나타났다. 반면에 상위 50퍼센트 평균점수는 남학생이 높았다. '수능 영역별 남녀 성적 및 추이 비교'에 따르면 전체 여학생 평균점수(국·영·수 표준점수 합산)는 303.2점으로 남학생 평균점수(296.8점)를 6.4점 앞섰다. 그러나 상위 50퍼센트의 평균점수는 남학생이 349.1점을 기록, 여학생(348.5점)보다 0.6점 앞섰다.

청소년들의 심리를 연구하는 학자들에 의해 이미 밝혀졌듯이, 여학생들은 논리적이고 체계적인 면에서 보완이 필요하다. 여학생들은 언어능력이 뛰어나지만 이 뛰어난 언어능력을 체계화하고 논리적으로 세분화하는 데는 남학생들에 비해 떨어진다. 그래서 부모님들은 여학생들이 남학생들에 비해 뒤처진 부분을 미리 준비할 수 있도록 도와주어야 한다. 그렇다고 해서 남학생에 비해 여학생이 뒤처진다는 뜻은 아니다. 우리나라에서 최고의 시험이라

고 평가받는 사법고시 합격자 비율만 살펴봐도 남녀 간 성비의 차이가 줄어

큰 차이가 없다.

사교육이 통하는 아이들
VS.
사교육이 통하지 않는 아이들

우리 반만 봐도 사교육을 받지 않고 공부하는 학생은 한 명도 없다. 모든 학생이 학교가 끝나면 학원이나 과외를 위해 공간 이동을 한다. 교사 입장에서 이 상황을 아이들에게 무슨 말로 어떻게 위로를 해야 할지 모르겠다.

학생들이 두 개의 기둥에 기대고 서 있는 기이한 현상! 공교육과 사교육은 과연 어떤 관계일까? 공생관계일까, 경쟁관계일까? 교사들이 사교육을 보는 시각에는 개인차가 존재한다. 그럼에도 불구하고 학생이나 학부모가 사교육을 어떻게 바라보아야 도움을 주고받을 수 있을까에 대해 교사 입장에서 얘기해 보고자 한다.

먼저 교육부와 통계청이 함께 실시한 '2013년 사교육비 의식 조사'에 대한 분석 결과를 살펴보자. 우리나라의 2013년도 사교육비는 18조 6,000억 원으로 집계되었다. 1인당 월평균 사교육비는 23만 9,000원으로 3,000원 증가했지만 물가상승분을 감안한 실질 사교육비는 6,000원 감소했다(전국 1,094개 초·중·고교의 학부모와 학생 7만 8,000명을 대상으로 2회(6·10월) 실시). 학교별로는 초등학교 23만 2,000원, 중학교 26만 7,000원, 고등학교 22만 3,000원으로 초등학교는 전년 대비 5.9퍼센트 올랐고, 중학교와 고등학교는 각각 3.3퍼센트로 0.4퍼센트 떨어졌다. 고등학교 사교육비가 하락한 것은 2007년 사교육비 조사를 시작한 이래 처음이다.

부모들은 사교육의 폐해를 모르는 것은 아니지만 자녀들의 성적 향상을 위해 어쩔 수 없는 심정으로 사교육을 시킨다. 가계 지출에서 상당 부분을 사교육비로 지출하면서도 효과에 대해서는 반신반의한다.

사교육의 효과, 얼마나 클까?

학생들에게 사교육과 관련하여 "학원과 학교 중 어느 곳이 공부하기에 편하고 좋은가?"에 대해 간단한 설문 조사를 한 적이 있다. 주요 교과목에서는 대체로 학원을 선택했다. 이유를 물었더니 전혀 생각지 못했던 답변이 나왔다. 학교의 교실이 너무 큰 공간이라는 것이었다. 어렸을 때부터 작은 공간에서 공부하는 습관이 형성되어 공간이 커지면 집중이 잘 안 된다고 했다. 이유같지 않은 이유라고 생각하는 부모도 있겠지만 분명히 아이들의 선택지에 있는 내용이었다. 또 밀착형 수업이 좋고, 선행학습을 한다는 자부심이 생긴다는 답변도 있었다. 다른 학생들보다 먼저 학습했다는 우월감이 생긴다는 말인데, 학교에서 공부하는 곳이란 개념을 익히기도 전에 사교육에 내몰렸다는 증거라 할 수 있다.

교사들과 학부모들이 바라보는 사교육의 관점 차이는 분명하다. 학부모들은 사교육이 반드시 필요하다고 생각하지만, 교사들은 반드시 필요한 것은 아니라고 말한다. 각각의 '반드시'에는 차이가 있다. 그 차이는 학교에서의 공부 결과에서 기인한다. 사교육의 목적이 학교 성적 향상에 있다면 그 결과가 일치하지는 않는다. 사교육은 학교 내신이나 선발고사에서 우위를 점하고자 하는 기대치에서 출발한다. 그러나 사교육을 시키는 의도와 학교에서의 성적 결과는 반드시 비례하지는 않는다. 단기간의 성과를 놓고 보면 사교육을 받은 학생들이 높은 성취를 보일 수는 있다. 그러나 한 학생의 학업 성적 과정을 장기적으로 종단 연구한 결과를 보면 사교육의 효과는 미미하다.

2013년 한국교육개발원^{KEDI}이 발표한 한국교육종단연구 논문에 따르면 중학교 단계에서 국어 과목의 사교육은 성적과 상관관계가 전혀 없었고, 영어와 수학은 아주 미미한 수준에서 향상시키는 것으로 나타났다. 영어와 수학은 사교육 시간과 비용을 늘리면 성적이 오르긴 했지만, 그 정도가 매우 미미했다.

사교육의 참여율은 중학교 2~3학년에 절정에 달했다. 국어 과목의 경우 중학교 2학년에 37.71퍼센트를 기록했다가, 고등학교 3학년 때는 10.63퍼센트까지 떨어졌다. 같은 기간에 영어 과목은 55.63퍼센트에서 10.63퍼센트로, 수학은 55.65퍼센트에서 23.45퍼센트로 참여율이 낮아졌다. 사교육 참여자의 주당 참여시간은 국어와 영어, 수학 모두 중학교 3학년 때 정점을 찍었고, 중학교 2학년과 고등학교 1~3학년 기간은 비슷한 수준을 보였다. 이것은 특목고와 같이 고입 시험을 준비하는 학생을 중심으로 단기간 동안 사교육 시간이 늘어나기 때문으로 풀이되었다.

건국대 김진영 교수는 "사교육이 성적에 미치는 영향은 없거나 매우 작게 나타났다"고 말하며, "그럼에도 사교육이 널리 행해지는 것은 직접적인 성적 상승 효과 때문이라기보다 학원 과제 등을 하는 시간이 학습시간을 늘리는 역할을 하기 때문에 이로써 성적 향상을 유도하고 싶은 부모의 심리가 작용한 것으로 보인다"고 했다. 이 결과는 2013년 서울대학교 신입생 설문조사 분석과 비슷한 견해다.

대학이나 사회에서 어떤 결과를 보여주고 있는지를 종단 연구한 결과를 보면 사교육의 영향력은 더욱 낮아진다. 우리네 인생은 학교교육에서 끝나지 않는다. 100세 시대에 공교육의 결과는 길어야 20년이다. 20년 결과가 남은 50~60년을 지탱하는 데는 무리가 따른다.

사교육을 받은 학생들과 자기주도적 학습을 한 학생들 간의 차이는 사물을 대하는 태도에서부터 발생한다. 어떤 사물을 대할 때, 주체가 혼자라는 인식과 다른 사람의 도움을 받을 수 있다는 점에서 차이가 난다. 이러한 주체성은 자신의 태도를 결정하는 중요한 요소가 되는데, 단적인 사례를 확인할 수 있는 것이 과제 해결력이다.

자기주도적 학습력이 길러진 학생들은 교사들의 기대치를 실망시키지 않는다. 그러나 사교육에 과도하게 집중된 학생들의 과제물은 조악하고 성의가 없는 경우가 허다하다. 물론 이러한 차이를 일반화시킬 수는 없을 것이다. 사교육에 시간을 빼앗겨서 그런지는 모르겠지만 학교 과제 해결력에서 차이가 나는 것은 부인할 수 없는 현실이다. 또 시간을 투자할 여유가 없을 수도 있지만 스스로 해보려는 자생력 차이로 해석될 수도 있다.

선행학습과 집중력의 상관관계

수업시간의 집중력에서도 차이가 나타난다. 집중도가 떨어진 원인은 두 가지 측면에서 살펴볼 수 있다. 학습자 측면에서는 이미 학원에서 배운 내용을 다시 반복하는 학교 수업은 따분하고 무료할 뿐이다. 집중하고 싶어도 새로운 문제에 대한 도전이나 해결하는 시점이 아니기 때문에 자세가 흐트러질 수밖에 없다. 학교교육에서는 교사가 최상위권이나 상위권 학생들을 대상으로 수업을 전개할 수가 없다. 중간 그룹 학생들의 학습력을 분석하고 해결할 수 있는 학습수준을 결정해서 수업을 진행하다 보니 선행학습을 한 학생들은 수업에 대한 집중도나 흥미도가 떨어지기 쉽다.

물론 단계형 과목은 수준별 수업을 실시하기 때문에 문제점이 다소 완화될 수는 있다. 그러나 수준별 수업이라고 해서 이러한 원칙이 아예 적용되지 않는 것은 아니다. 교육과정에서는 개별화 수업을 통해 이러한 차이를 최소화하라고 하지만 최소화에 근접하는 것이지 수준의 차이를 제로 상태로 만들 수는 없다.

교사들이 바라보는 학교에서 성적은 사교육을 받은 학생과 자기주도적 학습으로 공부한 학생 간의 차이가 분명하다. 교사들의 생각을 좀 더 정확하게 분석하기 위해 학생들을 최상위, 상위, 중간, 하위 네 단계로 나눠서 사교육 활용방안을 설명하기로 한다.

최상위권 학생들은 사교육을 받지 않아도 된다. 다만 그들이 사교육을 받을 수밖에 없는 이유는 경쟁 심리와 불안감 해소에 있다. 이 그룹의 학생들이 사교육을 받는 이유는 선행학습에 있다. 그런데 이 선행학습은 학습력 향상에 별 도움이 되지 않는다. 차라리 심화학습을 하는 것이 훨씬 낫다. 간혹 과시용으로 중학교 3학년 교실에 수학 정석이나 고급 수준의 영어 책이 난무하기도 한다. 심지어 외국에서 사용하는 수학 전공서적을 공부하는 학생들도 있다. 그런 학생들에게 이해가 되느냐고 물었더니 학원에서 공부하기 때문에 어쩔 수 없이 한다고 대답했다. 이런 학생에게 나는 차라리 지금 배우고 있는 학년보다 수준이 높은 책 한 권을 읽는 것이 낫다고 말해준다.

자전거 타기로 비유하면 최상위권 학생들은 다른 사람의 도움 없이 자유자재로 탈 수 있는 실력을 가지고 있다. 오히려 누군가 옆에서 밀어주거나 따라다니면서 이래라 저래라 지시하면 방해가 된다. 자기주도적 학습력으로 충분한 경쟁력을 가지고 있다면 단기간의 성적 결과에 연연하지 말고 스스로 학습할 수 있도록 도와주는 것이 바람직하다.

2013년 서울대학교 대학생활문화원이 신입생 2,353명을 대상으로 실시한 '2013학년도 신입생 특성 조사' 주요 결과에 따르면 전체 응답자의 85.9퍼센트가 고등학교 재학 당시 사교육을 받은 적이 있다고 응답했다. 사교육 유형별로는 학원 65.8퍼센트, 인강 44.0퍼센트, 과외22.3퍼센트 순이었다.

서울대학교 신입생들은 일반 학생들과 비교했을 때, 사교육에 대한 인식에서 차이가 컸다. 서울대학교 입학생들은 하루 3시간 이상 자신의 공부를 했고, 자신이 공부했던 부분 가운데 부족한 부분을 사교육으로 보충했다. 그러나 일반 학생들은 우선 사교육을 받고 나서 자신의 공부를 한다.

교육전문가들은 이런 전략적인 공부습관을 메타인지적 지식으로 설명한다. 메타인지적 지식이란 무언가를 배우거나 새로운 일을 실행할 때 내가 아는 것과 모르는 것을 정확하게 파악하고 행동하는 능력을 가리킨다. 그것은 자신이 모르거나 부족한 부분을 어떻게 보완할 것인지에 대한 계획과 실천능력까지를 포함한다. 행복한공부연구소 박재원 소장은 "최상위권 학생은 학원에 수동적으로 끌려가지 않고 필요에 따라 학원을 선택하고 이용한다"고 말했다.

일반 학생들과 서울대학교 입학생들 간의 하루 학습량에서는 큰 차이를 보이지 않았다. 차이를 보인 것은 자기주도적 학습력이었다. 따라서 최상위권의 학생일수록 자신의 학습시간과 학습계획이 중요하다는 것을 알 수 있다. 또 사교육 경험이 있다고 답한 학생 중에서 '사교육이 상당히 도움된다'는 43.8퍼센트, '사교육이 도움되지 않는다'는 10.2퍼센트를 차지했다. 사교육을 실시한 목적에 대해서는 '수능'이 77.2퍼센트, '내신'이 36.4퍼센트였고, 학업 성취에 영향을 준 요인은 '자기주도적 학습'이 81.6퍼센트, '정규수업'이 7.6퍼센트, '사교육'이 5.9퍼센트였다.

이처럼 최상위권 학생들도 사교육에 노출되어 있기는 마찬가지다. 그럼에도 그들은 학업 성취에 가장 큰 영향을 준 것은 자기주도적 학습력이라고 밝히고 있다. 최상위권 학생들은 학습자가 원한다면 자기주도적 학습력을 신장시키는 것이 학업 능력이나 학업 성취에 도움이 되고, 미래의 학습력에도 좋다. 최상위권 학생들이 자기주도적 학습력으로 성적을 유지하지 못한다면 더 발전할 가능성이 없다고 볼 수 있다.

김승기 박사의 학위 논문에 따르면 1985년부터 2007년까지 하버드와 예일 등 14개 미국 명문대에 입학한 한인 학생 1,400명을 조사한 결과, 한국 학생의 중도 포기율이 44퍼센트로 불명예 1위를 차지했다. 또 미국의 500대 기업에 재직하는 한국인 간부는 0.3퍼센트에 불과한 반면, 유대인은 41.5퍼센트나 되었다. 스스로 배우고 익혀 가지 않으면 성공할 수 없다는 것을 그대로 보여준다.

상위권 학생들은 부족한 과목의 보충으로 이용하면 좋다

상위권 학생들은 공교육을 무시하지는 않지만 사교육을 좀 더 과시하는 경향이 있다. 상위권 학생들은 최상위권으로 도약하기 위해 사교육을 택한다. 학교교육 이외의 사교육이 자신의 성적을 최상위 그룹으로 향상시켜줄 것이라고 기대한다. 실제로 기대만큼 향상되는 결과를 얻기도 한다. 그러나 자신이 필요로 하는 과목만 선택적으로 사교육을 시킨 그룹과 모든 과목을 사교육으로 내몬 그룹 간에는 차이가 있다. 자신이 원하는 과목만 선택해서 학습한 경우는 효과가 나타났지만, 전 과목을 사교육에 노출한 경우는 장기적인 관점에서 보면 효과가 퇴행되었다. 이론적으로 따지면 한 과목을 배웠을 때 성적이 향상되었다면 두 과목을 배웠을 때 2배의 상승 효과가 나타나야 하지만, 산술적으로 그렇지 않았다. 그것은 학습자의 특성과 교과 간 학습량에서의 차이가 발생하기 때문이다.

186

그러나 부진한 특정 과목을 중심으로 사교육을 통해 성적을 올렸다면, 부수적으로 다른 과목의 성적도 동반 상승하는 경우가 종종 있다. 따라서 상위권 그룹에서 사교육을 시키고자 한다면 부족한 과목을 집중적으로 공부할 수 있도록 도와주는 것이 좋다. 방학 때는 예외가 될 수도 있다.

중위권 학생들은 학생의 필요 욕구가 있을 때 시작하는 게 좋다

사교육과 관련하여 가장 많은 고민을 하는 그룹이 중위권 학생들이다. 이 그룹은 사교육과 관련하여 투입과 결과에서 큰 변동을 겪는다. 사교육을 가장 많이 시키는 그룹이면서 중간에 포기하거나 학원이나 과외 선생님과 결별을 가장 빨리 하는 그룹이라는 말이다. 성적이 조금만 떨어져도 학원을 옮기고 학원의 영향력을 입에 담고 산다. 그런데 간혹 사교육의 효과가 학습력에 영향을 미치는 경우가 있다. 바로 스스로 성적을 올려보고자 하는 적극적인 마음이 생겼을 때이다.

중하위권 학생들은 학교에서 수업 중에 가장 많이 이탈한다. 집중력 부족과 잠을 이기지 못하기 때문이다. '학교 수업에 충실하면 성적이 향상될 수도 있을 텐데' 하는 아쉬움이 많은 그룹이다. 학교 성적이 뒤처진 과목에서는 사교육의 효과를 볼 수도 있다. 상위 그룹은 단기적인 성과가 금방 나타날 수 있지만, 이 그룹은 좀 더 장기적인 측면을 두고 사교육을 고민해야 한다. 그래야 효과를 얻을 수 있다.

부모들이 사교육을 시키면서 "돈이 아깝다"는 말을 자주 하는 그룹이다. 진짜로 돈이 아깝다는 말이 아니라 투자한 만큼 결과를 얻지 못해 실패한 학생들이 많다는 이야기다. 이 그룹의 학생들은 특별한 지점에서 자신의 반성이 동반되지 않는 한 성적 향상을 기대하기 어렵다.

이 그룹의 특징을 보면 집중력이 부족하다. 집중을 안 하는 중위권 그룹과 다르다. 중위권은 집중할 수 있는 힘은 가지고 있지만 집중을 하지 않는 것이고, 하위권은 애초에 집중력을 가지고 있지 않다. 따라서 사교육에서도 학원이나 인강보다는 과외가 나을 수 있다.

연구 결과에 의하면, 성적이 낮으면 낮을수록 불안한 마음에 학원 의존도가 높다. 하위권 학생들의 일반적인 경향을 보면 '성적 하락 → 학원 등록 → 자기주도적 학습력 차단 → 자기주도적 학습력 저하 → 학원 뺑뺑이'라는 악순환의 고리로 연결되어 있다. 학원을 통해 특정 과목의 성적이 잠깐 올라가는 현상이 나타날 수 있지만 학원 효과는 미미하다는 것이 일반적인 견해다.

학원을 보낼 것인가 말 것인가는 전적으로 부모의 몫이지만, 어떤 방법이 자녀들의 학습력 향상에 좋은가를 심각하게 고민하고 선택해야 한다. 공부를 하는 목적이야 많겠지만 그중의 하나는 부족한 부분을 채우기 위해서다. 공교육에서 부족한 부분을 사교육을 통해 채우는 것은 나쁘지 않다. 그러나 청소년기라는 시기를 감안해야 한다. 청소년들이 감당할 수 있는 범위 내에서 이루어져야 효과를 볼 수 있다. 만약 1톤 화물차가 적재 용량을 초과해서 짐을 싣는다면 어떻게 될까? 답은 뻔하다. 얼마 못 가서 멈춰 서고 말 것이다. 학교교육만으로 힘들어하는 학생들이 있다. 이런 학생에게 과도한 사교육을 시키면 학생들은 공부를 하는 것이 아니라 일탈을 하게 된다.

학생들 개개인의 성적과 학습환경, 기질적인 특성은 제각각 다르다. 공교육과 관련시켜 적당한 사교육의 조합을 생각해야 한다. 어떤 과목이 부족한지, 그 과목을 어떤 방법으로 보충할 것인지에 대한 부모의 판단이 중요하다. 이웃집 아이와 동일한 방법으로 보충하는 것은 좋지 않다. 과목, 자녀의 학습력, 학습 수준, 건강 등 모든 면을 종합적으로 판단해야 한다. 아무리 좋은 떡이라도 배부른 사람에게 먹이면 탈이 나고, 배가 너무 고픈 사람에게 먹이면 체하기 쉽다.

공부는 내적 동기가 가장 중요하다

사교육의 효과를 성적대에 따른 특성들과 함께 살펴보았다. 최상위권 학생들은 자기주도적 학습력을, 상위권은 부족한 과목을 중심으로, 중위권은 학습자의 동기나 욕구가 있을 때, 하위권은 당장의 사교육보다 꿈과 진로를 결정한 후에 실시하는 것이 효과가 나타난다.

사교육의 방법을 선택하는 데도 신중을 기해야 한다. 학원이냐 과외냐, 아니면 인강이냐의 판단기준은 각자 다를 수 있다. 일반적으로 인강은 중하위권보다 최상위권 학생들에게 더 적합하다. 중하위권 학생들은 개념 학습이 부족하기 때문에 인강 수업을 따라가기 벅차다. 그래서 인강을 듣다가 다른 데 눈을 돌리기도 한다. 채팅을 하거나 게임을 하는 경우도 있다. 상위권은 학원이 괜찮지만 하위권은 학원보다 과외가 더 낫다. 하위권은 집중력이 떨어지고 기초학습능력이 떨어지기 때문에 개별학습이 효율적이다.

교사들은 사교육으로 공부 잘하는 아이보다 자기주도적 학습력으로 공부하는 학생들을 긍정적으로 바라보고 발전 가능성이 있다고 본다. 그리고 그 예견은 거의 틀림이 없다.

공부는 환경이나 여건도 중요하지만 학습자의 내적 동기가 무엇보다 중요하다. 학습자의 마음가짐이 안 되어 있는데 사교육을 밀어 붙이면 실패하거나 비행에 빠지는 경우가 생길 수 있다. 내 아이의 학습량을 측정하고, 무엇이 넘치고 부족한지를 체크해야 한다. 집어넣는 족족 차고 넘치는 것이 공부가 아니다. 아이가 소화시킬 수 있는 적정량을 파악해 효과적으로 투입하고 산출해야 사교육도 성공할 수 있다.

독서는
모든 공부의
출발점이다

C4J0K21O19, 이 영문과 숫자의 조합은 무엇을 의미할까? 이것은 조선의 세종 재위기간 동안 세계 과학사에서 나라들의 업적 건수를 가리키는 것이다. C는 중국으로 4건, J는 일본으로 0건, K는 한국으로 21건, O는 중동과 유럽으로 19건을 창출했다는 의미다. 이러한 평가는 한국이 아닌 일본인들의 평가에서 나온 기록이다(伊東俊太郎 外 科學史技術史事典, 東京, 1983).

세종이 재위하는 32년 동안 세계적인 업적을 이룰 수 있었던 배경은 무엇일까? 그것은 인본주의 사상을 바탕으로 뛰어난 인재를 고루 등용한 인재등용 방식과 세종의 독서력이었다. 세계 문자의 역사만 살펴보아도 만든 사람이 누구인지 정확하게 밝혀진 문자는 오로지 한글 하나밖에 없다.

누가 뭐라 해도 학생들이 가장 아름다운 순간은 책을 읽고 있을 때다. 수학이나 영어 공부를 열심히 하는 모습도 좋지만 그보다 자신이 좋아하는 책을 읽는 모습은 나팔꽃처럼 환하다. 책을 펼치는 것은 아무나 할 수 있지만 책 읽기는 누구나 할 수 있는 것이 아니다.

미국 최초의 흑인 대통령 버락 오바마$^{Barack\ Obama}$나 미국에서 가장 영향력 있는 여성으로 꼽히는 오프라 윈프리, 산골 목수의 아들로 태어나 공교육조차 받지 못했지만 대통령으로 당선되어 노예 해방을 실현시킨 링컨, 미래학자 앨빈 토플러$^{Alvin\ Toffler}$, 빌 게이츠$^{Bill\ Gates}$, 세종대왕의 공통점은 독서광이라는 점이다.

독서는 교육의 출발점이자 결승점

독서는 모든 공부의 기초 공사다. 언어를 모르고 공부를 잘할 수는 없다. 공부라는 것도 알고 보면 언어의 개념을 풀어나가는 학습의 한 부분이다. 언어와 사고의 관계는 밀접한 상관성을 갖는다. 태어나면서 생활 속에서 접하는 모든 사물은 대상으로 존재한다. 사물 자체에 대한 인지는 언어를 통해 직접적으로 인식하게 된다. 언어를 습득하는 가장 근본적인 이유도 사물을 객관적인 대상으로 바라보고 인식하기 위해서다.

두뇌에서 사물을 인지하는 동안 사고력이 길러진다. 그래서 언어와 사고력은 밀접한 상관관계를 갖게 되는 것이다. 사고는 지능과도 관련이 있다. 사고력이 높아야 지능이 발달하고, 사물을 논리적으로 인식할 수 있다. 지능 측정에서 가장 중요한 요소가 언어능력이다. 언어를 습득하고 활용한다는 것은 단순히 문자를 깨우치는 수준을 뛰어넘는다. 언어는 사고력과 지능 형성에 영향을 미치고, 학습력을 향상시킨다.

아동심리학자 베티 하티^{Betty Hart}와 토드 리즐리^{Todd Risley}는 1980년에 양육방식과 성공의 상관관계에 대해 연구했다. 세 살이 되기까지 전문직에 종사한 부모가 키운 아이들은 3,000단어를 들으며 자란 반면, 복지혜택을 받아야 하는 부모가 키운 아이들은 1,000단어밖에 듣지 못했다. 이를 통해 가난한 집에서 자란 아이들이 학교나 사회에서 실패하는 근본 이유는 언어의 결핍이라고 결론지었다.

운동선수들이 시즌을 앞두고 훈련캠프에서 가장 먼저 실시하는 것이 기초체력 훈련이다. 본격적인 훈련을 시작하기 전에 런닝으로 몸을 푼다. 런닝은 이완된 근력을 활성화시키는 역할을 한다. 기초체력을 기르는 것은 운동선수만의 문제가 아니다. 공부하는 학생들도 기초체력을 길러야 한다. 복근을 기르는 기초체력이 아니라 공부를 할 수 있는 기초학습능력을 말한다. 이 기초학습능력을 키우는 것이 바로 독서다.

독서는 학습의 출발점이다. 독서하는 습관과 훈련이 길러지면 평생 공부에서 성공할 수 있고, 그렇지 않은 경우에는 어떤 공부를 하더라도 성공할 수 없다. 세간의 농담에 '수포대포, 영포직포, 독포인포'란 말이 있다. 이 말은 '수학을 포기하면 대학을 포기해야 하고, 영어를 포기하면 직장을 포기해야 하며, 독서를 포기하면 인생을 포기해야 한다'는 뜻이다.

집 앞에 있는 산은 누구나 오를 수 있다. 그러나 지리산은 기본적인 체력이 없으면 오르기 힘들다. 공부도 마찬가지다. 독서 없는 공부는 모래성과 같다. 학습의 전 과정에서 가장 중요한 것은 어휘력이다. 수학이나 과학은 공식만 알면 된다고 생각하면 큰 오산이다. 함수가 무슨 뜻인지 모르고 공부한다면 함수문제를 해결할 수 없다. 과학시간에 힘과 에너지를 배울 때 마찰력과 가속도의 뜻을 모른다면 문제를 풀 수 없다.

독서가 기본이 되지 않은 공부는 사상누각(沙上樓閣)에 불과하다. 성적이 평균 90점 이상이라도 중·고등학교에서 독서 습관이 형성된 학생과 형성되지 않은 학생 간에는 분명한 차이가 드러난다. 전자의 학생은 발전 가능성이 있지만, 후자의 학생은 발전 가능성이 희박하다. 독서력은 대학에 진학한 후에도 전공 공부를 하는 데 아주 중요한 역할을 한다.

교직생활 20년에서 가장 잘한 분야도 독서교육이고, 가장 후회되는 분야도 독서교육이다. 나는 틈 날 때마다 독서교육의 중요성을 강조하고 권장도서를 추천한다. 그런데 이런 독서교육이 학생들을 성장시키는 데 얼마나 긴요하게 쓰였는지는 아직 잘 모르겠다. 학생들은 책보다 교과공부에 치중하고, 먼 미래보다 지금 당장의 점수에 집중한다. 그리고 독서는 나중에 해도 된다고 생각한다.

학교의 독서교육, 무엇이 문제일까?

전국 모든 초·중학교의 특색 사업과 노력 중점 사항은 독서교육이다. 그럼에도 불구하고 독서교육은 10년 전이나 지금이나 별다른 변화가 없다. 오히려 독서시간이 줄어들어 책과 학생들과의 거리는 점점 더 멀어지고 있다. 책은 이제 스마트폰이나 인터넷에 독자를 빼앗겨버렸다.

2013년 통계에 따르면 우리나라 성인 1인당 연간 독서량이 9.2권(월 0.76권), 학생은 연간 32.2권(월 2.69권)으로 조사되었다. 성인의 연간 독서량은

2011년보다 0.7권 감소한 반면, 다행스럽게도 학생은 같은 기간보다 8권 늘었다. 한 달에 책 1권을 읽지 않는 나라, OECD 국가 중 독서력이 꼴찌인 나라, 책 읽지 않는 대한민국은 더 이상 뉴스가 아니다. 책은 영상매체의 등장과 함께 뒷전으로 사라지고 있다. 그러나 영상매체가 발전할수록 책이 지니는 가치는 더욱 부각되는 역설적인 현상이 일어나고 있다. 최근에는 곳곳에서 인문학 열풍이 불었고, 교육과정도 문·이과를 통합하여 운영할 예정이다. 아무리 영상매체가 발달하더라도 인간의 종합적인 사고력을 흔들어 깨우는 것은 책이다.

독서교육의 중요성에 대해서는 모두가 인정한다. 그래서 모든 학교가 독서교육을 중시한다. 학교에서 시행하는 가장 보편적인 독서교육은 아침시간에 책 읽기, 독후감과 같은 독후활동, 독서토론 등이다. 그런데 이런 지지부진한 독서교육의 이면에는 다음과 같은 문제점들이 있다.

책을 읽을 수 있는 마음의 여유가 없다

학생들은 책 읽기의 즐거움을 맛볼 수 있는 여유와 독서의 마력을 잃어버렸다. 놀이가 즐거운 것은 그 자체가 목적이기 때문이다. 놀이에 점수를 매겨가면서 놀라고 하면 과연 재미를 느낄 수 있을까? 재미있는 책 읽기가 되려면 책이 놀이처럼 즐거워야 하고, 그것 자체가 목적이어야 한다. 어린 아이들은 책을 놀이처럼 즐겁게 읽는다. 그런데 학교에서 학년이 진급하면서 읽는 책은 평가가 따르는 수단이 되어버렸다. 독서가 평가의 수단이 되는 순간 아이들은 어떤 책을 읽어야 하는지부터, 언제까지 읽어야 한다는 형식적 제약을 받게 된다. 그 속에서 책은 학생들의 눈에서 점점 멀어져 간다.

문자로부터 이탈하고 있다

아침 독서시간에 아이들이 조는 이유는 딱 한 가지다. 문자 텍스트로부터의 이탈 때문이다. 일부 독서력이 있는 학생들을 제외하고는 대부분의 학생들은 문자 텍스트보다 영상 문법에 길들여져 있다. 이런 아이들에게 문자는 고인돌처럼 유물이 되어 감각적인 자극을 주지 못한다. 아침 독서시간이 되면 학습력이 뛰어난 몇몇 학생들을 제외하고는 수면제를 먹은 것처럼 졸기 시작한다. 선생님들은 책을 읽으라고 강요하지만, 아이들은 책을 읽는 시늉만 한다.

또 학생들에게 추천되는 권장도서를 읽으려면 많은 인내심이 필요하다. 그것들 대부분이 고전소설이다. 청소년들의 생활상을 중심으로 한 성장소설은 찾아보기 힘들다. 문자 텍스트와 친숙하지 않은 학생들에게 스무 살이나 서른 살이 되어야 이해될 법한 고전적인 주제는 따분할 뿐이다. 학생들이 순식간에 스마트폰이나 게임에 빠지는 이유는 재미있기 때문이다. 학생들의 공감적 행동을 불러오는 책들은 반에서 꾸준히 읽힌다. 이제 걸음마 수준에 있는 청소년들의 성장소설을 더 많이 창작하여 학생들이 책 속에서 다양한 경험을 하고, 자아를 찾아갈 수 있도록 해야 한다. 그래야 급격하게 문자로부터 이탈하고 있는 청소년들이 책으로 다시 돌아올 수 있다.

독서 편식이 심하다

학생들이 읽는 책을 보면 한정된 주제와 가벼운 독서가 대부분이다. 학생들이 책을 고를 때는 자신의 독서지수를 고려하되, 자신이 평소 읽는 수준보다 조금 높은 것을 선택하는 것이 좋다. 그래야 집중을 하게 되고, 책을 읽고 난 후에도 남는 것이 있다. 또 자신이 좋아하는 분야도 좋지만 새로운 분야의 책을 읽어 독서의 지평을 넓혀 나가야 한다.

수업 중에 배우게 되는 교과 지식은 다양한 책의 내용을 요약해놓은 요약본에 지나지 않는다. 교과서에 요약해 놓은 중심내용을 배우는 것도 중요하지만, 출처가 되는 원본을 찾아 읽는 것이 더 중요하다. 특히 학생들이 어려워하는 분야가 사회과학 서적이나 철학 책이다. 그런데 이런 책을 읽지 않고 소홀히 한다면 사회에서 자신의 삶을 꾸려나가는 데 문제가 발생할 수 있다. 자신의 독서 수준이 어느 정도 확립되었다면 특정 분야의 책만 읽을 것이 아니라 지적 세계를 넓혀나갈 수 있도록 다양한 책을 읽을 필요가 있다.

꾸준한 독서교육이 필요하다

오래전부터 영국에서는 북 스타트 운동을 펼쳐 왔다. 책과 함께 인생을 시작하자는 취지로 아기가 태어나면 국가에서 책을 선물하며 독서의 중요성을 홍보한다. 책을 선물하는 데 그치지 않고 일정 기간 동안 국가가 독서교육 프로그램으로 책 읽기 운동을 확산시킨다. 우리나라도 최근에는 이러한 운동을 펼치고 있다. 심지어 책 읽어주는 라디오 방송이 생겨났고, 텔레비전에서도 'TV 책을 말한다'면서 책 읽기의 중요성을 강조하고 있다. 이에 화답이라도 하듯 지방자치단체에서도 '1도시 1책 읽기' 운동을 펼치고 있다.

무조건 책을 읽어야 하는 시대는 지났다. 그러므로 학생들이 왜 책을 읽어야 하는가, 무엇을 읽어야 하는가와 같은 프로그램으로 책 읽기에 다가가야 성공할 수 있다. 사서 교사가 학교 일정을 고려하여 독서교육 프로그램을 마련하고 체계적인 독서교육을 해나가야 한다. 문과적 성향이 있는 학생들에게는 인문학과 사회학 관련 독서 프로그램을 마련하고, 이과 계통의 진로를 선택한 학생들에게는 실용적인 목적과 관련된 도서와 학문적 독서 프로그램을 적절히 조화시켜 제공해야 한다. 예술이나 체육 분야로 진출하는 학생들은 자신의 끼와 정신, 체력 향상을 위해 어떤 책을 읽고 준비해야 하는지를 알려주어야 한다. 그래야 학생들이 자신의 진로와 관련하여 무엇을 어떻게 준비해야 하는지를 고민하게 된다. 이런 고민이 진로를 좀 더 명확히 하는 데 도움을 주고, 많은 준비를 할 수 있게 할 것이다.

사서 교사가 없는 학교에서는 국어 교사의 도움을 받아 학생들의 독서력 향상에 힘써야 한다. 학교에서 운영하는 각종 행사들이 있음에도 불구하고 학생들은 바쁘다는 핑계로 이런 프로그램을 소홀히 한다. 자녀들의 책 읽기에 관심을 갖고 있다면 독서를 전문적으로 시행하는 프로그램을 활용하는 것도 좋다.

독서교육 종합시스템은 각 시·도교육청에서 학생들을 대상으로 한 독서 관련 기록 프로그램이다. 정보매체에 익숙한 초·중·고 학생들이 자유롭게 책을 읽고 웹상에서 다양한 독후활동을 할 수 있도록 구성되어 있는 컴퓨터 기반 독서활동 온라인 지원 프로그램이다. 각 학교 도서관에서 운영 중인 DLS 프로그램과 연동되어 학생들이 도서관에서 책을 대출해 읽으면, 모든 기록이 전산으로 처리되어 기록으로 남게 된다. 즉 학생 개인별 연간 독서 이력과 학교별 이력 등 독서 관련 활동들이 전산매체를 통해 기록·보관되는 프로그램이다. 우리나라 학생들이 주로 무슨 책을 읽었고, 베스트셀러는 무엇인지, 학교에서 독서 관련해서 어떤 동아리를 운영하고 있는지도 알 수 있다.

만약 학부모들이 아이를 위해 북카페를 만들어 다른 학생들과 교류하게 하고 싶다면 웹상에 북카페를 만들어 활동하면 된다. 그리고 이 프로그램에는 다양한 독후활동을 할 수 있는 메뉴가 만들어져 있다. 자신이 읽은 책을 그냥 덮어버리는 것은 의미가 없다. 자신이 읽었던 책에서 무엇을 느꼈는지 간단하게 기록으로 남기는 것이 중요하다. 여기에는 감상문 쓰기, 편지 쓰기, 동시 쓰기, 일기 쓰기, 개요 짜기, 인터뷰하기, 생각 키우기, 감상화, 독서 퀴즈 등 다양한 활동을 할 수 있도록 구성되어 있다. 학생들이 기록으로 남기면 담임선생님이나 사서 교사가 평가를 할 수도 있다. 다양한 독후활동 중 자신의 감상 수준과 학교 급에 따라 선택해서 기록하면 된다. 그리고 이러한 결과물들은 상급 학교 진학 시 자기주도적 학습전형이나 대학의 입학사정관 전형의 포트폴리오 자료로 활용된다. 학생들을 선발하는 방법이 점점 더 선진국형으로 변화하고 있기 때문에 독서활동이 개인의 독서 기록으로 남을 수 있는 독서교육 종합시스템을 잘 활용하면 좋다.

공부는 교과서와 참고서만으로 완성되지 않는다. 주입식 교육의 평가방법 폐해에서 벗어나기 위해 전공적성 면접고사를 실시하는 대학들이 늘고 있다. 전공하고자 하는 과에서 그 수험생의 전공 적합성 여부를 묻는 가장 좋은 방법은 전공에 대한 전문적인 지식평가다. 이런 능력은 단기간에 기를 수 없다. 평상시 자신의 진로와 관련된 독서의 결과가 있어야 가능하다.

학생들의 하루를 면밀하게 들여다보자. 대부분의 학생들은 양계장 속의 닭처럼 교사가 던져준 먹이만을 쪼아 먹는다. 문제를 푸는 기계일 뿐 생각하는 힘이 없다. 그래서 토론을 할 때도 상대방의 의견을 중요하게 생각하지 않는다. 독서가 중요하다고 누누이 강조하지만 최고의 사고력을 요구하는 고등학교 2, 3학년이 되면 모두 문제풀이 기계로 전락하고 만다. 특히 학업 성적이 우수한 학교일수록 이러한 현상이 심화되고 있다.

책과 친한 아이로 키워라

이와 같은 우리나라의 교육 현실에서 독서를 통해 자신의 삶을 추구하고, 문학에서 말하는 삶이 무엇인지, 인간은 왜 살아야 하는지를 질문으로 제기한다는 것은 현실을 무시하는 처사다. 그럼에도 독서가 중요하다는 것에는 누구나 공감한다. 자녀들의 독서교육을 증진시키기 위한 구체적인 방법에는 어떤 것들이 있는지 생각해보자.

책을 가까이 하는 부모가 되자

몇 년 전에 학교에서 학부모들과 독서 동아리를 운영한 적이 있다. 그때 학부모들과 약속한 것 중 하나가 학생들에게도 책 읽을 수 있는 기회를 제공하자는 것이었다. 그래서 생각해낸 방법이 3주에 2권의 책을 읽되, 1권은 반드시 학생들이 읽는 책을 목록으로 선정했다. 그랬더니 자녀들은 자신들이 읽어야 될 책을 부모가 읽는 것을 신기하게 생각했고, 학생들도 부모를 따라 자연스럽게 책을 읽게 되었다. 책을 읽는 데 그치지 않고 책의 내용에 대해 부모와 대화하거나 토론하는 계기가 되었다. 여기에서 힘을 얻은 회원들은 자녀와 부모가 함께하는 토론시간을 월 1회씩 갖기로 했다. 학부모들의 반응은 상당히 뜨거웠다. 동아리 활동을 통해 얻은 결론은 부모가 책을 가까이 하면 자녀는 자연스럽게 책을 읽게 된다는 것이었다.

학교에서도 마찬가지다. 학교도서관과 인접한 학급이 책을 가장 많이 읽는다. 책과 가까이 있으면 다른 학생보다 한 권이라도 더 읽는다는 것을 보여주는 사례다. 이런 이유로 우리 학교는 학급 뒤편에 서가대를 운영하고 있다. 가정에서도 자녀들이 책을 가까이에서 접근할 수 있는 공간을 마련해 주자.

문학책이 들어 있는 가방을 주자

학생들 가방 속을 살펴보면 교과서, 자습서, 문제집, 학원 교재 등이 가득 들어 있다. 요즘 책들은 부피가 크고 무거워 엄두가 안 나지만, 그럼에도 불구하고 불필요한 것을 줄이고 문학책 한 권을 넣어주면 어떨까? 세상을 살아가는 데는 교과지식이 전부가 아니다. 학생이 책을 읽고 싶은데 그 순간에 교과서 이외에 읽을 책이 한 권도 없다면 욕구로 끝나고 말 것이다. 때와 장소에 상관없이 읽을 수 있는 문학책 한 권을 넣어주자.

일본에서 시작된 '아침 독서 10분은 기적을 만들었다'도 본질적으로 책을 읽을 수 있는 환경의 중요성을 강조한 것이다. 아이들이 가방 속에 교과서만 넣고 다닐 것이 아니라 1주나 하루에 읽을 수 있는 책을 넣고 다니게 하자. 그래서 학교에서 첫 출발을 책과 함께 시작하도록 하자.

교과지식만 강조하는 상황에서 벗어나 문학책이 있다면 그 학생은 다른 학생들보다 더 많은 꽃과 향기를 마음속에 피울 수 있다. 교과서나 문제집이 홍수처럼 넘쳐나는 교과지식 속에 민들레나 제비꽃처럼 작지만 아름다운 향기를 전달해줄 문학책을 넣어주는 것은 책 읽기를 실천하는 데 좋은 방법이 될 것이다.

나 역시 지금까지 하루도 빠지지 않고 가방 속에 그날 읽을 책을 넣고 다닌다. 가방 속에 책이 없으면 하루가 불안하다. 책을 읽든 안 읽든 상관없다. 이제는 책이 없는 가방은 허전하고 가방으로서의 존재 가치도 없다. 독서는 습관이 만든다. 가방 속에서 향기가 나고 꽃을 피울 수 있는 문학책 한 권을 습관적으로 넣고 다니게 하자.

서점이나 도서관으로 놀러 가자

내 아이가 책벌레라는 놀림을 받은 적이 있다. 책을 좋아하기 때문에 붙은 별명이라고는 하지만 그렇게 유쾌하지는 않았다. 아이가 교과지식도 뛰어나고 책 읽기도 잘했다면 유쾌했을 것이다. 그런데 아이는 학업 성적이 뛰어난 편은 아니었다. 학교에서 적응력도 그다지였다. 아이는 친구들보다 책에 더 관심이 많았다. 그래서 우리 부부는 은근히 걱정을 했는데 같은 반 학부모들은 어떻게 하면 그렇게 책을 읽게 만들 수 있느냐고 부러워했다.

특별한 지도법은 없었지만 우리는 아이가 책에 눈을 뜨기 시작했을 무렵부터 주말에 항상 도서관으로 놀러 갔다. 시장에 갈 때는 아이들을 서점에 두고 볼 일을 보기도 했다. 옛말에 '근묵자흑'이라고 했다. 책을 가까이 하면 책을 읽을 수밖에 없다는 의미다.

아이의 독서력을 키울 수 있는 최고의 방법은 책을 장난감처럼 갖고 놀게 하는 것이다. 컴퓨터의 황제 빌 게이츠를 키운 것도 작은 도서관이었다. 세상의 모든 역사가 들어있는 도서관에서 아이의 인생을 시작하고 꽃 피우게 하자.

어떤 책을 읽힐 것인가를 고민하자

아무리 좋은 책이라도 모든 사람을 만족시킬 수는 없다. 책을 읽고 받아들이는 사람에 따라 차이가 발생한다. 더구나 앞으로 어떤 분야의 사람이 되겠다고 진로가 결정되어 있는 학생들에게 섣불리 '이런 책이 좋다'고 권하는 것은 잘못이다. 특히 학생들의 독서 경험은 교과지식보다 훨씬 수준 차이가 심하기 때문에 동일한 책을 권하면서 효과를 기대해서는 안 된다. 교과지식은 배워서 그 수준 차이를 일정하게 유지하지만, 독서는 개인의 환경적인 요인에 따라 확연하게 차이가 드러난다. 어떤 사람을 만나느냐에 따라 한 사람의 운명이 바뀌듯이, 어떤 책을 읽느냐에 따라 한 사람의 인생이 달라질 수 있다. 책을 선택해 읽히는 과정은 상당히 지난한 과정이다. 따라서 보편적으로 선인들은 어떤 책들을 읽었고, 학생들에게 권하고 있는지를 우리 학교의 사례를 통해 설명하려고 한다.

다음 글은 어떤 책을 읽을 것인가에 대해 학생들에게 나눠주었던 유인물의 일부다.

무림의 고수를 찾아 떠난 여행

중국의 무술 영화를 보면, 수행자는 무술을 연마하기 위해 첩첩산중으로 떠난다. 수행자가 산 속으로 떠난 이유는 자신이 추구하는 무술을 가르쳐줄 수 있는 스승을 찾기 위해서다. 산을 넘고 강을 건너 깎아지를 듯한 비탈을 돌아서면 무변광대한 산문 안에는 불문율처럼 홀연히 참선 수행하는 선승이 있다.

여러분은 지금 어떤 스승을 만나고 싶은가? 누구나 최고의 고수를 만나고 싶을 것이다. 그렇다. 이왕이면 최고의 고수를 만나야 한다. 왜냐하면 여러분이 만나는 스승이 누구냐에 따라 여러분이 배우고 익히는 무술의 수준이 달라지기 때문이다. 여러분이 인류 최고의 고수를 만나 자신이 나아가야 할 삶의 이정표를 배운다면, 여러분도 이 시대의 진정한 고수가 될 수 있다.

나는 이제 여러분이 최고의 고수가 되기 위해 만나야 할 스승의 존재를 소개하겠다. 여러분들도 내가 지시한 대로만 한다면 인류 최고의 스승을 만날 수 있고, 이 시대의 진정한 고수가 될 수 있다.

먼저 고수를 만나기 위해서는 고수가 존재하는 곳을 알고, 고수와 관계되는 몇 가지 선험적 사실들을 알아둘 필요가 있다. 고수들이 존재하는 곳의 특징은 심산유곡이다. 심산유곡이란 가벼움의 상징인 만화나 대중 독자들이 즐겨 찾는 통속 소설에 빗대어 보면 '존재하지 않는다'는 뜻이다. 그런데 여러분은 고수가 존재하지 않는 곳, 또는 짝퉁들이 육화되지 않은 언어로 쏟아놓은 집을 찾아가 시간을 허비하는 경우가 종종 있다. 말초적인 감각을 자극하는 통속 소설, 인터넷 소설, 판타지, 만화에는 이 시대의 진정한 스승이 될 수 있는 무림의 고수가 절대 존재하지 않는다. 무림의 고수가 존재하지 않는 곳에 가서 고수를 찾는 어리석음을 범하지 마라. 이러한 곳에는 오직 짝퉁만이 고수처럼 치기를 부릴 뿐이다.

고수가 아닌 짝퉁에게는 진정한 삶의 주체성을 배울 수 없다. 이들은 고수들이 전해주는 삶에 대한 통찰력과 혜안을 기대하기 힘들다. 또 고수들이 전해주는 역사의 궤적 속에서 인생을 조망할 수 있는 지적인 세계나 미래의 비전을 탐구할 수 없다. 고수들이 존재하고 있는 책 속에는 시대를 초월한 선인들의 지혜와 통찰력이 강줄기처럼 도도하게 흐른다. 이런 고수들은 책을 통해서 자신들의 철학과 혜안을 등불처럼 밝히고 있다. 따라서 이러한 고수들을 만나고 싶거든 고수들이 살고 있는 책을 가까이 하라. 그리고 그들이 추구하는 맛과 멋을 흉내 내라. 그러면 여러분도 이 시대의 진정한 고수가 될 수 있다.

이쯤 되면 고수가 존재하는 곳이 어디인지 대략 알 수 있을 것이다. 한 가지 분명한 사실은 만화, 통속 소설에는 진정한 고수가 없다는 사실이다. 고수들이 사는 곳은 고 씨들의 족보인 고전에 있다. 이때 고전이란 옛날 책을 의미하지만은 않는다. 고전이란 시대를 초월해 인류에게 정신적 가치와 삶의 방향성을 심어주는 책을 말한다. 현재 출판되는 책 가운데에도 통속적인 내용을 떠나 우리들에게 치열한 생의 고뇌와 삶의 철학적 가치를 심어줄 수 있다면 그것은 고전으로서 가치가 충분하다.

고수가 되고 싶은가? 여러분들이 고수가 되는 길은 오직 하나밖에 없다. 그 길은 고수가 사는 곳을 끊임없이 찾아가야 하고, 고수의 행동과 수련방법을 스스로 터득하는 길밖에 없다. 무림의 고수는 혼자가 아니기 때문에 누구나 무림의 고수를 만날 수 있다. 그러나 무림의 고수가 지닌 무술은 비기에 가깝기 때문에 어느 누구도 쉽게 흉내 낼 수 없다. 따라서 만난다고 해서 누구나 그의 정신세계에 도달할 수는 없다. 고수의 정신세계에 다가가기 위해서는 부단한 정진과 수련이 필요하다. 인류의 진정한 스승을 만나고 싶거든 책을 읽어라. 그것도 이 시대를 초월해 존재하는 고전을 읽어라.

우리 학교 모든 학생이 무림의 고수를 찾아 떠나는 수도자가 되기를 간절히 소망한다. 고수들이 살고 있는 책은 생사를 가로지르는 원대한 비전이 담겨 있다. 한 시대의 통념에 맞서 치열하게 투쟁한 책이다. 마주칠 때마다 새로운 의미를 만들어내는 마력이 있다. 《주역》처럼 우주의 비의가 담겨 있는 책이나 성경, 불경처럼 인간의 존재론적 물음을 탐구하는 책, 《돈키호테》나 《열하일기》처럼 삶의 지혜가 파노라마처럼 펼쳐지는 책 등이다. 이러한 책 이외에도 고수의 계보를 잇고 있는 책들은 많다. 헤밍웨이의 집념과 용기를 불어넣은 《노인과 바다》, 대한민국의 또 다른 역사 교과서를 쓴 조정래의 《태백산맥》은 고수의 진면목을 볼 수 있는 책이다.

제갈량이 세상에 나오자마자 천하를 손바닥 보듯이 훤히 꿰뚫을 수 있었던 것도 독서를 통해서 연마한 지혜 덕분이다. 빌 게이츠가 오늘날 최고의 갑부로 성공하면서 인류에게 나눔을 실천하려는 따뜻한 배려심도 도서관에서 진정한 무림의 고수를 만났기 때문이다.

이 시대의 진정한 무림 고수들의 비기를 전수받고 싶거든 책을 읽어라. 책 읽기는 공부의 첫 출발점이요, 결승점을 향해가는 유일한 방법임을 명심하라. 독서가 선행되지 않고서는 어떤 학문도 올바르게 할 수 없다는 지극히 평범한 사실을 잊지 않길 바란다.

독서 관련 사이트

아침독서운동 http://www.morningreading.org
한국독서능력개발원 http://www.readingcenter.or.kr
국민독서문화진흥회 http://www.readingnet.or.kr
한국독서지도연구회 http://www.readingclinic.or.kr
책사랑 http://www.booklove.co.kr
한국독서치료학회 http://www.bibliotherapy.or.kr
책으로 따뜻한 세상 만드는 사람들 http://www.readread.or.kr
한국간행물윤리위원회 http://www.kpec.or.kr
전국독서새물결모임 http://www.readingkorea.org

수행평가는
글쓰기가
좌우한다

글쓰기는 전문적으로 글을 쓰는 사람들에게도 어려운 일이다. 전문가들도 한 편의 글을 쓰기 위해 수십 번씩 고쳐 쓴다. 그런데 전문적으로 글 쓰는 사람이 아니라면 글쓰기는 그렇게 어렵지 않다. 전문적인 글쓰기는 그들 나름의 수준이 존재하지만, 보통 사람들의 글쓰기는 자신이 생각한 것을 문장으로 잘 엮어내면 좋은 글로 평가를 받는다.

학교에서 필요한 글쓰기, 배우면 된다

학교에서 학생들이 자주 쓰는 글은 어렵지 않은 일반적인 글이다. 이런 글을 잘 쓰기 위해서는 어떻게 준비해야 하는지 살펴보자.

글쓰기에는 특별한 노하우가 없다

모든 일에는 특별한 노하우가 없다. 부단한 연습만 있을 뿐이다. 글쓰기도 마찬가지다. 글을 자주 써보고 고치는 것이 가장 좋은 방법이다. 그런데 학생들은 한 번에 좋은 글을 쓰고자 하는 마음이 너무 강하다. 그래서 자신이 써놓고 기대에 못 미친다고 생각해 좌절한다. 그러나 여러 권의 책을 낸 작가들도 한 편의 글을 쓰는 데 수많은 시간을 들인다. 미당 서정주 시인도 시 한 편을 쓰기 위해 몇 년을 기다린 적도 있다.

평가 방법이 글쓰기로 변화하고 있다

과거에는 지필평가가 많은 부분을 차지했다. 그런데 지금은 수행평가도 소홀히 해서는 안 된다. 예·체능 교과는 수행평가가 80~90퍼센트로 절대적이다. 예·체능 과목을 제외하더라도 일부 과목은 수행평가가 더 많은 부분을 차지한다. 그래서 지필평가를 아무리 잘 보아도 수행평가에 충실하지 않으면 성적이 좋을 수 없다. 이런 수행평가 영역 중 가장 많은 부분을 차지한 것이 글쓰기와 관련되어 있다. 글쓰기를 잘하면 수행평가에서 좋은 점수를 얻을 수 있다는 말이다.

　과목별로 수행평가 방법은 다르다. 수행평가는 학습목표와 함께 학생들의 수행 정도를 평가하는 것이라서 수업 중에 이루어지는 것이 일반적이다. 그리고 평가의 근거를 보관해야 하기 때문에 대부분 문자로 기록된다. 과학시간에는 실험 보고서, 사회시간에는 역사탐방 보고서, 수학시간에는 수학자 보고서, 국어시간에는 기행문, 보고서, 감상문 등 대부분이 보고서나 기행문,

감상문이다.

보고서는 어떤 주제에 대해 관찰, 실험, 조사한 과정이나 결과를 정리한 글로 다른 사람에게 정보를 주거나 알리기 위해 쓴다. 따라서 정확성, 객관성, 명료성, 체계성을 요구한다. 글을 쓸 때 목적 및 주제를 정하고, 조사 계획, 자료 수집 및 정리, 보고하는 순으로 정리하면 된다. 글의 구성과 내용은 다음과 같이 정리할 수 있다.

글의 구성

처음		중간		끝
주제, 목적, 기간, 대상, 방법	⇒	조사, 실험, 관찰 과정 및 결과	⇒	결과 분석, 의견, 소감, 평가

보고서는 목차 순서가 가장 중요하다. 목차가 불분명하면 글의 내용이 명확하지 않다. 따라서 내용이 비슷하더라도 누가 목차를 제대로 잡고 분명하게 내용을 전달하느냐가 중요한 평가기준이 된다.

목차를 정할 때는 내용을 어떤 형식으로 담을 것인가를 생각하면서 정해야 한다. 그런데 학생들은 이런 기본적인 원칙을 잘 지키지 않는다. 순서가 제대로 되어 있지 않은 글을 읽는 교사는 고개를 갸웃거리게 된다. 목차 순서를 제대로 세운 뒤에는 대상을 그 속에 채운다. 보고서는 글의 대상이 되는 소재나 관찰의 대상을 집어넣으면 된다.

다음은 실험 보고서의 작성 예이다

내진설계에 대한 탐구

이름 : OOO

목차

Ⅰ. 서론

지진이란 무엇일까? 지진이란 지구 내부의 에너지가 지표로 나와 땅이 갈라지며 흔들리는 현상이다. 지금 이 순간에도 지구상에는 많은 지진이 발생하고 있다. 최근에 우리나라에서 발생한 것은 2013년 8월 1일에 충남 보령 해역에서 발생한 진도 3.1의 지진이다. 우리나라도 결코 지진의 안전지대가 아닌 것이다. 2011년 3월 11일에 발생한 일본 후쿠시마 대지진과 2013년 4월 20일에 발생한 쓰촨성 대지진으로 인해 약 12만 명의 인명피해가 발생하는 것을 보고, 지진의 피해를 줄일 수 있는 방법 중 내진설계에 대해 탐구해 보기로 하였다.

Ⅱ. 이론적 배경

1. 지진이란?

지진이란 지구 내부의 에너지가 지표로 유출되어 땅이 갈라지며 흔들리는 현상으로, 진도에 따라 미진, 경진, 약진, 중진, 강진, 열진, 격진으로 나눌 수 있다. 또한 전진, 본진, 여진으로도 나눌 수 있다.

2. 내진설계란?

내진이란, 한자 '耐震' 자체의 의미와 같이, 말 그대로 구조물을 아주 튼튼하게 건설하여 구조물에 지진이 작용했을 때 이 힘에 대항하여 맞서 버텨서 구조물이 감당을 해내겠다는 개념이다.

3. 내진 보강 방법의 종류는?

가. 강도증진형 : 건물의 강도와 강성을 증가시키는 방법이다.

나. 연성증진형 : 건물의 변형 능력을 향상시키는 방법이다.

다. 감쇠기의 사용 : 지진하중을 저감시키는 방법이다.

4. 내진설계의 종류는?

가. 면진설계 : 건물에 가능하면 작은 변위가 생기도록 받침을 설계하는 것

나. 제진설계 : 건물에 장치를 부착하여 지진에 견딜 수 있게 하는 것

다. 차진설계 : 지면과 건물의 사이를 띄워서 지진의 영향을 줄이는 것

Ⅲ. 연구 방법 및 절차

가설

일반 건물이 가장 먼저 쓰러지고 그다음이 차진설계, 제진설계, 면진설계 순으로 쓰러질 것이다.

준비물

수수깡, 레고, 피규어, 우드락, 글루건, 피규어

실험 방법

1. 우드락과 수수깡으로 내진설계를 안 한 건물, 차진설계를 한 건물, 면진설계를 한 건물, 제진설계를 한 건물을 만든다.
2. 큰 우드락 위에 각각의 건물을 올려둔다.
3. 우드락을 좌우로 흔든다.
4. 실험 장면을 동영상으로 촬영하고, 건물이 무너진 시간을 측정한다.
5. 3의 과정을 반복하며 모든 건물이 쓰러질 때까지 실험한다.

Ⅳ. 연구 결과

〈생략〉

기행문은 여행을 하면서 보고 듣고 느낀 점을 기록한 글이다. 우선 왜 여행을 가는가 하는 목적이 나와야 하고, 누구와 함께 어디에 가는지 장소가 나와야 한다. 여행지에서 새롭게 보고 듣고 느낀 점들이 많이 있을 것이다.

이것이 기행문의 핵심적인 부분이 된다. 이때 자신의 느낌을 진솔하게 기록하면 된다. 기행문은 특별한 양식이 있는 것은 아니다.

독후감은 감상을 중심으로 쓴다

교과별로 요즘 강조되는 것이 독서 토론 수업과 관련한 독후감 쓰기다. 독후감에 대해서는 귀가 아프게 들었을 것이다. 하지만 학생들이 쓰는 글은 진정한 독후감이 아니라 줄거리 요약이다. 줄거리 요약은 아무런 의미를 갖지 못한다. 독후감은 나의 생각을 기록하는 것이 가장 중요하다. 한 줄을 쓰더라도 자신의 생각을 써야 한다. 자신의 생각을 쓰는 연습이 곧 토론능력을 키우는 힘이 된다. 토론이란 자신의 생각을 합리적인 근거를 갖고 말하는 것이다. 독후감을 쓸 때 기본적인 자신의 목소리를 내지 못한다면 토론시간에도 제 목소리를 낼 수 없다.

　독후감 쓰기와 관련하여 간단된 내용이 있어 소개한다.

　독후감의 뜻은 '책을 읽은(讀) 다음에(後) 감상(感)을 적는 글'이다. 그런데 학생들의 독후감은 감상은 조금 쓰고, '줄거리'만 요약해서 정리하는 수준이다.

　동일한 자연현상이나 풍경을 보더라도 두 사람이 똑같은 생각을 하지는 않는다. 그 이유는 각자가 사는 삶의 처지와 사물을 대하는 가치가 다르기 때문이다. 이것을 책 읽기에 적용하면, 똑같은 책을 여러 사람이 읽는다 해도 느끼는 바가 각자 다르다는 결론이 나온다. 그런데 왜 학생들이 쓰는 독후감들은 왜 다 똑같은 얼굴을 하고 있을까? 그 이유는 글쓰기 틀을 '동기-줄거리-감상'으로 고정시켜놓은 데 있다. 그런 틀에 박힌 형식은 글을 쓰는 사람도 재미없고, 독후감을 읽는 사람도 아무런 감흥을 느끼지 못한다. 형식보다는 자신의 독창적인 사고를 표출하는 데 노력해야 한다.

보고서나 기행문, 독후감 등 글쓰기를 싫어하는 학생들에게 글쓰기 교육을 지도하면서 터득한 몇 가지 팁이 있다.

우선 글을 통해 내가 무엇을 말하려 하는지 전체적인 생각을 정확하게 한 문장으로 요약해서 쓴다. 예를 들어 환경문제에 관한 글을 쓴다면 '수질오염은 우리 지역의 생태계 파괴에 심각한 영향을 미쳤다'와 같이 한 문장으로 서술하는 것이다.

그다음에는 이 문장을 차근차근 풀어나가면 된다. 수질오염 문제에 대해 풀어나가는 방법은 '수질오염이란 무엇인가?'에 대한 정의를 내리고, '수질오염을 발생시킨 원인은 무엇인가?', '어떤 방법으로 수질오염을 측정하였는가?', '우리 지역 중 어떤 지역을 표본으로 데이터 처리를 한 깃인기?', '기존 생태계와는 어떻게 차이가 나는가?', '우리 지역과 인접한 지역의 생태계는 어떤가?', '심각한 영향이란 어떤 결과로 나타난 것을 말하는가?'와 같이 자신이 말하고자 하는 중심문장을 대상으로 풀어나가면 된다. 그런데 학생들은 중심문장과 전혀 관련이 없는 내용을 글로 전개하기 때문에 어렵고, 그

글을 읽는 독자들 역시 주제를 파악하기 어렵다.

누구나 따라 할 수 있는 '내용을 전개시키는 방법'이 있다.

첫째, 사탕과 십자가 이론을 생각하자.

사탕은 글의 형식적인 측면이고, 십자가는 내용 구성방법이라고 생각하면 된다. 식당에 가면 한식이나 양식에 따라 담는 그릇이나 먹는 방법이 다르다. 글도 그 내용에 따라 형식에 약간만 변화를 줘도 멋진 글이 탄생할 수 있다. 그 기본이 되는 것이 사탕 모양이다.

비닐 포장지에 들어간 사탕은 좌우 양쪽이 둘둘 말린 모양이다. 포장지 안의 사탕이 중심내용이라면 그것을 싸고 있는 둘둘 말린 포장지의 처음과 끝은 형식이다. 따라서 양쪽 끝이 아닌 가운데에 글의 중심내용이 위치하면 된

사탕과 십자가 이론

	처음	중간	끝
분량	1.7/10	7/10	1.3/10
내용	내용 안내	구체적 서술	마무리
참고	첫 문장 쓰기 중요	십자가 모형	마지막 문장 감동과 여운
		가로 : 공간성 세로 : 시간성	

다. 양쪽이 처음과 끝이라면 분량은 전체 글의 10분의 3 정도가 되면 좋다. 처음과 끝은 동일한 분량으로 쓰고, 첫 문장과 끝 문장은 되도록 구체적으로 쓰지 않고 추상적으로 전개한다.

중간 부분은 중심내용을 구체적이고 자세하게 기록하는 부분이다. 이런 중심내용을 구성하기 전에 처음 부분에서 어떻게 내용을 전개하겠다는 안내가 있어야 한다.

그리고 글을 쓸 때는 자신이 말하고자 하는 범위를 축소해야 좋은 글을 쓸 수 있다. 글의 범위가 너무 넓고 포괄적이면 추상적인 진술이 되어 좋은 글을 쓸 수 없다. 마지막도 마찬가지다. 중간에서 언급한 내용을 간략하게 언급한 다음, 마지막 문단은 이러한 문제점을 해결할 수 있는 제도나 사회적인 측면에서 해결해야 할 사항들을 열린 결말로 제안하면서 끝맺음을 하면 된다.

둘째, 내용 전개방법은 십자가 형상으로 구상한다.

글의 형식적 구도를 세웠으면 내용을 어떻게 채울 것인가를 고민해야 한다. 중간 부분에서 중심내용을 구성할 때는 십자가를 생각하자. 십자가의 가로는 공간 축이고, 세로는 시간 축이다. 세상에 존재하는 어떤 문제든지 독립적으로 존재하지 않는다. 반드시 시대적인 문제와 관련되어 있고, 공간적인 문제와 연관성을 갖는다. 그래서 글의 소재나 대상이 옛날에는 어떤 문제가 있었고, 현재와 미래는 어떤 모습으로 발달하는지를 살펴봐야 한다.

그리고 이러한 문제는 특정 지역이나 국가의 문제가 아니다. 사람이 사는 사회는 그곳이 어디든 동일한 문제를 안고 있다. 수질오염에 대한 문제라면 우리 고장만의 문제가 아니다. 따라서 우리 고장의 문제점에 대해 쓰더라도 인근 지역에는 어떤 문제가 있고, 어떤 방법으로 해결했는지를 비교해보는 것이 좋다. 문제를 공간적인 개념으로 접근하여 비교하면 우리 고장의 문제점이 더욱 명확하게 나타난다. 그래서 우리 고장의 문제점을 이야기할 때 인접 지역의 도시나 외국 도시를 예로 살펴보고, 우리나라에 대해 언급할 때는 외국의 사례를 살펴보는 것이다.

보고서에 내용 채우는 법

중심내용의 큰 틀을 작성하는 방법에 대해 살펴보았다. 이제부터 본격적으로 그 안의 내용을 채우는 문장과 문단 쓰기에 대해 살펴보자.

문단 쓰기의 첫 발, 간략하게 써라

학생들의 보고서에서 가장 많은 오류가 발생하는 부분이다. 긴 문장에서는 애매한 표현이 나오게 된다. 문장을 길게 쓴다는 것은 자신의 생각을 제대로 정리하지 못했다고 봐도 무방하다. 자신의 생각이 제대로 정리되지 않다 보니 무슨 뜻인지 정확하게 전달하는 데도 문제가 발생한다. 그러므로 글쓰기 초보자들은 문장 길이를 간략하게 쓰는 훈련을 해야 한다. 간략하게 쓴다는 것은 문장 속에 생각의 마디를 하나만 담자는 뜻이다. 문장이 간략해야 자신이 전달하고자 하는 뜻을 명확하게 살릴 수 있고, 비문(非文)에서 벗어날 수 있다.

문단은 가족 구성원이다

글은 문장들의 연속이다. 문장들이 모여 문단이 되고, 문단이 모여 한 편의 글이 만들어진다. 가족 구성원인 아버지, 어머니, 자식들이 모여 세대가 구성되는 것처럼 문단이 모여 한 편의 글이 완성된다.

하나의 문장이 한 문단이 될 수도 있고, 20개의 문장이 하나의 문단이 될 수도 있다. 그러나 되도록이면 7~9개의 문장이 하나의 문단이 되게 하는 것이 좋다. 문단을 구분하는 가장 좋은 방법은 소재, 사건, 인물, 배경, 시간 등의 변화가 있을 때 하는 것이다. 그래야 읽는 사람도 생각을 정리하고 새로운 내용에 대해 미리 짐작할 수 있다.

생각의 깊이를 늘려가야 한다

학생들의 글쓰기는 전문적인 수준을 요구하는 것이 아니기 때문에 자신의 생각을 체계적으로 드러내는 것이 중요하다. 운동선수들이 자신의 체력을 점차적으로 키워나가는 것처럼 글도 자신의 생각을 처음부터 길게 말하기보다는 차츰차츰 생각의 깊이를 늘려가야 한다. 이런 방법으로 글쓰기를 꾸준히 한다면 수행평가 점수도 향상되고, 좋은 글을 쓸 수도 있다.

숨 가쁜 아이들,
부모의 응원가가 절실하다

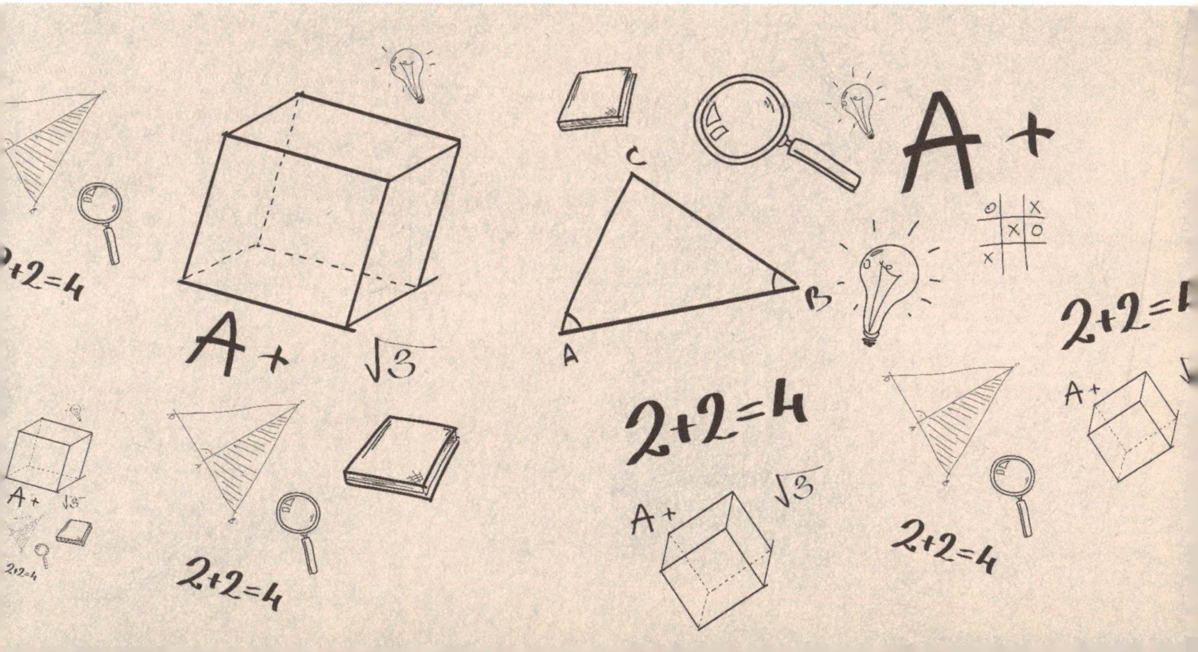

방학은
성적을 점프시키는
기회다

학생들은 1년 중 절반에 해당되는 180~182일 정도 학교에 간다. 토요일과 일요일, 그리고 국가기념일을 제외하고 약 70일 정도가 방학이다. 방학기간이 결코 짧지 않은 셈이다.

학교에 다닐 때 학생들의 시간계획은 비슷하다. 아침 7시 정도에 등교해 수업을 받고, 오후 4시 정도에 하교해 집으로 돌아간다. 그러나 방학 때는 시간활용에 개인차가 크게 나타난다. 방학을 어떻게 보내느냐에 따라 학기 중 학생들의 행동에 변화가 나타난다. 70일이란 기간은 자신이 혼자 공부할 수 있는 아주 소중한 시간이다. 실제 학생들의 성적 변화를 확인해보면 방학이 끝나고 난 다음 중간고사에서 성적 변동이 가장 크게 나타난다. 중간고사와 기말고사 간에는 성적 변동이 없다가도 새로운 학년이나 새 학기 중간고사에서 개구리 점프하듯이 성적이 쑥 향상된 학생들이 있다.

학부모와 교사들이 생각하는 방학이란?

방학은 아이들에게 재충전의 시간이다. 학기 중에 부족했던 부분을 점검하고 보완하는 시간이라고 생각해야 한다. 방학을 잘 보내기 위해서는 우선 방학 때 무엇을 어떻게 할 것인가 하는 명확한 계획이 수립되어야 한다. 방학을 바라보는 학부모의 관점은 크게 두 부류로 나눌 수 있다.

첫째, 문자 그대로 방학(放學)의 의미를 살려 '放' 자를 학교에서 해방된, 좀 쉬면서 재충전의 시간으로 생각하는 '놓을 방'의 방학으로 해석하는 입장이다. 교사들보다 더 교육적인 어머니들의 방학관이다. 이런 입장의 학부모들은 방학기간 동안 아이들과 함께 여행을 가거나 진로에 관한 경험을 갖게 해 방학의 진정한 의미를 살린다. 방학은 학기 중에 부족한 부분을 보완하거나 자신의 취미나 적성을 계발하는 시간으로 보내는 것이 가장 바람직하다. 물론 이 방법은 초등학생이냐 중·고등학생이냐 또는 개인의 가정환경에 따라 다를 수 있다.

둘째, 방학의 '放'을 '집에서 내쫓는 방'으로 해석하는 입장이다. 공부는 학원에서 하고, 친구는 학교에서 사귄다는 교육방식을 고수하여 방학기간 동안 스파르타식 기숙학원에 보내거나 학교에 다닐 때보다 더 많은 시간을 공부시키는 유형이다. 맞벌이 부부의 증가로 인해 학생들을 집에만 두면 왠지 불안하고, 방학기간 내내 집에만 있으면 경쟁에서 더 뒤처질 것만 같은 안타까움이 만들어낸 현상이기도 하다.

선택은 학부모의 몫이다. 그런데 첫 번째 입장을 선택한 경우에는 방학이 끝나고 난 후 학교에서 공부하는 습관으로 되돌아가는 데 적잖은 시간 동안 피로도를 보인다. 두 번째 입장을 선택한 경우에는 학생들이 방학기간에 쉬지 못했기 때문에 학기 중에 피로도가 누적되어 학교생활이 힘에 부친다. 두 가지 형태가 다 문제가 있어 보인다.

여기서 그 문제가 발생하는 지점을 유심히 살펴볼 필요가 있다. 시작점에서의 적응 문제인가? 아니면 과정에서 발생하는 문제인가? 시작점에서의 적응 문제는 적응이 끝나면 해결된다. 그런데 과정에서의 문제는 학기 중에 충실한 수업이 이루어지기 어렵다. 따라서 방학기간 동안에는 적절한 휴식과 부족한 부분에 대한 보완이 이루어지는 것이 바람직하다.

교사들은 방학을 어떻게 바라볼까? 답은 뻔하다. 교사 입장에서 두 번째 관점을 지지하기란 쉽지 않다. 교사는 '해방된 방학'을 바탕으로 해서 '집에서 내쫓는 방학'을 절충하는 입장을 지지한다.

나의 경우에는 방학을 3~4주 앞두고 반 학생들과 다음과 방법으로 방학계획을 세웠다.

첫째, 학기 중 가장 부진한 과목이나 보충하고자 하는 과목을 선정한다.

둘째, 보충할 과목과 시간, 교재 등을 구체적으로 정한다.

셋째, 학원이나 인강, 자기주도적 학습 등 학습방법을 고려한다.

넷째, 방학기간에 취미나 적성과 관련하여 개발하고 싶은 분야를 두 가지 이상 기록한다. 두 가지 이상인 이유는 취미나 적성을 길러줄 수 있는 선생님이나 장소를 찾는 것이 쉽지 않기 때문이다. 단순히 선택의 폭을 넓히기 위한 의도이다. 학생들은 방학 전에 이러한 내용을 중심으로 방학계획을 세우게 된다. 학부모들은 방학계획을 세워도 실천하기 어렵다는 것을 잘 안다.

그래서 자녀를 감독하고 지도할 수 있는 곳을 찾다보니 두 번째 유형을 선택하게 되는 것이다.

방학을 성적의 터닝포인트로 활용하기

최상위권 성적의 학생들도 방학기간 내내 가정에서 스스로 공부한다는 것은 쉽지 않다. 따라서 방학기간에는 혼자 공부를 하는 것보다 도서관이나 독서실 등 다수의 학생들이 공부하는 학습 장소를 고려하는 것도 좋은 방법이다.

또한 부족한 과목을 자율학습을 통해 보충할 수 있다면 더할 나위 없이 좋다. 그러나 4주라는 짧지 않은 기간을 혼자서 공부하기는 쉽지 않다. 여름에는 무덥고 겨울에는 추워 행동에 많은 제약이 따른다. 그래서 학원 수강이나 인강, 과외, EBS 등을 적절하게 활용하는 것도 좋은 방법이다.

방학은 휴식의 개념도 있지만 학습력을 업그레이드시킬 수 있는 반전의 기회다. 히말라야 최고봉을 정복할 때도 중간에 베이스캠프를 마련한 후 정상 등정 방법과 코스 등을 선택하고 정상을 향해 오른다. 베이스캠프에서 충분한 준비가 이루어지지 않는다면 정상 등정은 어렵다고 봐야 한다. 방학은 정상 등정을 위한 베이스캠프라고 보면 된다. 특히 주요 교과목인 국, 영, 수는 방학기간의 공부가 성적을 좌우한다. 학교 공부에서 국, 영, 수가 차지하는 비율은 절대적이다. 전체 평균점수가 좋은 것은 큰 의미가 없다. 국, 영, 수 과목의 전반적인 향상이 중요하다. 국, 영, 수 과목을 평소에 잘 관리한 학생들은 학기 중에 여러 번 치르는 시험에서 결정적인 순간에 한 방을 날린다. 하지만 국, 영, 수 성적이 낮은 학생들은 자신의 성적을 방어하기에 급급하다. 축구로 말하면 메시와 같은 스트라이커가 없기 때문에 결정적인 순간에 경기 흐름을 바꿀 수가 없다.

방학은 학업 성적의 중요한 터닝포인트가 된다. 방학을 교과 위주로 보내든, 개인의 부족한 부분을 보충하고 자아탐색과 발전의 기회로 활용하든, 학생들이 변할 수 있는 가장 중요한 시기라는 것만큼은 알아두자. 대한민국의 모든 학생들이 방학계획을 세우지만 방학이 끝나고 나면 계획을 실천한 학생은 많지 않다. 그런데 부모님들의 역할에 따라 달라질 수 있다. 매일 부모가 체크해준다면 학생들은 계획을 실천하게 된다.

방학 때는 아침에 규칙적으로 빨리 일어나는 게 중요하다. 아침에 늦게 일어나면 아무것도 못한다. 10시, 11시에 일어나 아점을 먹게 되면 하루는 24시간이 아니라 10시간도 안 된다. 방학 중에 학원을 보내고 싶다면 오후나 저녁보다 오전을 활용하는 것이 좋다. 오전에 일찍 학원에 가게 되면 오후나 저녁시간을 자신의 공부시간으로 만들 수 있지만 오후에 학원을 가게 되면 오전도 저녁도 어중간한 시간이 되고 만다.

방학은 혼자 긴 시간 동안 공부하는 습관을 만들기에 좋은 기회다. 또한 계획을 세우고 스스로 실천해 나간다면 할 수 있다는 자신감과 도전정신을 갖게 된다. 이와 같이 자기주도적 학습을 할 수 있도록 시간을 확보하는 일은 부모가 관여해야 할 최소한의 역할이다.

방학계획 세우는 법

방학 중 학생들의 계획표를 체크할 때도 일관성이 있어야 한다. ○, △, ✕를 체크할 때 각각의 기준을 명확히 하고, ×가 나오지 않도록 시간계획을 확보해야 한다. △가 나오면 이유를 스스로 찾게 하고, 다음날 반드시 보충하도록 한다. 일주일 동안 ○가 나오면 적절한 보상을 하는 것도 좋은 방법이다. 방학을 앞두고 반 학생들과 실천했던 방법을 정리해보면 다음과 같다.

1. 1학기에 부진한 과목을 선정한다.

2. 중점적으로 실천할 과목을 선정한다.

3. 영·수는 방학 동안에 집중 공략한다.

4. 공부 이외에 한두 가지 적성이나 소질 등을 계발할 방법을 찾는다.

5. 월간, 주간, 하루 등의 순으로 계획을 세운다.

6. 하루계획을 세울 때는 오전, 오후, 저녁으로 세우면 안 된다. 되도록이면 학교 수업 시간표처럼 구체적으로 세워야 한다.

7. 시간과 해결할 과제를 선정한다. 예를 들어 수학 성적이 부족한 학생은 학원과 과외를 중복해서 공부하는 등의 방법도 고려해 보아야 한다. 수학의 경우 학원에서 푸는 문제집과 집에서 혼자 푸는 문제집, 주말에 테스트용 문제집을 구분해 자신감을 기르도록 한다. 영어도 같은 방법으로 한다.

8. 방학 중에 꼭 고치고 싶은 습관을 정한다.

9. 부모님께 매일 사인을 받을 란을 만든다.

10. 수학 과목 성적이 부족한 학생들은 방학 중에 수학 과목에 대한 대책을 반드시 세운다.

월간 계획
수학 - 2학기 진도 끝내기(9p~151p)
영어 - 3800제 문법 12단원 까지 끝내기(2p~269p)
과학 - 인터넷강의로 2학기 진도 끝내기(2p~역150p)

주간계획표	과목	문제집	학습방법
1주	영어/수학	3800제 문법 단원:2~67p/개념유형:9~24p	과외/혼자
2주	영어/수학	3800제 문법 단원:68~135p/개념유형:25~71p	과외/혼자
3주	영어/수학	3800제 문법 단원:136~199p/개념유형:72~101p	과외/혼자
4주	영어/수학	3800제 문법 단원:200~269p/개념유형:102~151p	과외/혼자

하루 일과표	시간	과목	내용	장소
오전	08:00~10:00	수학	개념유형	집/독서실
	10:00~10:15	휴식시간		
	10:15~11:00	영어	단어암기, 독해	
	11:00~12:10	영어과외	과외	
오후	12:10~1:00	과학	EBS인강	집/독서실/체육관
	1:00~2:10	수학과외	과외	
	2:15~2:30	휴식		
	2:30~3:10	과학	문제풀이	
	3:15~4:30	운동	배드민턴 룸	
	5:20~7:00	영어	3800제 문법	
저녁	7:00~8:10	수학	쎈	집/독서실
	9:00~10:00	과학	오투	
	10:00~11:00	국어	비문학 EBS	

※주 2회는 방에서 운동하기
※규칙적인 생활하기

방학 중 월간, 주간, 하루 계획 세우기

방학 생활계획표

구분	영어				수학				국어	운동	싸인
	DVD	듣기	읽기	문법/단어	쎈(고등)	정석	풍산자	쎈(3-2)			
7/23 수		The sea of Monsters 1h 30m	Shadow Spinner Unit 29 ~Unit 30								
7/24 목		The sea of Monsters	SC great short stories 1h 45m	Unit 21 ~Unit 24							
7/25 금		The sea of Monsters		Unit 24							
7/26 토		The sea of Monsters 1h		―							
7/27 일	cats	The Titans curse		―							
7/28 월		The Titans curse	SC great short stories 1h	Unit 39 ~Unit 40							
7/29 화		The Titans curse	SC great short stories 1h								
7/30 수		The Titans curse		Day 01 ~Day 02							
7/31 목		The Titans curse	SC great short stories 1h	Day 04							
8/1 금		The Titans curse	SC great short stories 1h	Day 05 ~Day 06							
8/2 토		The Titans curse	SC great short stories 1h	Day 07 ~Day 08							
8/3 일		The Titans curse		Day 10 ~Day 11							
8/4 월		The House of Hades		Day 11 ~Day 12							
8/5 화		The House of Hades		Unit 13 ~Unit 14							

방학 중 체크리스트 _ 부모님 싸인은 필수

잠도
공부의
하나다

수면욕은 식욕, 성욕과 함께 인간의 3대 욕망이다. 그중에서도 충분한 수면은 보약이라고 한다. 그러나 에디슨의 말처럼 공부하는 학생들에게 잠은 사치다. 시간과의 싸움에 피 말리는 수험생들에게 수면은 양날의 칼과도 같다. 잠은 자야 하지만 공부시간이 줄어들기 때문에 잠에서 결코 자유로울 수 없다.

학자들은 잠과 집중력이 비례한다고 말한다. 충분한 수면은 에너지를 보충하고, 학교에서 학습력을 증진시킨다. 학생들은 매일 교실에서 엉덩이를 붙이고 10시간 정도 앉아 있다. 이것은 감옥보다 더한 고통이다. 서울과 부산 간 거리를 매일 버스를 타고 왕복하는 수준이다.

점수가 1~2점만 하락해도 대학이 바뀌고 인생이 바뀐다고 생각하면 정신적 스트레스는 엄청날 것이다. 게다가 충분한 수면을 취하지 못한다면 신체

리듬이 깨질 수밖에 없다. 학교에서 충분한 에너지를 발휘할 수 있도록 집에서 충분한 잠을 자게 해야 한다.

잠과 집중력의 상관관계

사람마다 평균 수면시간이 다르고 잠을 자는 패턴도 차이가 있다. 일찍 자고 일찍 일어나는 종달새형의 아침형 인간이 있고, 늦게 자고 늦게 일어나는 올빼미형이 있다. 또한 짧은 시간 잠을 자고도 개운한 몸 상태와 상쾌한 마음으로 하루를 보내는 사람이 있고, 아무리 잠을 많이 자도 피곤해하는 사람이 있다. 그것은 잠을 자는 데 문제가 있기 때문이다. 잠은 깊이와 상태에 따라 5단계로 나뉜다.

1단계 수면 : 잠이 막 든 상태

2단계 수면 : 얕은 수면 상태로 호흡이 잔잔해지는 상태

3단계 수면 : 근육이 이완되고 긴장이 사라져 본격적인 잠을 자는 상태

4단계 수면 : 흔들어 깨워도 모를 만큼 깊은 잠을 자는 상태

5단계 수면 : 렘REM, Rapid Eye Movement 수면 상태로 안구가 빙글빙글 돌고 호흡 수가 증가하며, 얼굴 근육과 손도 움직이는 등 깨어 있을 때처럼 활동하지만 매우 깊이 잠들어 있는 상태

잠을 잘 때 일어나는 뇌파는 '베타파', '알파파', '세타파', '델타파' 등 4가지로 구분한다. 집중력이 필요한 상황에서는 가장 빠른 베타파가 발생하고, 깊

은 잠에 빠졌을 때는 가장 느린 델타파가 나온다. 완전히 잠들어서 눈동자도 움직이지 않고 근육도 풀리며 심장박동과 호흡도 느려지는 단계를 4단계 수면이라고 한다. 과학자들이 중요하게 생각하는 수면은 5단계 수면이다. 이 단계에서는 안구가 빠르게 움직이고 집중력을 발휘할 때 나타나는 베타파가 많이 나온다.

렘 수면 상태에서는 낮 동안 얻은 단기기억을 장기기억으로 바꾼다. 우리가 얻는 모든 정보는 단기기억으로 저장되었다가 잠잘 때 장기기억으로 바뀐다. 그래서 충분히 잠을 자지 않으면 낮에 아무리 열심히 공부하더라도 잃어버리는 정보가 많아 효율성이 떨어진다. 이런 이유로 잠도 공부의 일부분이라고 하는 것이다.

청소년에게 충분한 수면이란?

잠자는 동안 뇌는 낮 동안 입력된 정보들을 정리한다. 불필요해서 지워버릴 정보와 오랫동안 보관할 정보를 분류하여 장기기억 폴더에 집어넣는다. 잠을 자는 동안 심장박동과 근육은 이완되면서 최대한 휴식을 취하지만 뇌는 다양한 파장으로 정리를 한다.

충분한 수면은 학습효율을 높인다. 잠을 자기 전에 내가 오늘 무엇을 했는가를 떠올리는 것도 정보를 저장하는 예비과정이다. 충분한 수면을 취한다는 것은 이러한 데이터 처리를 명확하게 하는 것이다. 청소년기의 적정 수면시간은 9시간, 성인의 적정 수면시간은 대략 7~8시간 정도로 알려져 있다. 그러나 수험생들은 늘 시간에 쫓긴다. 그래서 잠자는 시간을 최대한 줄이는 데, 오히려 수면 부족으로 신체적·정신적 기능이 저하돼 학습의 효율성이 떨어지는 경우가 많다.

평소보다 4시간을 못 자면 반응속도가 45퍼센트가량 느려지고, 하루 동안 전혀 잠을 자지 않고 꼬박 세우면 반응시간이 평소의 두 배 가까이 느려진다는 연구 보고도 있다. 또한 수면 부족은 무엇보다 정신적인 활동을 흐리게 한다. 수면이 부족한 상태에서는 새롭고 복잡한 문제나 창의력, 재치, 순발력 등을 요하는 문제를 해결하는 데 어려움을 겪는다. 그리고 쉽게 우울해지고 짜증이나 화를 잘 내게 된다. 따라서 수면시간을 줄이면 공부시간이 늘더라도 오히려 공부의 능률이 떨어질 수 있다.

그렇다면 꼭 적정 수면을 취해야 하는 것일까? 그렇지 않다. 개인에 따라 5시간 정도만 자도 충분한 사람이 있는가 하면, 10시간을 자야 하는 사람도 있다. 수면시간은 타고난 체질과 습관에 의해 결정된다. 잠을 많이 자는 학생이라면 상대적으로 깨어 있을 때 시간관리를 철저히 해야 할 것이다.

학교에서 잠자는 아이들, 왜 그럴까?

나는 매년마다 1박 2일 다독 행사를 실시하고 있다. 이 행사를 할 때마다 흥미로운 결과를 얻는다. 그중의 하나가 행사가 진행되는 동안 학생들이 잠을 자는 순서다. 학생들과 밤샘 독서를 하면 잠을 자는 순서가 정해져 있다. 12시 정도 되면 조는 학생이 등장한다. 성적이 낮은 학생들부터 순서대로 책상에 엎드린다. 인간이 잠을 이기기 가장 어렵다는 새벽 3~4시가 되면 눈을 껌벅거리며 졸음을 쫓는 학생들이 일부 있다. 반에서 최우수 성적대의 학생들이다. 성적이 가장 좋은 학생들은 졸려도 졸음을 이기면서 선생님과의 약속을 지켜내는 인내력을 보인다. 행사를 할 때마다 느끼는데 학생들의 성적과 인내력에는 상당한 인과관계가 있다.

밀려오는 잠을 못 이기는 학생들은 몇 가지 유형으로 나눌 수 있다.

부모의 과도한 개입으로 책상에 앉아 있는 학생들

중상위권 학생들이 이 경우에 해당한다. 최상위권 학생들은 지구가 무너지지 않는 이상, 수업시간에 자는 경우는 거의 없다. 중상위권 학생들의 부모는 아이가 공부에 몰입하든 안 하든 책상에 앉아만 있으면 그것으로 위안을 받는다. '고등학교 시험을 앞둔 중학교 3학년이니까', '대학교 입시가 얼마 안남았으니까', '내일 모레면 학교 시험이니까'라는 말로 학생들을 옭아맨다.

그런데 잠을 안 재울 것이 아니라 효율적으로 공부할 수 있도록 도와주어야 한다. 중동의 개발 붐이 한창 일어났을 때, 우리나라 노동자들이 다른 나라 노동자들보다 뛰어났던 이유는 도급계약 때문이었다. 언제까지 일을 마치면 보상을 해주겠다고 하니 미친 듯이 일을 해서 빨리 마칠 수 있었던 것이다.

공부도 마찬가지다. 공부하는 시간을 체크하는 것보다 학습량을 체크하는 것이 현명하다. 책상에 앉아있는 시간이 중요한 것이 아니라 얼마나 집중해서 학습과제를 해결했느냐가 우선이다. 그리고 나머지 시간에 잠을 자게 해야 한다. 그것도 뼛속까지 충분한 수면을 할 수 있도록 해야 한다.

게임에 몰두하다 학교에서 흥미를 잃어버린 유형

성적이 하위권인 학생들에게 많이 나타나는 특성이다. 공부를 해서 자신의 성적을 올리는 것이 중요하지만, 학습 결손의 누적으로 학습 무력감이 발생해 공부보다는 게임으로 회피하는 학생들이다. 이런 학생을 공부하는 학생으로 되돌리는 데는 많은 시간과 노력이 필요하다. 간혹 이런 학생들도 집중력이 뛰어난 것으로 착각하는 부모들이 있다. 교육학에서 이런 것을 '부정적 몰입'이라고 한다. 부정적 몰입은 학습과제를 해결하기 위한 몰입과 전혀 다르다. 부정적 몰입은 전문적인 상담교사나 기관을 찾아 해결해야 한다.

수업은 솔직히 따분하고 지루하다. 수업의 대부분이 언어활동으로 이루어지기 때문에 게임과 달리 무미건조한 언어가 학생들의 뇌리에 들어갈 리가 없다. 게임은 대단히 스펙터클하고 판타스틱하다. 그러나 언어로 이루어지는 수업에는 게임과 같은 판타스틱한 드라마가 없다. 그래서 게임에 몰입해 있는 학생들은 수업시간이 지루할 수밖에 없다.

긴장과 스트레스로 잠을 못 이루는 유형

과도한 긴장으로 잠을 못 이루는 학생들이다. 시험을 앞두고 있거나 반장선거와 같이 중요한 일을 앞두고 있는 경우가 그렇다. 특별한 경우는 어쩔 수 없다고 치더라도 평상시에도 충분한 수면을 취하지 못한다면 큰일이다. 학교 수업에 방해를 받기 때문이다.

실제 수업시간마다 잠을 자는 아이들이 있다. 심지어 등교해서 자리에 앉자마자 자는 아이도 있다. 이런 학생들은 잠을 잘 수밖에 없는 환경적인 원인이 반드시 존재한다. 가장 대표적인 경우가 가정에서 형제자매 간 차별로 인한 박탈감과 가정의 근본적인 환경문제가 있고, 학교에서의 적응력 문제가 있다. 특히 학교문제로 들어가 보면 학습의 무력감이나 학생들과의 관계 회피나 도피용으로 잠을 청하는 경우가 많다.

시간 계획에 실패한 유형

시험문제를 풀다가 잠이 드는 학생들이 있다. 중위권 학생들이 저지르는 실수 중 하나다. 이런 실수가 나오는 이유는 시험을 앞두고 시간계획에 실패했기 때문이다. 학생들이 시험을 앞두고 공부하는 유형은 벼락치기형과 성실형으로 나뉜다. 벼락치기는 중상위권 성적대를 유지하고 있는 일부 학생들의 공부 형태이다. 어떤 경우 벼락치기를 하면 진전을 보이기도 하는데, 일부 과목에서는 오히려 효과가 떨어진다. 효과를 보는 과목은 평상시에도 자신을 갖고 있는 과목이다. 사실 벼락치기와 상관없이 시험을 잘 볼 수 있는 토대가 마련되어 있는 과목이라 할 수 있다. 하지만 벼락치기를 해도 소용 없는 과목이 있다. 학습 분량이 많은 국, 영, 수 과목이나 기본 과정과 핵심 개념이 부족한 과목은 벼락치기를 해도 별 소용이 없다.

그러면 벼락치기가 아닌 성실형으로 시험을 준비하기 위해서는 어떻게 잠을 조절해야 할까? 인간의 뇌와 신체는 급격한 변화에 적응하는 힘을 갖고 있지 않다. 예를 들어 운동선수들은 자신의 몸을 운동 시즌에 맞춰 점차적으로 근육을 만들어나간다. 프로가 아닌 보통 사람들이 갑자기 축구를 한다든지, 배구를 하면 근육경련이 일어난다. 이와 같이 우리 몸은 어떤 환경에 적응하는 데 체감시간이 필요하다. 보통 시험 준비를 3주 정도 남겨두고 공부를 시작한다면 잠을 이틀 간격으로 30분쯤 줄이되, 4시간의 수면시간을 충분히 확보해야 한다. 평상시 12시에 취침해 6시에 기상했다면, 4시간을 남겨두고 2시간을 줄여야 한다. 이 2시간을 일순간에 줄이면 몸이 적응하는 데 실패한다. 30분 단위로 나누고 점차적으로 잠을 줄여나가야 적응력과 함께 좋은 컨디션으로 시험을 볼 수 있다. 그리고 잠이 정말 부족하다면 쪽잠을 자는 것도 좋은 방법이다. 쪽잠의 효과는 실제 잠을 자본 사람만이 알 수 있다. 학생들이 정 피곤해 한다면 점심시간에 잠깐 쪽잠을 자라고 조언할 필요가 있다.

잠은 얼마나 자야 충분할까?

사람이 잠을 못 자면 어떻게 될까? 사람이 가장 견디기 어려운 고문이 잠을 재우지 않는 것이라고 한다. 그만큼 잠을 자지 못하면 괴롭다. 잠을 충분히 자지 않으면 두통, 피로, 집중력 저하 등 이상증상이 나타난다. 심지어 자살로까지 이어진다. 자살한 청소년들은 하루에 4시간 이상의 잠을 자지 않았다는 보고서도 있다.

학교에서 충분히 공부할 수 있는 첫 번째 조건은 가정에서의 휴식이다. 뇌는 휴식이 필요하다. 성장기에 있는 청소년들은 잠이 중요한 에너지원이 된다. 유럽의 청소년들은 10시 이전에 잠을 잔다. 10시 이후에 잠을 재우면 아동학대죄로 고발되기도 한다. 그러나 우리나라에서는 사교육과 학습으로 12시 이전에 잠을 자는 아이들이 많지 않다. 12시 이전에 잠을 자야 공부도 잘할 수 있다.

스마트폰을
이겨야
학습력이
살아난다

아침 일찍 등교한 학생들의 눈이 반짝인다. 의자에 등을 기대지도 않고 고개를 숙인 채 손놀림이 바쁘다. 부모님도, 선생님도 없는 해방공간에서 친구들과 즐거운 싸움에 빠져 있는 것이다. 디지털 키즈라고 불리는 요즘 아이들은 태어나면서부터 인터넷과 스마트폰에 익숙해져 있다. 문자 습득이 안 된 상태에서부터 노출되어 본능적으로 사용하는 특징을 보인다.

최근 청소년들의 스마트폰 중독 현상을 설명하는 키워드로 '팝콘 브레인'이 오르내렸다. 팝콘 브레인이란 팝콘이 터지듯이 크고 강렬한 자극에만 뇌가 반응하는 현상을 말한다. 이 증상은 전뇌에 큰 자극이 지속적으로 가해지는 바람에 결국 단순하고 평범한 일상생활에 흥미를 잃게 된다는 것이다. 스마트폰에 빠져 있는 학생들이 학습에 집중하지 못하는 이유도 여기에 있다.

청소년기는 뇌 발달이 아직 완성되지 않은 시기다. 이 시기에 뇌의 특정

부위만 지나치게 사용하면 뇌가 비정상적으로 발달될 수 있다. 2011년 중국 연구진은 하루 10시간 이상 인터넷을 사용하는 14~21세의 학생 17명의 뇌를 기능성자기공명영상^{MRI}으로 촬영했다. 그 결과 인터넷 중독장애가 있는 학생들의 뇌는 신경섬유가 모인 백질 부위가 현저히 두꺼웠다. 백질이 비정상적으로 커지면 감정조절, 의사결정, 자기제어 등에 어려움을 겪게 된다. 또 2014년 5월 초 미국정신과협회^{APA}의 연례대회에서는 인터넷 중독장애를 보이는 청소년은 뇌에 비정상적인 특징이 나타났다고 보고했다.

　인터넷 중독장애는 부정적인 정신질환을 유발할 가능성이 높다. 예전에는 청소년들에게 인터넷 중독의 주범이 컴퓨터였지만 오늘날은 스마트폰이다. 우리나라의 스마트폰 보급률은 세계 최고 수준이다. 학생들에게도 어느새 스마트폰이 손발이 되어버렸다.

스마트폰에 중독된 시대

현대인들의 미디어 세계를 조명했던 마셜 매클루언^{Marshall Mcluhan}은 《미디어의 이해》에서 "모든 현대인은 스마트폰에 둘러싸여 있었다. 스마트폰과 스마트폰의 심리가 사람들에게 흘러 넘쳤고, 이용자들은 불지불식간에 내면적으로 그것의 노예가 되어버렸다. 마치 노예에 둘러싸인 로마인들처럼 현대인은 스마트폰을 손에 든 노예들에게 둘러싸여 있다. 언제나 스마트폰의 분위기 속에서 생활했기 때문에 현대인은 무의식적으로 스마트폰의 정신세계에 젖어든 것이다. 이러한 스마트폰의 영향으로부터 자신을 방어할 수 있는 사람은 아무도 없다"고 스마트폰의 강력한 지배력에 대해 이야기했다.

어른들도 스마트폰 없이 하루를 살 수 없을 정도로 노예가 되어버렸다. 판단력과 자제력이 있는 성인도 스마트폰의 폭력에 속수무책으로 당하는데, 하물며 판단력과 자제력이 부족하고 호기심이 많은 청소년들은 말할 것도 없다. 스마트폰은 지금 학생들의 학습에 제1 방해요소가 되어버렸다.

스마트폰에는 공부보다 수십 배 재미있는 게임들이 상시 대기 중이다. 스마트폰 중독이 학생들에게 미치는 영향력은 심각하다. 대인관계는 물론이고, 성격과 학습력까지 영향을 미치지 않는 것이 없다.

한국청소년정책연구원은 2013년 11월 전국 초등학교(4~6학년)와 중·고교 학생 1만 62명을 대상으로 진행한 '2013 청소년 매체 이용 실태 조사' 결과를 공개했다. 그에 의하면 휴대전화를 갖고 있는 청소년은 91.5퍼센트였고, 스마트폰은 81.5퍼센트로 조사되었다. 초등학생도 스마트폰 보유자가 72.2퍼센트에 달했다. 집착행동을 보이는 청소년도 늘고 있는 것으로 나타났다. '휴대전화가 울린다고 자주 착각한다', '휴대전화를 집에 두고 오면 불안하다', '휴대전화를 자주 확인한다', '휴대전화는 나에게는 없어서는 안 될 소중한 물건이다' 등의 항목에 모두 '그렇다'고 답한 청소년이 14.8퍼센트에 달했다. 집착행동은 여학생(18.7퍼센트)이 남학생(10.8퍼센트)보다 2배 가까이 높았다.

청소년들의 휴대전화 이용방식도 크게 달라졌다. 2011년에는 문자메시지(40.4퍼센트), 전화통화(23.7퍼센트), 게임(9.2퍼센트) 순으로 사용했는데, 2013년에는 메신저를 이용한 채팅(26.7퍼센트), 게임(15.6퍼센트), 전화통화(14.8퍼센트), 음악 듣기(12.8퍼센트) 순으로 바뀌었다. 77.1퍼센트는 사회관계망서비스

SNS 계정을 갖고 있으며, '친구 혹은 팔로어로 연결된 사람이 200명 이상'이라고 답한 청소년도 21.6퍼센트나 되었다. 온라인게임을 하는 시간은 부모와의 친밀도나 학업 성적, 자존감이 낮을수록 늘어났다. 부모와의 친밀도가 높은 청소년은 평일 하루 평균 1시간 6분 동안 온라인게임을 했지만 친밀도가 '보통 이하'라고 답한 청소년은 1시간 36분을 했다. 주말에도 평균 이용시간이 부모와의 친밀도에 따라 30분 이상 차이가 났다.

스마트폰에 집착된 행동은 남학생보다 여학생(18.7퍼센트)이 2배 가까이 높았고, 학생들은 스마트폰을 이용해 채팅(26.7퍼센트), 게임(15.6퍼센트), 전화통화(14.8퍼센트), 음악 듣기(12.8퍼센트) 등 전화기의 본질적인 기능보다 오락용으로 사용하는 경향이 두드러졌다.

스마트폰에 중독되는 아이들

스마트폰 중독 현상은 대상에 대한 인식에서 찾아볼 수 있다. 스마트폰이란 초등학생들에게는 유일한 친구, 중·고등학생들에게는 분신, 생명, 재미, 생활의 모든 것이다. 스마트폰의 중독 원인으로는 접근성과 흥미, 쌍방향성을 꼽을 수 있다. 게임도 혼자보다는 여러 명이 동시에 한다. 스마트폰으로 동시에 접근하여 반 대 반 대항전을 벌이기도 한다. 그리고 학교생활에서 자신감이 결여된 학생들이 인터넷게임과 채팅에 중독되는 경우가 많다. 학교에서 자존감이 낮거나 가정에서 사랑받지 못한 학생들은 그 결핍을 스마트폰 게임이나 채팅으로 채운다. 또한 우울과 불안 성향이 강할수록 스마트폰 중독 위험성이 높다. 환경적인 요인으로는 가족의 분위기와 스트레스 해소방식 때문이다. 사회경제적 수준이 낮은 학생들일수록 게임중독이 심한 것도 가정에서 어른들로부터 사랑받지 못한 결핍을 채우기 위한 도구로 사용하고, 욕망이나 욕구불만을 채우기 때문이다.

스마트폰은 마약에 비견할 만큼 중독성이 강해서 충동 억제와 통제력 면에서 성인보다 취약한 청소년들에게 문제가 심각하다. 스마트폰 사용은 정상적인 뇌 발달에 지장을 초래한다. 사춘기는 뇌의 고등 영역인 전두엽이 발달하는 시기다. 전두엽은 언어 및 인지능력과 공감능력, 감정조절과 충동조절을 관장한다. 이때 스마트폰을 사용하게 되면 뇌에서 도파민이 과도하게 분비되어 정상적인 발달을 저해하고, 또 좌뇌만을 자극하여 우뇌의 사회성과 감성 발달에 지장을 초래할 수 있다. 이런 원인 때문에 집중력 장애와 뇌 발달 장애, 감정조절 장애 등의 문제가 발생할 수 있으며, 학교에서 교우관계에 문제가 생기고 학습에서 장애를 겪을 수 있다.

독해력을 떨어뜨리는 주범, 스마트폰

스마트폰 중독에 빠진 학생들은 독해능력이 현저하게 떨어져 수학능력시험에서 긴 제시문을 논리적으로 읽어내지 못한다. 스마트폰을 사용하는 초·중등학생이 크게 늘면서 짧고 단편적인 정보에 지나치게 노출돼 독해력이 저하되는 부작용이 나타나고 있다.

전문가들은 독해력 차이가 벌어지는 시기를 중학교로 본다. 서울시의 중학생 265명을 대상으로 설문조사를 진행한 결과, 10명 중 3명은 교과서에 나오는 단어나 문장을 부분적으로만 이해하거나 제대로 이해하지 못하는 것으로 나타났다. 단어의 뜻이 너무 어렵고, 문장 표현이 이해가 잘 안 되며, 한자가 아주 많다는 것이 이유였다.

이러한 학습력 저해 현상을 방지하기 위해서는 자녀들의 스마트폰 사용에 대한 관심과 규제가 필요하다. 인터넷게임이나 스마트폰 중독에 빠질 것을 염려해 아예 사용을 못하게 하는 부모도 있는데, 오히려 자녀의 반발심을 키우는 역효과를 낼 수 있다. 학생들에게 인터넷과 스마트폰은 교우관계를 유지하는 데 필수적이다. 이를 사용하지 않으면 학생들 사이에서 소외되는 심각한 문제를 일으킬 수도 있다. 그러므로 자녀의 건전한 스마트미디어 사용 습관을 위해 부모의 지속적인 관심과 지도가 필요하다.

스마트폰을 자녀들의 손에서 벗어나게 하려면 무엇보다 '관리'가 필요하다. 학교에서 수업시간에 따로 관리를 하듯이, 가정에서도 공부하는 시간에는 자녀와 약속을 해 스마트폰에 노출되는 시간을 막아야 한다. 스마트폰의 게임이나 채팅방은 시간을 잡아먹는 도둑이다. 한 번 빠지면 헤어나오지 못한다. 참새가 방앗간을 그냥 지나가지 않는 것처럼 여기저기 기웃거리다가 시간 가는 줄 모르거나, 아예 처음에 들어간 목적도 모르고 나오는 경우도 있다.

스마트폰에 중독된 학생들은 교우관계도 원만하지 않다. 교우관계가 원만하지 않기 때문에 스마트폰에 빠지고 친구를 대신하게 된다. 이런 학생들은 동적이며 활동적인 육체활동을 통해 정신건강을 키울 수 있도록 해야 한다. 쉬는 시간에 스마트폰을 손에서 놓게 하고 활동적인 운동을 시키는 것도 좋은 방법이다. 스마트폰 사용이나 게임을 많이 한 학생들이 부모와 친밀도가 낮다는 것은 가정에서도 원만한 관계 형성이 안 되고 활동적인 육체활동을 못하기 때문이다.

　정도가 심해 부모와 자녀의 힘으로 해결할 수 없다면 주변의 센터를 활용하는 것이 가장 좋다. 한국정보화진흥원이나 인터넷중독대응센터에서는 인터넷 및 스마트폰 이용에 관한 자가진단 척도를 마련해 놓고 상담과 치료 활동을 제공하고 있다.

왕따 문제,
가해자도 피해자도
모두 아프다

학교에서 왕따 문제가 발생하면 교사 입장에서 매우 난감하다. 학생들과의 관계에서부터 학부모와의 관계까지 해결해야 할 문제가 한두 가지가 아니다. 성장과정에서 흔히 있는 일로 치부하는 사람도 있는데, 가해자들과 피해자들 간의 원인 규명에서부터 잘잘못을 가리는 일까지 결코 쉽지 않은 과정을 거쳐야 한다. 또 피해자 부모와 대화를 하다 보면 부모는 부모대로 서운한 짐민 이야기한다. 물론 이해를 못하는 것은 아니다. 충분히 이해가 간다. 그리고 담임으로서 책임감도 느낀다. 그러나 이 문제를 해결하기 위해서는 서운한 감성만 내세워서는 안 된다. 상황에 대해 좀 더 냉정하고 체계적으로 대응하지 않으면 수수께끼처럼 미궁으로 빠져버릴 수 있다.

왕따 문제는 누적된 결과로 나타나는 사건이다. 단순히 일회성 행동으로 일어나지 않는다. 대부분의 왕따 문제는 피해자의 확인되지 않은 행위나 결과를 가지고 지속적이고 누적적으로 이루어진 가해자들의 행위에서 발생한다.

학교에서 왕따를 경험한 학생들은 사회생활에서도 많은 어려움을 겪는 것으로 조사되었다. 심리적 스트레스로 인한 사회 부적응에서부터 자살에 이르기까지 그 고통은 집요하고 잔인하다.

왕따 문제는 산업사회의 경쟁 문화가 몰고 온 것이 아닐까 싶다. 이런 현상의 저변에는 나만 잘 되면 된다는 사고방식이 깔려 있다. 왕따 문제는 내가 최고라며 다른 학생들의 인격을 존중하지 않고 인정하지 않는 학생들의 이기적이고 비이성적인 집단의식에서 비롯된다.

왕따 문제는 약자를 전혀 배려하지 않는 우리 사회의 모습과 많이 닮아 있다. 가해자가 집단일 때 다른 집단의 학생들은 먼 산 불구경하듯이 쳐다만 본다. 교실에서 피해 학생을 아무런 이유도 없이 놀리거나 밀쳐도, 자진해서 그 부당함에 맞서는 친구들이 없다.

여학생과 남학생이 겪는 왕따 문제는 다르다

왕따 문제는 동물의 세계처럼 강자가 약자를 괴롭히는 비이성적인 행위다. 왕따의 대상은 힘없는 약자들이다. 행동이 굼뜨거나 단체 행동에서 이탈하는 행동을 하거나 특이한 행동을 하는 학생이 표적이 된다. 주홍글씨처럼 한 번 낙인이 찍히면 회복 불가능한 상태가 되기도 한다. 왕따를 해결할 수 있는 방법은 딱히 없다. 학교를 옮기는 방법을 주로 쓰는데, 그것도 완전한 해결책은 아니다. 다른 학교로 전학을 가도 생활권이 같으면 그 학교 친구들에게 연락해 소문을 내거나 친구들을 통해 괴롭히는 경우도 있다. 왕따를 당했을 때 뚜렷한 대책이 없기 때문에 이에 대한 학부모들의 관심과 고민이 깊을 수밖에 없다.

우리 반에서 일어났던 사례를 보면 여학생들은 주로 성격적인 문제와 결부되어 있고, 남학생들은 특이한 행동이나 신체와 관련된 문제와 연관이 많았다. 내향적인 여학생들은 자신의 목소리를 내지 못하기 때문에 교우관계에서 문제가 발생한다. 초·중학교나 사춘기 때는 남학생들보다 여학생들의 목소리가 학급을 지배한다. 여학생들 중 자기 목소리를 내지 못하는 내향적인 성격의 소유자는 상대적으로 왕따 대상이 되기 쉽다. 그런데 왕따로 지목되었을 때 자기 목소리를 내서 반항을 하면 표적 대상에서 벗어날 수도 있다. 그래서 왕따를 당한 학생들에게 가장 먼저 가르치는 것이 상대방의 불합리하고 비이성적인 행동에 대해 대응하는 방법을 알려주는 것이다.

남학생들은 신체적 결함이나 운동능력이 떨어지거나 약점을 가지고 있을 때 놀림의 대상이 된다. 또 심한 경우에는 피해 학생의 청결관념과도 연관이 되기도 한다. 머리를 감지 않거나 옷에서 냄새가 나는 경우에도 놀림의 대상이 되었다. 피해 학생의 청결관념이 문제라면 위생을 철저히 하면 해결되지 않겠느냐고 강변하는 사람들이 있는데, 그렇지가 않다. 피해 학생의 습관이 좀처럼 고쳐지기 힘들 뿐 아니라 그 학생의 행동이 수정되어도 여전히 놀림의 대상이 되기도 한다.

무리에서 벗어나 있는 아이가 위험하다

내향적인 성격의 학생들이 왕따를 극복하기 가장 힘들다. 피해 학생은 갈수록 정신적인 압박을 받기 때문에 더욱 위축되고, 심리적인 스트레스가 증가한다. 특별한 이유도 없이 학교 가는 것을 회피하고, 자꾸 배나 머리가 아프다는 핑계로 무리에서 이탈하려고 한다. 학교 행사를 할 때도 이런 아이들은 항상 무리에서 벗어나 있다. 소풍을 가거나 체육대회를 할 때에도 단체 속으로 들어오지 못하고 주변만 빙빙 돈다. 무리 속에서 역할을 찾지 못한 반작용으로 선배나 후배 또는 교과목 선생님들에게 불필요한 호의를 보이는 경우도 종종 있다.

학교에서 적응하지 못하는 학생은 겉도는 행동을 보이다가 급기야 결석을 하게 된다. 이것이 왕따를 겪고 있는 학생들에게 일반적으로 나타나는 현상이다. 이때 담임선생님이 문제해결을 위해 나서지만 쉽지가 않다. 권위적인 담임선생님의 학급에서는 선생님의 경고나 부탁이 일정 부분 학생들의 행동을 제지시킨다. 하지만 담임선생님이 학생들을 확실하게 통제하지 못하는 학급의 경우에는 오히려 반발심을 부르는 경우도 있다. 자칫 담임선생님이 피해 학생만 감싼다는 시선이 만들어지기도 한다. 이럴 때 뜻하지 않은 방향으로 사건이 전개되기도 한다. 담임선생님께 꾸지람을 들은 가해 학생들의 보복 심리가 작동되어 행동으로 나타나기도 하고, 행동으로 나타나지 않더라도 그들끼리의 결의를 통해 무언의 행동에 돌입하기도 한다. 피해 학생 주변에 어떤 학생도 접근하지 못하게 만들기도 한다. 이렇게 되면 폭력만큼이나 큰 정신적 고통을 받게 된다. 가해 학생들의 행위가 아주 지속적이고 집요하게 이루어지기 때문에 문제는 심각해진다. 그래서 피해 학생이 도저히 빠져나올 수 없는 상황에 이르게 되는 것이 오늘날 학교에서 벌어지고 있는 왕따의 일반적인 현상이다. 왕따 문제는 교사의 눈을 피해 은연중에 발생하기 때문에 학교에서 즉각적으로 대처하는 데도 어려움이 많다.

학교생활을 힘들게 하는 부모들

왕따 문제의 관계자라 할 수 있는 가해자와 피해자들은 가정환경과 연관된 경우가 많다.

부모의 유형은 크게 방임형, 과잉보호형, 민주형, 독재형으로 나뉜다. 오늘날 많이 늘어나고 있는 유형이 방임형 부모이다. 우선 가정이 무너져 관심을 쏟을 수 없는 가정환경, 맞벌이 부부의 증가, 자녀와의 갈등으로 인한 관계단절 등이 원인으로 작용한다. 부모의 권위가 없어지고 자녀 지도의 일관성이 결여되면 자녀들은 학교에서 불안정한 감정과 위축된 행동을 드러낸다. 방임형 가운데 아주 철저하게 방목을 하는 경우도 가끔 있다. 이러한 부모들은 아이와의 싸움에 진절머리가 나서 "네 인생은 네가 알아서 해"라고 하는 유형이다. 결코 많은 숫자는 아닌데 학년이 올라갈수록 늘어나는 경향이 있다. 핵가족화되고 맞벌이 부부가 증가하면서 빠르게 진행된 방목형은 자녀 인생은 자녀가 알아서 살고 내 인생은 내가 살겠다는 심리가 깔려 있다. 그래도 부모로서 기본은 해주겠다는 입장이어서 철저하게 외면하는 유형은 아니다. "학교에 일이 있으면 스스로 알아서 챙겨 가고, 학원도 네가 알아서 잘 다녀라"는 유형이다.

다음으로 민주형 부모이다. 민주적이면서 근면성실한 유형은 부모와 자녀가 일치하는 경우가 많다. 학기 초에 '학급 공개의 날' 또는 '교육과정 설명회의 날'에 학부모들이 교실로 들어와 자녀 책상에 앉아있는 모습을 보면 학생들의 모습과 거의 일치한다.

아이들은 학교에 입학하기 전에 부모에게서 많은 것들을 배우고 온다. 그 행동양식이 학교에서 그대로 드러나는 것이다. 이 학생들은 왕따와 관련해 문제를 일으키지는 않는다. 다만 학생들의 문화 때문에 학급에서 왕따 문제가 발생하면 수수방관하는 태도를 보인다.

과잉보호형이나 독재형 부모는 자녀의 학교생활을 힘들게 하는 유형이다. 그들은 자녀가 교우관계나 학교생활에서 무슨 문제가 생기면 어쩌나 하는 걱정으로 과도한 개입을 한다. 부모의 과도한 개입은 오히려 행동의 폭을 좁게 만들고, 또래집단 속에서 소극적으로 만든다. 학생들은 성장과정에서 어른들이 설계해놓은 정석대로 자라기도 하지만, 수많은 시행착오를 겪으면서 많은 것들을 배운다. 그런데 미리 예단하고 이래라 저래라 강요하면 스트레스를 주게 되고 부모와 갈등을 일으키게 된다. 이런 부모라면 아이와 일정 정도 거리를 두는 게 좋다. 학교생활에 문제가 발생했을 때도 스스로 해결할 수 있게 지켜봐주는 것도 중요하다. 부모가 나서서 개입했다가 오히려 문제를 키우는 경우도 많다. 학교에서 어떤 사건이 일어났을 때 2차 피해가 발생하는 경우가 있는데, 이 유형의 부모일 때가 많다.

학교는 사회의 축소판이다. 성적이라는 절대적 권력이 존재하고 서열을 강요한다. 이 서열에서 이탈한 학생이 학교에서 문제행동을 일으킨다. 공부와 교우관계에서 받는 스트레스로 인해 일탈행동이 일어나는 것이다. 가정에서 이런 행동을 보듬어주는 경우에는 외향적 행동으로 나타나지 않지만 그렇지 못한 경우에는 풍선처럼 펑 터지고 만다.

물론 학교에서 발생한 일에 불만을 가질 수 있다. 이때는 불만을 합리적으로 해결할 방법을 찾아야 한다. 1차로 담임선생님과 협의를 하고, 그게 안 되면 학교 관리자를 통해 문제를 제기하면 된다.

교사들은 학교에서 문제가 발생하면 어머니들과 통화를 한다. 어머니들도 문제가 발생했다고 하면 기분이 좋을 리 없다. 교사는 조정자의 입장이기 때문에 더 난처하다. 이럴 때 어머니의 성향이 드러난다. 어떤 어머니는 미안해하면서도 감정을 누그러뜨리고 사건을 해결하기 위해 노력한다. 반대로 교사에게 언성을 높이면서 당황스럽게 만드는 어머니도 있다. 사실 학교에서 문제가 발생하면 교사 책임이 없지는 않다. 그래도 사건의 당사자인 학생들이 미성년자이기 때문에 보호자가 필요하고, 보호자인 부모는 대리인의 역할을 해야 한다. 학교폭력의 경우 학생뿐만 아니라 부모도 함께 교육을 받게 하는 이유가 이런 데 있다. 그런데 나와는 상관없는 일이라고 발뺌을 하거나 무책임한 언사를 계속하면 교사 입장은 난감해진다. 이런 태도는 학교에서 발생한 사건을 더욱 어렵게 만든다. 문제가 일어났다면 그 해결과 사태 수습을 위해 부모는 적극적으로 나서야 한다.

성적과 교우관계는 어떤 상관관계가 있을까?

2009년 미국에서 발표된 한 연구에 따르면 연봉이 1년에 1만 달러가 증가하는 것보다 행복한 친구가 한 명 생기는 것이 4.5배 더 행복감을 증가시킨다고 한다. 돈으로 느낄 수 있는 행복은 일정 시간이 지나면 돈의 쓰임과 함께 사라져버리지만 사람들과의 관계에서 느끼는 행복은 시간이 지날수록 깊어진다.

학교생활에서도 교우관계는 중요하다. 학교에서 인간관계가 이루어지는 대상이 또래집단이기 때문이다. 교우관계가 원만하지 않으면 학교 행복지수가 낮아지고, 학업 성적도 영향을 받는다. 그래서 학업 성적과 교우관계는 일정한 상관관계가 있다.

특수아들은 교우관계가 원만하지 않다. 교육학에서 특수아란 최상위권 성적 그룹과 최하위권 성적 그룹을 일컫는다. 이 학생들은 교우관계를 형성하는 데 일반 학생들에 비해 다소 어려움을 겪는 편이다.

성적과 교우관계의 상관관계

일반적으로 공부를 잘하는 학생들은 반에서 '교우관계가 원만하겠지'라고 생각하지만, 그렇지 않다. 학업 성적이 떨어지는 학생들도 비슷한 사정이다. 그런데 최상위권 학생과 최하위권 학생 간에는 상당한 차이가 있다.

최상위권 학생들은 자발적인 교우관계의 가난이라 할 수 있다. 학업 성적이 우선이기 때문에 공부에 올인하고 교우관계를 조절한다. 쉬는 시간과 점심시간에도 교우관계 형성보다 자신의 스케줄 관리에 바쁘다. 쉬는 시간에는 옆자리 친구와 잡담하는 것이 아니라 단어를 외우거나 배운 내용을 복습한다. 학교 행사나 주말에도 자신의 스케줄 때문에 친구들과 잡담하거나 노는 데 할애할 시간이 없다.

이런 최상위권 학생들은 교우관계에 문제가 발생해도 특별한 문제가 없다. 그들의 문제인식에도 일반 학생들과 차이가 있다. 즉 교우관계를 쌍방향 소통을 위한 관계지향적인 것이 아니라 학업을 성취하는 과정에서 필요한 역할을 하는 대상으로 인식하는 것이다. 학업 성적이 목적이지 교우관계가 목적이 아닌 것이다. 그리고 내 필요에 따라 교우관계는 언제든지 변화시킬 수 있다는 자신감을 가지고 있다. 그래서 친구들과 사이가 좋지 않아도 학업에 열정을 쏟을 수 있다.

그러나 최하위권 학생들은 전혀 다른 양상의 교우관계를 보인다. 최하위권은 크게 교우관계가 원만한 학생들과 왕따와 같은 사건을 겪게 되는 학생들로 나뉘는 경향이 있다. 이런 경우 부모나 학생들의 반응은 최상위권 학생들과 전혀 다르다. 최상위권 학생들이 학습적 능력과 관련하여 스스로 조절해 가면서 교우관계를 형성하는 데 반해, 최하위권 학생들은 조절능력이 없고, 그럴 필요도 느끼지 못한다. 그 학생들은 학교에서 교우관계가 전부이다. 그래서 수업시간이든 쉬는 시간이든 교우관계가 형성되어 있지 않으면 학교는 심리적으로 불안한 곳이 되어버린다.

모든 부모들이 자녀가 학교에서 친구들과 원만하게 생활하기를 바라지만 최상위권 학생의 부모는 교우관계가 원만하지 않아도 성적으로 보상을 받거나 상쇄가 된다. 그런데 최하위권 학생의 부모는 모든 것을 상실해버린 것처럼 충격을 받는다.

교우관계가 너무 좋아도 고민인 것은 문제행동에 많이 노출되기 때문이다. 최하위권의 학생들은 친구들과 어울려 게임방을 출입하거나 놀이터나 공원 등에서 놀다가 비행에 연루되기도 한다.

부모 입장에서는 교우관계에 문제가 발생하면 어떻게든 가해자와 피해자를 분별하려 든다. 그러나 특별한 경우가 아닌 한 가해자와 피해자는 백짓장 차이에 불과하다. 그래서 요즘 학교 폭력에서는 가해자와 피해자 대신에 관계자라는 용어를 사용한다. 사건이 발생하면 원인행위가 반드시 있다. 그런 원인행위의 발단을 면밀하게 따져 보면 피해자가 가해자의 행동을 촉발한 경우도 종종 있다. 그러므로 어떤 사건이 발생하면 부모들은 가해자라고 몰아가기보다는 그 현상이 왜 발생하게 되었는가를 살피는 것이 더 현명하다.

성적 그룹 가운데 중위권 학생들이 교우관계가 가장 원만하다. 옛말에 '중용의 도를 실천하기가 쉽지 않다'는 말이 있는데, 중용을 실천하면 문제의 소지에서 벗어날 수 있다는 의미다. 학교에서 교우관계가 원만하다는 것은 공부를 하는 시간만큼 친구들과 어울려 논다는 것을 의미한다. 놀면서 공부도 잘한다는 말은 다 거짓말이다. 만약 그런 학생이 있다면 별에서 온 외계인이라고 봐야 한다. 공부를 잘한다는 것은 특출난 재능이 없는 한 공부에 투자한 시간이 많다는 것을 의미한다. 특별한 학생들을 제외하고는 공부에 투자한 시간과 성적은 일정한 상관관계를 보인다.

중하위권 학생들의 교우관계는 문제가 많다. 이 그룹은 부모의 공부에 대한 심리와 아이의 부정적 심리가 충돌하는 지점에 해당된다. 다시 말하면 부모는 성적이 오르기를 기대하고, 학생은 부모의 기대만큼 성적이 오르지 못해 미안하게 생각한다. 아무리 공부를 안 하고 못해도 성적 결과가 나오면 학생들은 본능적으로 부모에게 미안한 생각을 가진다.

이 그룹은 다른 그룹에 비해 학생과 학부모 사이에 성적 결과를 놓고 팽팽한 긴장관계가 조성된다. 최상위권 학생들은 교우관계에 무감각하고, 최하위권 학생들은 교우관계가 전부이기 때문에 부모들이 묵인을 한다. 그러나 이 그룹은 친구들과의 관계만 정리되면 좋겠다는 이상론과, 공부보다 친구들이 좋고 친구들과 어울리면서 용기를 얻는 학생들의 현실론이 충돌한다. 학생들과 부모들의 괴리감이 발생할 수밖에 없는 이유다. 학생들은 이 심리적 괴리감을 해소하기 위해 친구들에게 더욱 더 목을 매게 된다.

여학생의 가장 큰 고민은 교우관계

남녀 학생들의 교우관계의 양상은 조금 다르다. 대부분의 남학생들은 교우관계가 조금 엇박자를 내도 큰 문제 없이 지나간다. 그러나 여학생들은 다르다. 여학생들은 2인 3각 경기를 하는 것처럼 항상 같이 다닌다. 화장실, 급식실, 보건실, 심지어 선생님의 심부름도 두 사람이 같이 간다. 둘의 개념이 하나처럼 굳어져 있다. 그래서 여학생들은 둘이란 개념이 깨졌을 때 상실감이 너무 커서 속병을 앓는다. 상실감이 우울증으로 나타나고, 우울증이 심해지면 자살로 이어지기도 한다.

서울시는 2013년 청소년상담복지센터 25곳을 찾은 9~24세를 대상으로 상담 내용을 분석해 그 결과를 발표했다. 내용을 보면 남녀 간의 차이가 있다. 청소년 73만 4,692명을 대상으로 한 조사에서 남자 청소년(35만 1,647명)들의 가장 큰 고민이 학업·진로(22.7퍼센트)였던 반면, 여자 청소년(38만 3,045명)들은 대인관계(24.3퍼센트)를 꼽았다.

남학생들은 단짝 개념으로 친구를 사귀지 않기 때문에 학교에서 친구와 다툼이 생겨도 문제될 것이 없다. 그런데 여학생들은 문제가 발생한다. 단짝 친구와 문제가 발생하면 나와 함께 어울릴 수 있는 친구가 없기 때문이다. 다른 친구들은 이미 단짝이 형성되어 빈틈이 없다. 남학생들처럼 여러 명의 친구들이 어울려 다닌다면 여학생들이 교우관계에서 받는 스트레스가 훨씬 줄어들 것이다.

배려심 있는 학생이 인기가 높다

학교생활은 복잡한 교우관계로 이루어진다. 교우관계에 문제가 발생한다면 부모는 가장 먼저 자녀의 말에 공감하고 이해를 해줘야 한다. 그리고 부모 입장에서 문제를 해결하려 할 것이 아니라 자녀의 입장에서 문제를 진단하고 처방해야 한다.

친구를 사귈 때도 당당함을 강조할 필요가 있다. 교우관계에 문제가 있는 학생들은 당당함이 많이 부족하다. 당당함을 가지고 친구를 사귄다면 심리적으로 위축되고 피해 받는 일이 줄어들 것이다.

각 교실에는 보석처럼 빛나는 학생들이 있다. 학급에 이런 학생이 한 사람만 있어도 문제가 발생했을 때 많은 도움을 받게 된다. 만약 학급에 교우관계에 문제가 있어 잘 어울리지 못하는 학생이 있다면, 담임선생님은 이 학생에게 도움을 청할 것이다. 이 학생에게 도우미 역할을 맡기면 문제를 어느 정도 완화시키거나 해결하는 데 결정적인 도움을 받을 수 있다.

이런 학생은 보통 중위권 이상의 성적을 유지하면서 성격이 활달하고 맡은 일은 철저하게 이행한다. 그래서 아이 주변에는 밤하늘에 별처럼 학생들이 모여든다. 많은 학생들에게 먼지 베풀었기 때문에 친구들이 자연스럽게 모여드는 것이다. 교우관계에 성공하기 위해서는 먼저 베풀고 남을 배려해야 한다. 이런 행동은 경쟁을 강조하는 사회에서 길러지기 힘들다. 그러나 학생들은 순수한 영혼을 지녔기에 가정이나 학교에서 교육을 통해 충분히 길러질 수 있다. 어떤 학생들이 교우관계에 성공하는가에 대한 답은 간단하다. 이기적이기보다는 남을 먼저 배려하는 마음의 자세를 가지면 된다.

혹시 부족한 교우관계를 해결해 주고 싶다면 이런 방법을 써보자. 3학년 들어 첫 중간고사를 치르는 시험이었다. 학생들 책상마다 초콜릿이 올려져 있었다. 외모와 소극적인 성격 때문에 교우관계가 원만하지 못했던 한 학생이 돌린 것이었다. 그것은 그냥 초콜릿이 아니었다. "친구들아, 시험 잘 봐"라는 메시지였다. 그 일을 계기로 소극적이었던 학생은 시험을 앞두고 있는 급우들에게 상당한 호감을 얻게 되었다. 체육대회나 학급 행사에 음료수를 보내는 방법도 극적 효과가 있다. 더 좋은 방법은 생일과 같이 특별한 날 친구들을 초대하는 방법도 있다. 공부도 그렇고, 교우관계도 그렇고, 투자한 만큼 얻게 되는 것이 사람 사는 세상이다. 투자한 만큼 교우관계도 발전시킬 수 있다. 문제의 해법을 찾기 위해서는 부모와 학생이 현명한 방법으로 대처할 필요가 있다.

순간의 선택이
평생을
좌우한다

중학교 3학년 담임이 되면 학부모들로부터 학교 선택의 어려움에 대한 하소연을 많이 듣는다. 교사들도 입시철이 다가오면 스트레스가 증가한다. "어떤 고등학교를 선택해야 대학 입시에 유리한가요?"라는 질문이 한동안 계속 이어진다. 이미 판단을 다 내려놓고 확인하기 위한 수순으로 질문하는 경우도 있고, 아무런 고민도 하지 않고 담임선생님이 알아서 결정해 달라고 위임하는 식으로 질문하는 경우도 있고, 정말로 고민과 갈등으로 잠 못 이루다가 최종 담판을 보자는 심정으로 질문하는 경우도 있다. 이런 질문의 답변은 의외로 간단하다. 자녀들이 진학해 공부하기 좋은 학습환경을 갖추고 있는 고등학교를 선택하면 된다. 학생이 가장 편안하면서 알차게 공부해서 3년 후에 자신의 꿈을 이룰 수 있는 곳 말이다.

학생의 진로와 관련해 담임선생님, 학부모, 학생이 서로 생각이 일치한다면 문제가 없을 것이다. 하지만 다른 경우에는 며칠 동안 실랑이를 하게 된다. 교사 입장에서 학부모의 눈높이에 맞추면 학생이 어려움을 겪을 게 뻔한 경우에는 선택을 허락할 수 없다. 학습자의 성향이나 수준과 다르게 선택했을 때, 진학 후 학교 적응이나 대학 입시에서 실패하는 일들이 너무 많다. 또 교사 입장에서 생각하고 있는 학교를 일방적으로 강요할 수도 없다. 최종 결정은 당연히 학생의 몫이고, 학부모는 학생의 판단에 조력자 역할을 해야 한다. 이때 교사는 학생이 올바른 결정을 내리고 학부모가 조력자의 역할을 제대로 할 수 있도록 필요한 정보를 제공할 의무가 있다.

학교 선택, 더 이상 간단하지 않다

학교도 사회의 축소판이다 보니 가풍처럼 환경을 무시할 수 없다. 고등학교나 대학교에 진학한 학생들의 말을 들어보면 각각 그 학교만의 고유한 특징이 있다. 입학사정관제가 한창 교육 현장을 쓰나미처럼 휩쓸었을 때 스펙을 길러주기 위해 교육과정을 마련하는 학교, 동아리 중심으로 학생들의 진로를 개척할 수 있도록 도와주는 학교, 도서실에서 자습 지도를 철저히 관리 감독하는 학교 등 학교마다 다양한 교육 여건을 갖추었다. 학생들은 이러한 학교의 특징을 알고 최적의 환경에서 공부할 수 있는 곳을 선택해야 한다.

　자녀에게 최적의 학교를 선택하기 위해서는 우선 고등학교나 대학교의 변화에 주목해야 한다. 신자유주의의 영향으로 학교도 경쟁체제에서 자유롭지 않다. 자본을 투자하여 교육환경을 변화시키는 것은 바람직하지만 자본을 매개로 하여 학교 간 경쟁을 부추기고 있는 실정이다. 이런 흐름에 맞춰 고등학교도 예전과 달리 입시 경쟁에서 우위를 점하기 위해 다양화되었다. 학생들과 학부모들은 이런 변화를 잘 고려해 학교를 선택해야 한다.

단순히 고등학교를 선택할 것이 아니라 어떤 학교를 선택하는 것이 자녀의 진로와 대학 진학에 유리한가를 먼저 생각해야 한다. 좋은 고등학교를 선택하는 것이 좋은 대학에 갈 수 있는 지름길이 될 수도 있다. 대학에서의 선발방법이 지역균형, 농산어촌, 소외계층 자녀 전형, 전문계·동일계 전형이니 해도 실력이 아니면 좋은 대학에 가기 힘들다. 따라서 좋은 대학에 보내고 싶다면 고등학교에 관한 정보를 잘 알아야 한다. 대부분의 대학에서 일정 정도의 실력을 요구하는 수능 최저등급과 같은 장치를 마련하고 있다. 그리고 자녀가 진학하고자 하는 고등학교에 적합한 학생인지도 따져봐야 한다. 대학교 입시방법이 수시로 변화하고 있는 시점에서 대학의 학생 선발방식도 눈여겨보아야 한다.

중학교 성적과 고등학교 선택의 결과를 바탕으로 진학과 진로에 대한 패턴을 네 가지 형태로 나눠볼 수 있다. 최우수 성적의 학생들은 영재고, 특수목적고, 자사고를 선택하고, 우수 성적의 학생들은 기숙형 학교, 중점형 고등학교를 선택하고, 하위권 학생들은 특성화고와 인문계고의 선택에서 갈등을 빚는다. 이외에도 예·체능에 소질이 있는 학생들은 예·체능 고등학교와 인문계고의 선택에서 갈등을 겪는다.

상위권 고등학교는 선발방법과 기준이 다르다

우리나라의 고등학교 유형을 살펴보면 중학교 최상위층 학생들이 선호하는 영재고, 과학고, 외국어고, 자립형 사립고 등이 있다. 이러한 고등학교는 선발방식이 다르다. 영재고를 제외하고는 공통점이 지역에 소재한 고등학교가 있는 경우에는 다른 지역의 학교를 선택할 수 없다. 만약 전남 지역에 외고나 과학고가 있다면 전남 지역의 학생들은 전남 지역에 소재한 외고나 과학고를 선택해야 하고, 이외의 지역에 소재한 외고나 과학고는 지원할 수 없다. 지역 제한을 두고 학생들을 선발하는 것이다. 자립형 사립고도 마찬가지다. 그러나 영재고는 다르다. 영재고는 지역에 상관없이 자유롭게 응시할 수 있다. 전국에 있는 영재들을 선발해 교육시키고자 하는 특별법을 제정했기 때문이다.

특수목적고를 제외하고 지역에 소재한 고등학교 가운데 자칭 지역 명문고들이 있다. 지역 명문고가 알려지게 되는 과정은 크게 두 가지다. 평준화 제도가 시행되면서 도심권에서 벗어나 외곽 지역에 소재한 학교 가운데 비평준화 학교로 남아 우수한 성적을 보인 학교가 상당수다. 우리나라는 1974년부터 평준화 정책을 실시하였고, 현재는 34개 지역에서 평준화 제도가 운영되고 있다. 비평준화 지역에 소재한 고등학교는 농어촌 전형과 같은 제도의 혜택으로 평준화 고등학교보다 상대적으로 SKY대를 많이 입학시켰다. 이런 결과가 알려지면서 평준화 지역의 우수한 학생들을 유치하여 명문 학교로 이름을 떨치게 된 경우다. 또 평준화 지역 내에서도 학부모들의 교육환경과 대도시의 교육 여건으로 새롭게 등장한 신흥 명문 학교로 성장한 학교도 있다. 이들 학교는 대부분이 기숙사를 두고 운영하는 사립학교다. 그래서 거리에 상관없이 대학교 입시 결과나 학풍에 따라 학교를 지원하는 경향을 보인다. 대표적인 예가 자율형 사립고등학교다.

자율형 사립고는 기존 평준화체제에 불만을 갖고 수월성 교육과 경쟁체제를 도입하기 시작하면서 등장했다. 고교 다양화 300 프로젝트의 일환으로 전국에 기존 명문고 100개를 자율형 사립고로 전환하였다. 기존 명문 사립고등학교들이 드디어 합법적인 날개를 달기 시작한 것이다. 간혹 자립형 사립고와 자율형 사립고를 혼동하는 경우가 있는데, 초기에 시범적으로 운영되었던 학교 명칭이 자립형 사립고였다. 평준화의 문제점 개선을 위해 2001년에 도입되어 민족사관고등학교, 포항제철고등학교, 광양제철고등학교 등 3개 학교로 운영되다가 상산고등학교, 현대고등학교, 하나고등학교 등이 참여함으로써 6개 학교가 시범운영 실시되었다가 2011년 자율형 사립학교로 전환되었다.

이에 비해 자율형 사립고는 이명박 정부 시기에 평준화 제도의 틀 속에서 전국에 100여 개 고등학교를 연차적으로 설립하거나 전환하는 것을 목적으로 출발하였다. 그러나 현재는 47개 학교로 언론에 회자되고 있다(기존 자립형 사립고도 여기에 포함되어 있다). 그러나 교육과정이나 학교 운영의 차별화, 대학입시 실적 등에서 평준화 고등학교와 큰 차이가 나지 않은 학교들이 속출하면서 입학 정원을 채우지 못해 설립을 취소하는 사례가 발생하고 있다.

자율형 사립고는 일반 고등학교에 비해 학교 운영에 재량권을 부여받고, 기숙형 학교여서 등록금도 일반 고등학교보다 3배 정도 비싸고, 교육과정도 일반 고등학교와 다르게 운영한다.

학교를 선택할 때 고려해야 할 것들

고등학교를 선택할 때는 교육환경, 자녀의 성적, 성격이나 특성 등을 기준으로 어떤 고등학교를 선택하느냐가 중요하다. 교육환경과 관련하여 소도시, 대도시, 서울에 따라 고등학교 선택이 달라져야 한다. 지역이나 학교 급에 따라 수능 성적이 다르고 대학교 입시의 전형방법이 다양하기 때문에 자녀의 학업 성적과 대입 전형방법을 달리해야 한다.

현장에서 경험한 내용을 중심으로 학교를 선택할 때 고려해야 할 사항을 몇 가지 꼽아보면 다음과 같다.

성적만으로 선택하는 방법이 과연 옳은가를 생각해야 한다

대부분의 학부모들이 아이의 성적만으로 고등학교를 선택한다. 그런데 성적만으로 고등학교를 선택하면 실패할 가능성이 크다. 물론 성적이 고등학교 선택에 중요한 변수이자 결정적인 요인이라는 것은 부인할 수 없다. 그러나 이러한 중요한 선택에는 자녀들의 성격을 꼭 고려해야 한다. 특히 기숙형 학교를 선택한다면 반드시 아이의 성격을 고려해야 한다. 기숙형 학교에서 실패하는 학생들을 보면 기숙사라는 단체생활에서 교우관계에 실패하거나 적응하지 못하는 데 원인이 있다. 자사고의 중도 탈락률이 10퍼센트 정도에 이르는 것은 학업 성적도 원인이 되겠지만, 성격적인 요인도 빼놓을 수 없다.

학교마다 기숙사를 운영하는 방법에 다소 차이가 있지만 보통 6~8명이 한 방을 사용한다. 그중에는 다른 학년의 선·후배가 한 방을 사용하는 경우도 있다. 학교 입장에서는 선배들의 학습된 노하우를 후배들에게 전수할 수 있다는 이점을 내세우겠지만, 후배들 입장에서는 선배들의 기강을 중심으로 생활해야 한다는 부담감이 크다. 이때 성격적으로 다른 학생들과 잘 어울리지 못하는 유형의 학생이라면 적응에 많은 어려움이 있을 수 있다. '참고 좀 견디면 되지'라고 안이하게 생각해서는 안 된다. 사춘기를 갓 지난 학생들이 자신의 내적 충동 감정을 다스리고 감내한다는 것은 결코 쉬운 일이 아니다.

또한 기숙사 생활에 문제가 없는지를 살펴야 한다. 아침에 사소한 다툼이 있었다면 공부에 방해를 받을 것이고, 잠자리에서 충돌이 있었다면 숙면에 방해가 될 것이다. 이런 현상은 남학생보다 여학생들에게 더 많이 나타난다. 기숙사 생활 적응에 실패하는 확률이 여학생이 높게 나타나는 이유다. 그래서 기숙사를 운영하는 학교의 여학생 전학비율이 남학생 학교보다 훨씬 높다. 또 남학생과 여학생들의 성격적인 차이도 있을 수 있다. 성격이 내향적이거나 남과 어울리는 데 어려움이 있는 학생이라면 기숙형 학교보다 일반 학교를 선택하는 것이 더 낫다.

건강, 성적, 성격 3박자를 모두 고려해야 한다

아플 때처럼 서러운 경우도 없다. 그것도 경쟁에서 한 발자국도 물러설 수 없는 상황에서, 집도 아닌 기숙사에서 혼자 누워 있는 경우를 생각해 보라. 아프지 않아도 힘든 게 기숙사 생활이다.

아토피와 생리통으로 고생하는 학생이 있었다. 자립형 사립고와 일반고를 두고 고민을 거듭하다가 최상위권 학생의 부모님답게 전자를 선택했다. 부모 입장에서는 가까운 곳이고, 아토피는 환경에 변화를 주면 '괜찮겠지'라고 생각했다. 하지만 고등학교에 진학해서도 아토피는 그대로였고, 생리통도 해결되지 않았다. 1학년 때까지는 학습에 큰 문제가 없어 성적이 좋았지만, 2학년이 되어서는 스트레스가 가중되면서 아토피와 생리통이 더 심해졌다. 결국 이런 누적된 현상은 성적의 추락으로 이어졌다. 그래도 회복될 것이란 기대를 했지만, 그 기대는 수능이 끝날 때까지 실현되지 않았다. 그 학생은 서울 상위권 대학에 진학하는 것을 포기해야 했다.

발전 가능성을 고려해야 한다

발전 가능성은 크게 교과적인 측면과 비교과적인 측면으로 나뉜다. 교과적인 측면은 고등학교의 선발기준에서 찾아볼 수 있다. 자체 선발기준안을 살펴보면 대부분의 학교에서 수학 과목을 중시한다. 고등학교에서 중학교 학생들의 교과목 성적 중 수학 성적을 중시하는 이유는 발전 가능성 때문이다. 수학 성적이 학생들의 발전 가능성과 학습의 척도에서 가장 중요한 변수를 주는 과목이기 때문이다. 수학 성적이 낮으면 고등학교에서는 발전 가능성을 낮게 본다.

특목고나 자사고의 자체 선발기준안도 일반 고등학교와 다르다. 과학고의 경우에는 수학과 과학 성적을, 외국어고는 영어 성적을 중시한다. 그러나 이외의 고등학교는 '국, 영, 수, 사, 과'의 주요 교과목의 성적을 전형기준으로 삼는다. 그렇다고 이 5과목의 성적을 동일하게 적용하지는 않는다. 과목별 가중치를 주는데 이중에서도 수학 성적을 가장 중시한다. 그 이유는 전 교과목의 성적보다 수학 과목에서 우수자가 고등학교에서 유리하다는 전제가 깔려 있다.

우리 학교는 학생들의 종적 연구를 지속적으로 실시하고 있다. 우리 학교를 졸업하고 고등학교에 진학한 학생들이 대학교 선택을 어떻게 하는지에 대해 피드백을 받고 있는데 상당히 흥미로운 조사 결과를 얻을 수 있었다. 중학교 때 최상위 성적을 기록했던 학생들이 대학교를 선택할 시기가 되면 다른 결과가 나타났던 것이다. 다시 말하면 중학교 졸업할 때의 성적과 대학 진학 시의 성적이 상관성이 작았다는 말이다. 왜 이런 현상이 일어나는 것일까? 그 이유는 여러 요인이 있을 수 있지만, 가장 중요한 변수는 교과목 점수에서의 발전 가능성이라고 본다.

발전 가능성은 주요 교과목이 방점이다. 주요 교과목에서 발전 가능성이 높은 학생들은 고등학교에 진학해 좋은 성적 결과로 나타나지만, 그렇지 않은 학생들은 고등학교에서 발전 가능성이 낮게 나타났다. 주요 교과목 중에서 수학 과목이 차지하는 비율은 상당히 높다. 수학 과목이 고등학교 공부의 60~70퍼센트를 차지한다는 말도 여기서 나온 결과이다.

중학교 때의 공부를 세숫대야에서 바늘 찾기라면 고등학교 때의 공부는 태평양에서 부유물 찾기라고 생각한다. 중학교 때에는 자신의 학습습관과 태도에 사교육이 더해지면 성적이 빠른 시일 내에 향상된다. 그러나 고등학교 때에는 중학교 시절의 손쉬운 공부법으로는 결코 해결할 수 없다. 중학생 때 학교 공부에 충실하면서도 스스로 다양한 공부를 찾아서 한 학생들이 고등학교에서 성적도 좋고, 대학교 진학에서도 우수한 것으로 나타났다.

발전 가능성을 예측하는 방법으로 비교과적인 면이 있다. 이것 역시 교과목과 전혀 무관한 것은 아니다. 교과목과 상당히 유사성을 지니고 있지만, 기초학습방법과 관련되어 있기 때문에 비교과적인 측면으로 분류하는 것이다. 학교에서 선생님들은 비교과와 관련하여 어떤 학생들을 발전 가능성이 높다고 판단할까? 기준은 있는 것일까? 그 기본적인 잣대가 바로 독서력이다. 학업 성적은 좋지만 독서력이 부족한 학생들은 책을 읽을 때 주의가 산만하다. 그러나 학교 성적은 조금 뒤떨어지지만 독서력이 뛰어난 학생들은 집중력이 뛰어나다. 이 학생들은 교과목 공부를 소홀히 해서 그렇지 독서력만큼 교과목을 게을리하지 않는다면 학교 시험에서도 상당한 경쟁력이 있고, 대학수학능력시험에서도 좋은 성적을 보일 가능성이 크다.

학교 시험의 속성은 우선 암기가 기본이다. 그래서 암기를 하지 않는 학생들은 학교 시험에서 좋은 결과를 얻기 힘들다. 암기를 싫어하는 학생들은 대체로 성실성에서 뒤처진 학생들이다. 이 게으름은 학습습관에서 나온다. 학습습관 형성과 동기유발이 부족해서 나타나는 현상이기 때문에 수정해줄 필요가 있다.

뇌 발달 과정에서도 언급했지만, 언어능력과 학업능력 사이에는 깊은 상관관계가 있다. 초·중학교에서 학습습관이 형성되고 독서력이 길러진다면 학년이 올라갈수록 성적은 향상될 것이다.

용의 꼬리와 뱀의 머리 법칙을 고려해야 한다

부모들은 '좋은 고등학교에 보내면 내 아이도 공부를 잘하겠지', '그 학교는 특별한 학교니까 우리 아이도 성적이 향상되겠지'라고 단순하게 생각한다.

그런데 경험에 의하면, 용이 나는 학교에 보내도 내 자녀가 용이 되지 못하는 경우도 많다. 오히려 이무기로 둔갑하여 적잖은 실망감을 주는 경우가 비일비재하다.

학교만 보고 선택하면 이런 현상이 빚어진다. 특히 현행 대학입시가 이런 현상을 가속화하고 있는지 모르겠다. 그런데 선택에서 학교가 아닌 자녀를 중심으로 선택한다면 용의 꼬리, 뱀의 머리 법칙에서 벗어날 수 있다. 일류고에는 중학교에서 수재라고 소문난 학생들만 모인다. 이 수재들이 경쟁을 할 때 성적에 의해 처음부터 끝까지 줄을 설 수밖에 없다. 중학교 때 전교 1등을 했더라도 고등학교에서 뒤처지면 별 수 없다. 자포자기하거나 자존감이 급격하게 낮아져 일탈 현상까지 보이기도 한다. 그러나 학생의 학업 수준에 맞는 학교보다 한 단계 낮은 학교를 선택했을 때는 중학교 때보다 더 많은 성취를 할 수 있기 때문에 자존감이 향상되고, 기대치가 향상되어 학습에 대한 욕구가 상승하게 된다.

그리고 대학입시 전형에서도 유리할 수 있다. 대학입시에서 내신 성적을 중시하는 수시전형에서는 학교장 추천과 같은 다양한 방법이 많다. 이때 아무래도 학교 성적이 우수한 학생들에게 원서를 쓸 수 있는 기회가 많이 주어진다. 학교장 입장에서는 성적이 우수한 학생들에게 추천권을 줄 수밖에 없기 때문이다.

중학교 졸업 성적이 비슷한 학생이 자신의 성적보다 한 단계 위의 학교에 진학한 경우와 그렇지 않은 경우를 비교한 결과에 따르면 오히려 상위권의 학생들일수록 한 단계 낮은 학교를 선택했을 때 대학 진학에서 좋은 결과를 보였다. 따라서 학교의 외형적인 진학지도 결과나 이름에 의해 학교를 결정할 것이 아니라, 자녀들의 성적을 중심으로 학교를 선택하는 것이 올바른 방법이다. 그것도 학교 공부를 따라가기 급급한 학교가 아니라 학교 공부 이외에도 많은 것을 얻을 수 있는 학교를 선택하는 것이 좋다.

디톡스
공부법

초판 1쇄 인쇄 2014년 10월 21일
초판 1쇄 발행 2014년 10월 24일

지은이 허승호
펴낸이 김옥희
펴낸곳 아주좋은날
기획편집 이미숙
교정교열 정은아
디자인 안은정
마케팅 양창우, 김혜경

출판등록 2004년 8월 5일 제16-3393호
주소 서울시 강남구 테헤란로 201, 501호
전화 (02) 557-2031
팩스 (02) 557-2032
홈페이지 www.APPLETREETALES.com
블로그 http://blog.naver.com/appletales
페이스북 https://www.facebook.com/appletales
트위터 https://twitter.com/appletales1

ISBN 978-89-98482-31-2 (13370)

이 도서의 국립중앙도서관 출판시도서목록(CIP)은 서지정보유통지원시스템 홈페이지(http://seoji.nl.go.kr)와
국가자료공동목록시스템(http://www.nl.go.kr/kolisnet)에서 이용하실 수 있습니다.
(CIP제어번호 : CIP2014028021)

아주좋은날 은 애플트리태일즈의 경제 실용 전문 브랜드입니다.